JN234411

朝日山中の岩陰遺跡
岩スノ（岩陰）のキャンプ地であり，神が祀られている

岩井沢（新潟・奥三面）
上流に縄文時代の狩りのキャンプ地・長者岩屋岩陰遺跡がある．カモシカ狩りの場所で，ゼンマイの宝庫でもある．

奥三面の澱粉山（クリ）

上　クリの巨木（山形・金目）
下　金目集落のまわりのクリ林（澱粉山）

上　サクを採る（秋田・八幡平）
中　市に出る山菜（新潟・村上市）
アカミズ，ウルイ，アオミズ，ワラビ，ウド，フキ，タケノコ
下　春の山菜市でショオデを買う人（新潟・村上市）

ものと人間の文化史
103

# 採集

## ブナ林の恵み

赤羽正春

法政大学出版局

目次

## 第二章　熊と山菜 ■ 89



## 第三章　越後奥三面のカモシカ猟をめぐって ■ 121

# はじめに

植生が人々の生存を規制する社会――採集・狩猟社会は縄文時代から続く生業《なりわい》の姿を伝えている。日本海側積雪地帯・東北日本・北海道にかけて続く落葉広葉樹林帯は澱粉採取や食料となる植物が多く、人間の生存にとって優れた植生であった。ここに焦点を当てて研究を進めてきた。

落葉広葉樹林には、照葉樹林につながる暖帯落葉広葉樹林、その北側に温帯落葉広葉樹林がある。クリ・トチ・ナラ類の混生する暖帯広葉樹林は、垂直分布で温帯落葉広葉樹林より低い所に立地することになっている。

日本列島を形作る弓なりの脊梁山脈では、標高の高いところに温帯落葉広葉樹林のブナ帯が位置し、この下にクリ・トチ・ナラの森が続く。朝日連峰北側・山形県の大井沢では海抜六〇〇メートルがクリ林の上限といわれ、この上にはブナ帯が広がっていた。福島県奥只見長沢では、クリで生き延びたという伝承を持ち、集落のまわりには見事なクリの林が続いていた。大井沢や長沢ではクリの林を「サトヤマ」とし、サトヤマの外れから奥を「オクヤマ」と称して区別した。この傾向は、クリを集落のまわりに半栽培で育てて澱粉山としている集落に共通する。澱粉山がサトヤマと重なるのである。

ブナ帯は厳密に言えば温帯落葉広葉樹林帯に入るが、サトヤマが暖帯落葉広葉樹林帯だからといって画然と分けられるものでもない。サトヤマとオクヤマはお互いに補完しあって成立しているからである。積雪地帯のブナ林では、オクヤマにマイタケの出るミズナラが混在し、トチが大木となっていた。下層植生もチシマザサに覆われるところが多いが、ここは筍の重要な採集地でもあった。ブナ帯の山は集落のまわりにクリやトチ・ミズナラのような澱粉採取の植物を備え、豊かな植物群のゆえに多くの有用な植物を人々に提供し続けてきた。

日本海側積雪地帯・東北・北海道にかけてのブナ帯で営まれる生活は現在でも山に対する依存度が高く、焼畑の利用まで含めれば、主食の米を除いて三分の二の食料を山に頼っている集落が現在もある。食料以外の建築材や民具に使う材料、衣服の繊維に至るまで自給することが、わずか五十年前まで当たり前のことであった。

ヤマバカマと呼ばれる狩りの衣装に使われる繊維材料は、春先の芽吹きがアイコと呼ばれる山菜である。一メートル以上に成長した秋に繊維を取った。シナ（科）の木は六月の梅雨どきに樹皮を剝ぎ繊維を取る。繊維が強く、シナ布にしたり、狩りの獲物を縛って運ぶ際のタナワと呼ばれる綱になった。

ゼンマイはブナ帯を代表する山菜で、頭につく綿を取って毯にしたり、着物や帯の原料として紬に利用した。ワラビは痩せ地ほど地下茎に澱粉を多く含む植物で、ここから澱粉を採取して食料として利用してきた。ギョウジャニンニクはアイヌの人々がキトビロと呼ぶ重要な山菜であるが、ブナ帯でもアイヌネギと呼ばれて重宝がられてきた。これらの山菜はロシア沿海州にもたくさん生えていて、アムール川・ウスリー川流域に住む少数民族の人たちの重要山菜であった。

熊送りの儀礼を持つニブヒやウリチはアイヌのイオマンテと類似の儀礼を長い間続けてきていた。熊が穴から出てくる時に狩猟が最盛期を迎えるのは積雪地帯で共通し、熊の食習がブナ帯で共通する。朝日連峰の狩人は熊を神聖な動物として、狩りの中でも熊を敬う。熊は神の遣いとして絵馬にして奉納されている。一方、ロシア沿海州でシベリアンタイガーを神とするナナイ族の人々は熊をナンバー・ツーの神としていた。

カモシカはアオシシと呼ばれ、その肉は山の獲物の中で最もうまいものとして知られていた。毛皮は厳寒や春の泊まり山になくてはならない必需品で、寒中雪山のカモシカから得たものでなければならなかった。冬の山形県月山の岩陰に泊まりの場所（スノ）を確保してカモシカをとった狩人の着衣はマミ（穴熊）の皮四枚を縫い合わせて作ったものだった。

落葉広葉樹林帯からの採集は、山から多くの素材を得て、これを加工利用してきた。生存のすべてにわたって、森や林から必需品を得ていたことになる。

山に生かされた人々の伝承を追って飯豊山麓北側・山形県西置賜郡小国町小玉川、朝日山麓奥三面、大井沢に通い調査を続けた。採集研究の自分の思考基準を確立したフィールドである。従来、狩猟関係の優れたモノグラフが出たこの地域も、かつての民俗調査にある全国の中での比較という視点が強く、異質なもの同質なものへの追及が強かった。しかし、私は飯豊・朝日山系の採集民俗を一つの基準としてとらえた。するとアイヌの生活との関係や北東アジア・沿海州との類似性などが浮かび上がってきたのである。

佐久間淳一は朝日山麓金目を詳細に調査して『狩猟の民俗』を記録した。森谷周野は奥三面・小玉川に入って厳寒のカモシカ狩り・スノヤマについて初めて調査に成功した。千葉徳爾も五味沢に入って熊狩りを記録している。地を這うような諸先輩の調査記録が手元にある。

山に生きて来た人々が、山の生活の中で従来考えられていた以上に広く各地とつながり、ダイナミックなサイクルの中で動いていることを知らされたのには、舟山仲次・斎藤熊雄といった伝説の狩人との出会いがあった。調査の視点を変えただけで、新たな認識に到達し始めた。

舟山は槍を突いて熊をとった最後の狩人であり、飯豊山の北側一帯を活動範囲としていた山人であった。斎藤は朝日山麓の南側を占有していた金目集落の狩人である。一線を退いた彼らに出会ったのは、必要に迫られて採集の民俗を調べているときであった（第四章）。

熊とり衆の山菜には山間の村で食べられている一般の山菜と異なっている面があり、熊とのつながりの中で理解されるものがいくつか出てきていること。カモシカ狩りの目的が熊とり衆の山の行動と深く結びついていること。カモシカのセナカワは最上の暖房具であったこと（第三章）。

動物と人間のかかわりがそのまま一つのサイクルとして生態学的につながってくる。諸先輩の調査記録をもとにして、採集という視点で調査を始めた時、今までの狩猟研究では追及を止めていた問題が、新しい視点を得た調査で異なる認識に到達する。

熊が穴から出て最初に食べるヒメザゼンソウという山菜をめぐっては、熊の居住範囲と彼らのテリトリーについて、北海道との共通性まであぶり出されている。アイヌの人々との共通項まで視野に入ってきた（第二章）。

日本海
大鳥屋岳
以東岳
相模岳
竜門岳
大朝日岳
奥三面の占有領域
三面川
奥三面
五味沢の占有領域
祝瓶岳
五味沢
金目の占有領域
荒川
金目
明沢川
泉岡
小玉川
梅花皮沢
北股岳
小玉川の
占有領域
飯豊山
大日岳

採集研究の村

カモシカの狩りでは、時間を超えて奥三面、縄文時代の岩陰遺跡との共通性が浮かび上がってきた。森谷が奥三面で聞き出した厳寒の泊まり山・スノヤマの主たる目的が毛皮を得るためであった事実はそのまま小玉川の舟山が経験してきた飯豊山の厳寒の泊まり山とつながって来ているのである（第三章）。

狩人の伝承は狩猟の方法・作法や信仰といった調査の時には狩りの系統を巻物との関連で追ったり、秋田・日光といった系譜を追究し、オコゼなどに代表される山の神との関連を語るものが多かった。

一方、採集に調査の視点を据えて狩猟を調べていく方法は、熊の生きるテリトリーと山菜の量や質の問題など、きわめて定量的・定性的な調査が必要になってきた。従来あまり顧みられなかった問題が出てきているのである。

採集は生存のための食料採集から衣服・住居・道具と生活全般にわたる。人間の視点ばかりでなく、海から上がってくる鱒や鮭、そして山の獣たちも追求の主人公となる。動物に生存の条件が確保されてはじめて、その中からの余剰物を人間が見いだし、取ることになったからである。

飯豊・朝日山麓の調査からは採集研究に関する重要な資料が得られた。このフィールドを育て、採集調査に全力をあげてきた記録を残す。

**採集民俗研究の枠組み一覧**

採集の研究についての枠組みを以下のように考えて調査に取り組んできた。採集はあらゆる場面に及んでいるが、食物採集の優先がおぼろげながら明らかになってきた。

イラクサと呼ばれる春の山菜は、秋には繊維を採ることになり、澱粉採取のクリは半栽培のために間引く木（年数を重ねるとクリの実が小粒になるために木を切る）が建築材となっていく。熊は、重要な食料であると同時に、胆のうが薬となる。カモシカも皮が着衣として重要で、わざわざ厳寒に狩りをするが、この時期の肉は山の食べ物の中で最高だった。ワラビ採集の目的は春は山菜であるが、枯れると根を掘り澱粉を採取した。山人の重要な植物であった。

川魚の採取は、集落の共同の楽しみとして、皆で集団漁に出かけた。特に鱒は春の重要なタンパク源であると同時に、鱒漁は山人のレクリエーションでもあった。

人間生活にとって、空腹を満たすことがすべてに優先されるのである。また、空腹を満たすように行動してくる中から、着衣への応用がはかられ建築原材料となるものもあった。

人間が食を得るという面から、植物や動物を自然界から抽出していたのである。

現実に、採集が行われてきた集落に身を置くと、自然採集に対する人々の知識の量には驚かされる。とはいえ、現在に残る採集の伝承は、かつての知識の僅かな残滓にすぎないのではなかろうか。

採集生活が主体であったかつての村々では、集落の立地さえも、採集生活によって規制される分布の仕方をとっていくことがわかってきた。縄文研究では、拠点集落とそれを取り囲む集落という位置づけが出されているが、現実にこのように分布する山間の村は多い。

河川の最深部に立地する集落が最も古くから採集活動を始めた村であり、ここから支流域に向かって分村する。あたかも、動物が自分のテリトリーを守って分かれていくように、人間も採集できる質や量を考えて自分たちのテリトリーを作っていくのである。私は生物学の「棲み分け」に類似する集落分布と考えている。一方、栽培活動が起こって焼畑が始まると、拠点集落から各支流の山に向かって分散が起こる。分散型は中部高地などにみられる。

採集研究を次のような枠組みで設定して調査・記録してきた。

一　食料採集の問題

○澱粉山の種類と量　→（種類）クリ・トチ・ワラビ・クズ・オオウバユリ・ナラ

（量）それぞれの立地面積と保存状況・保存量・保存法

・澱粉山の名称　→クリ山・トチ山など

奥山に対する里山

・澱粉採取の植物　→澱粉山を形成しなくても澱粉を取っていた植物

採集範囲（取りに行ってよい範囲と境）

・採取の方法　→採取の時期・拾い方（クリなどはイガをどのように剝いたか）

（ワラビなどの根）掘り方・洗い方・根のつき方・分離の仕方

・採取の効率　→一キログラムから何グラムの澱粉がとれるか

採取できる時期はいつからいつまでか

・採取の面積　→一家族を養うためにどのくらいの面積が必要か

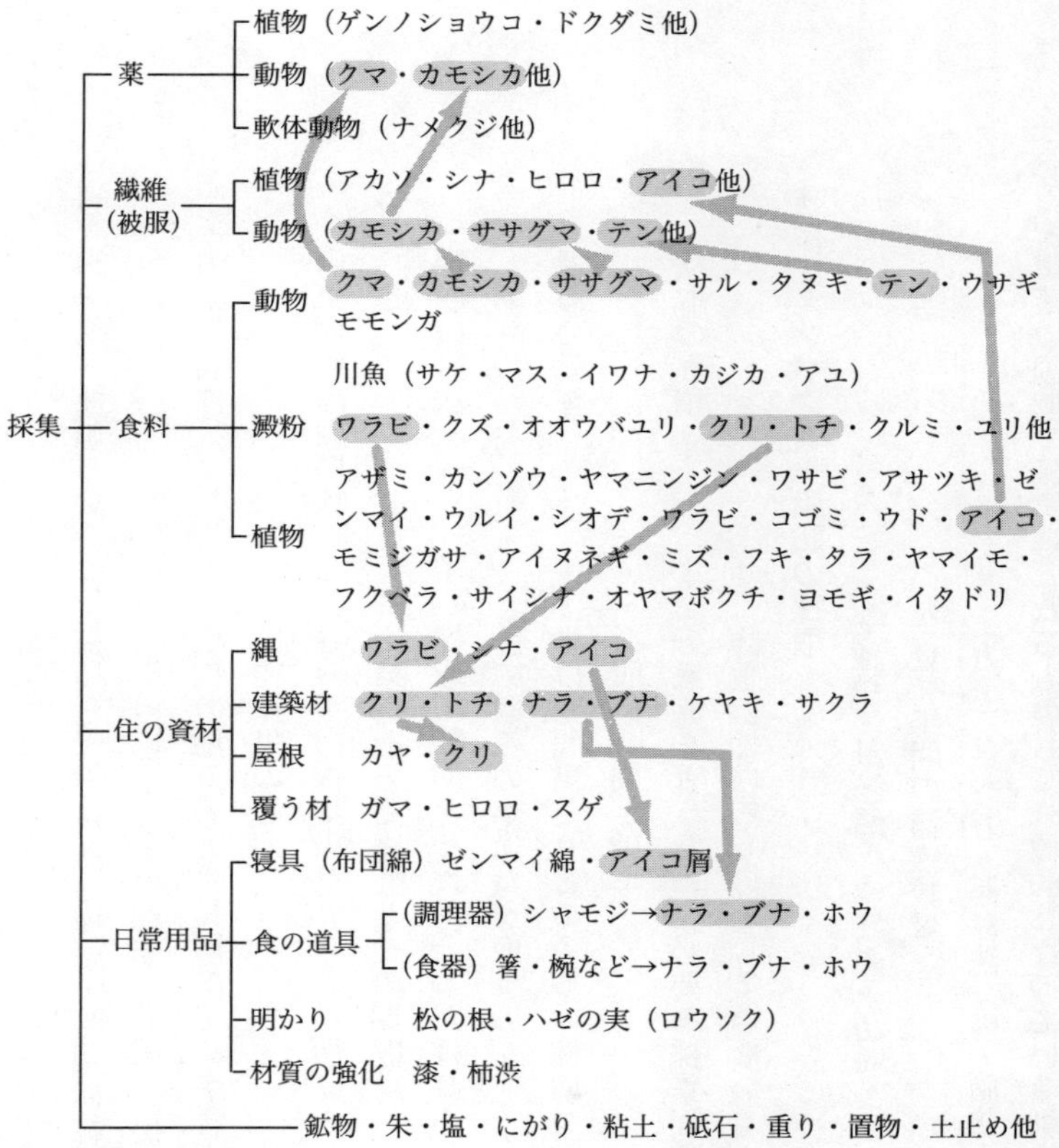
採集
薬
植物（ゲンノショウコ・ドクダミ他）
動物（クマ・カモシカ他）
軟体動物（ナメクジ他）
繊維（被服）
植物（アカソ・シナ・ヒロロ・アイコ他）
動物（カモシカ・ササグマ・テン他）
食料
動物
クマ・カモシカ・ササグマ・サル・タヌキ・テン・ウサギ
モモンガ
川魚（サケ・マス・イワナ・カジカ・アユ）
澱粉
ワラビ・クズ・オオウバユリ・クリ・トチ・クルミ・ユリ他
植物
アザミ・カンゾウ・ヤマニンジン・ワサビ・アサツキ・ゼンマイ・ウルイ・シオデ・ワラビ・コゴミ・ウド・アイコ・モミジガサ・アイヌネギ・ミズ・フキ・タラ・ヤマイモ・フクベラ・サイシナ・オヤマボクチ・ヨモギ・イタドリ
住の資材
縄　ワラビ・シナ・アイコ
建築材　クリ・トチ・ナラ・ブナ・ケヤキ・サクラ
屋根　カヤ・クリ
覆う材　ガマ・ヒロロ・スゲ
日常用品
寝具（布団綿）ゼンマイ綿・アイコ屑
食の道具
（調理器）シャモジ→ナラ・ブナ・ホウ
（食器）箸・椀など→ナラ・ブナ・ホウ
明かり　松の根・ハゼの実（ロウソク）
材質の強化　漆・柿渋
鉱物・朱・塩・にがり・粘土・砥石・重り・置物・土止め他

採集の構造

密生している場合としていない場合の違い

○副次的山菜の種類と量　↓　（種類）ブナ林八〇種類・照葉樹林二〇種

（量）採集が多く保存するものの保存量・保存法

・山菜の名称　↓　植物の地方名と生長段階での名称変更

植物採集の範囲

・山菜採取の順序性　↓　春一番の採集山菜とその場所

山菜採取の順序性とその期間

・採取の方法　↓　採取の時期とそれに合った採り方

手で取るのか道具を使うのか

・採取の効率　↓　単位時間当たりどのくらい採取できるのか

採取の時期と効率

・採取の面積　↓　一家族を養うために必要な採集面積

群生しているものとしていないものの違い

○動物性タンパク質・脂肪の採取

↓　（種類）鮭・鱒・ウサギ・カモシカ・熊・ムササビ

（量）年間の捕獲数量

（方法）食べ方・保存法（肉・脂肪）

・集落の領域で確実にとれるもの　↓　標的となっている動物の生息数と回復率

生息場所と呼び方

・獲物をとる順序性→積雪期の猟・春夏の漁

川でとれる魚のサイクル

・獲物のとり方→各動物ごとのとり方

使う道具や罠の使い方

・猟（漁）の効率→単位時間当たりのとれ方

とる時期と効率

・猟（漁）の面積→一村落を養うために必要な猟の面積（範囲）

集団猟（漁）と個人猟（漁）の違い（分配）

二　澱粉山の生態分布と採集集落の立地

○落葉広葉樹林帯で成立した採集集落

①クリ・ナラ・トチの水平分布と垂直分布

・クリ・ナラ・トチの水平分布が北側はどこまで及ぶか

→クリの北限北海道南西部までの採集の姿と以北の採集の姿

（ナラ・トチ・クリの順に北に張り出す分布）

・クリ・ナラ・トチの垂直分布はどこまでか

→山間集落のクリの垂直分布と採集の姿

→日本列島のクリの垂直分布と採集の姿

◎クリが分布しない地方での採集の姿
↓　クリよりトチに依存
↓　クリよりナラに依存
↓　クリの豊富な地域の採集の姿
↓　ナラの豊富な地域の採集の姿
・澱粉山を中心とした村の成立はほとんどがブナ林植生
②ワラビ・クズの水平分布と垂直分布
・ワラビ・クズの水平分布はどこまでか　↓　北に張り出すワラビ
・ワラビ・クズの垂直分布はどこまでか　↓　ワラビに対する依存の深さ
③オオウバユリの水平分布と垂直分布
・中部地方以北、北海道・樺太のオオウバユリ分布　↓　北に偏る分布
・オオウバユリに依存するアイヌの澱粉山
○照葉樹林帯の澱粉山
①クズ・ワラビの山
・ワラビの澱粉採集は本当に照葉樹林帯の基層文化か
②照葉樹林帯の採集の村
三　労働力投下の限界（↓生存のミニマム）
○半日行程の範囲にある原材料の絶対量　↓　半日行程という村の領域

①食料（どのくらい量の澱粉採取があれば生きていけるか）
②衣服原材料
③住宅建築材
が半日行程の中にある量で村の規模が決定する

○採集生活に必要な労働量

①食料

・基本食料の澱粉採集　↓　クリ・ナラ・トチを拾う量とその労働力
　↓　ワラビ・クズ澱粉採集の場合の労働量

・山菜食料の採集　↓　採集の種類
　↓　保存量

・動物性タンパク質の採取　↓　鮭・鱒
　↓　獣・小動物

②衣服原材料

・麻（カラムシ・アカソ）採取の労働量　↓　糸にするまでの労働力
　↓　織る労働力

・ヒロロ・スゲ採集の労働量　↓　編む労働力

③住宅建築材

・建築部材確保の労働力　↓　伐採・建築

・茅の確保　↓　茅場と採集の労働力

四　集落間の交易

○特色ある産物を出す集落

①交易にまわせる余剰産品の存在　↓　山ごとに異なる産品

・余剰生産物の処理

・収穫時に出る余剰のむら

②優れた産品の交流

・その場所でしかとれないものの交易

・特別な生産物の交易

○生産体制の効率化の度合いによる生産物の余剰

①優れた加工品の流通

・加工によって効率化を遂げた産品の交易

・加工によって商品化した産品の交易

②移入と移出のバランス

・出すものがない所では成立しない交易

・ほしいものを作る交易

○拠点となる集落の存在

①その地域で中核となる集落に集まる物品

・交易の拠点としての集落

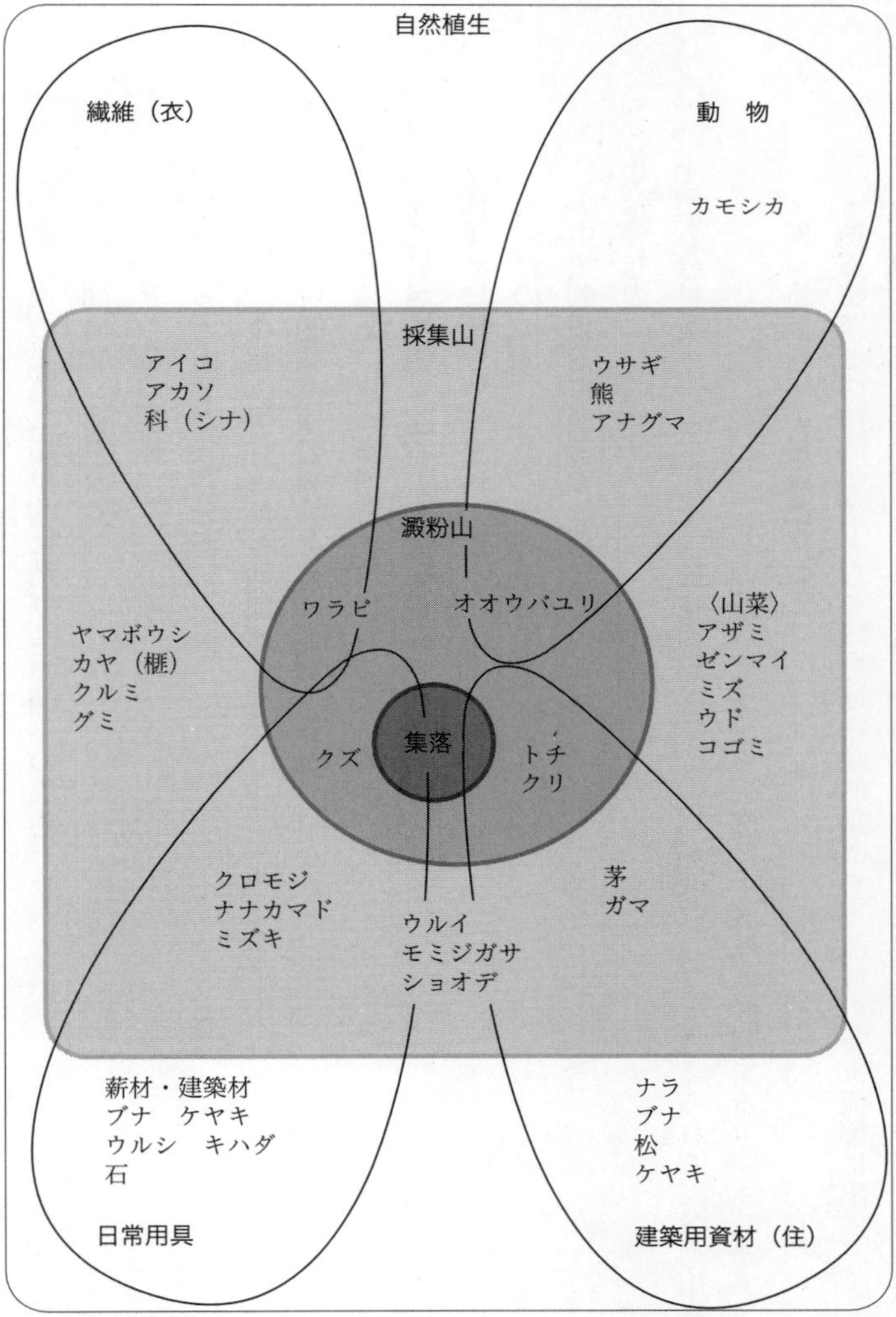
自然植生
繊維（衣）
動　物
カモシカ
採集山
アイコ
アカソ
科（シナ）
ウサギ
熊
アナグマ
澱粉山
ワラビ
オオウバユリ
〈山菜〉
アザミ
ゼンマイ
ミズ
ウド
コゴミ
ヤマボウシ
カヤ（榧）
クルミ
グミ
集落
クズ
トチ
クリ
クロモジ
ナナカマド
ミズキ
茅
ガマ
ウルイ
モミジガサ
ショオデ
薪材・建築材
ブナ　ケヤキ
ウルシ　キハダ
石
ナラ
ブナ
松
ケヤキ
日常用具
建築用資材（住）

《採集》系統図

・情報の拠点としての集落
②中核となる集落に衛星的に結びつく個々の集落
・集落間のソシオグラム
・中核どうしの関連

# 五　現存集落から考慮した集落分布

○中核となる集落の条件と衛星的集落
①自給が可能なだけの領域を維持しているか
・生存のミニマムを潜在的に保持しているか
・交易が集中できるようになっているか
②衛星的に結びつく集落の存在
・生存のミニマムを中核的集落に依存しているか
・中核的集落に交易で依存しているか
○集落分布の二つのタイプ
①棲み分け型　→　採集活動を中心に村が成立したと考えられる、各河川最深部の拠点集落から、次に下流域に展開する
・拠点集落を川の最深部におく
・拠点集落が中核的集落となる場合は衛星的集落を下流域の各支流部に出す
②分離型　→　採集活動を中心に村が成立した生存のミニマムに余裕のある

ところでは、拠点集落から上流部の各支流に向かって分村を繰り返す。

・中核的集落が衛星的集落を各支流に出す
・拠点集落を川の上流落ち合いにおく

第一章には飯豊・朝日山麓の「伝説の狩人」を記述する。集落のまわりに生きていけるだけのクリ（やワラビ）の澱粉山を備え、その外周に採集山を持ち、そのまた外側に狩猟の山を持つ、典型的な自給集落（山からの採集で食料の自給ができた集落）である。飯豊山麓小玉川、朝日山麓金目・五味沢・大井沢（いずれも山形県）、朝日山中の奥三面（新潟県）である。モノグラフ的に採集・狩猟を記述していくことで、採集民俗研究の基底である食料採集の姿について、山から恵みをいただく実際の姿がどのようなものであるのか述べる。狩猟についての記述を通して、採集生活が自然との交渉の中できわめて細密に紡ぎ出されてくることを述べる。熊やカモシカの狩りでは、採集生活の枠組みとなる山の占有領域が動物との関係によって決まっていくことを述べる。熊狩りの範囲はその集落の山の占有領域であるが、採集生活の占有領域となっていくのである。カモシカ狩りの範囲は採集生活の占有領域を越えてでも（他の集落と摩擦のない限り）広げていった。つまり、集落の採集領域は狩りの範囲を指標としているのである。

第二章では熊の習性が元となって人間が食べることを学んだ「熊と山菜」を扱う。熊狩りの狩人の行動は、当然のように熊との関係によって決まる。動物と人間の関係論・相互作用として扱うと、

①動物と人間を同じレベルで論じる方法を取らなければならない。

②人間と自然（環境）という関係論から、動物と自然という方法を取り入れなければならない。

具体的には、動物と植物との関係論などが主体となり、人間と植物の交渉は副次的な問題となることもある。

熊の食べる山菜が狩人を通して人間が食べられるものとして認識されていくまでの過程を追うことで、副次的山菜の種類と量が動物との交渉によって学習されてきたものであることを述べる。

第三章は、ダム建設によって二〇〇〇年に水没した奥三面集落を主なフィールドとして、「奥三面のカモシカ猟をめぐって」、採集の領域が歴史的に縄文時代中期から連なっていることを論じる。そして、私たちに馴染みのないと考えられやすいカモシカが、山人の生活にとって相互に貴重な交渉相手であることを調査記録からえぐり出す。同時に、採集研究に歴史性を加えるものとして、稲作以前の山人の採集生活の姿にカモシカとの関係を通して迫る。

三章までのモノグラフ的手法による山人の採集の記録をうけて、第四章では採集研究の理論化のために歴史性という縦糸と地理的広がりという横糸を使って、細密な枠組みを織り出す。

第五章では「澱粉山と生存のミニマム」について、稲作以前の姿のわかる民俗事例を提示する。集落のまわりに村人が食べていけるだけの澱粉（クリ・トチ・オオウバユリ・ワラビ根）を配置してきたかつての採集による生存は、自然界の余剰物を取り出すという関係性で成立していた。澱粉山の配置の方法は自然界の生態系を中心にしており、労働力投下を考えた人間の都合と折り合いのつく範囲で成立してきた。澱粉山の生態分布と採集集落の立地は当然のように集落分布の姿を規制した。

第六章の「雪国の山菜をめぐって」には、ミズという山菜が落語に取り上げられ、多くの民間伝承に取り上げられていく様子を、新潟県北部山間地域から報告する。そして、多くの山菜が研究の仕方を深めることで、現在の私たちの生活・民俗に強く影響を及ぼしていることを記録する。

第七章では山菜を中心にその保存方法・利用方法などを細かく調査した記録を記す。これによって稲作以前の姿を描きたい。採集の形態が分類できるところまで調査事例を提示し、採集研究の体系化への一歩とする。

# 第一章　伝説の狩人

## 一　飯豊山麓狩りの村・小玉川

### 狩人の村

熊狩りの集落として有名な村が飯豊・朝日山麓の山懐に抱かれてたたずんでいる。

山形県西置賜郡小国町小玉川は新潟県で日本海に注ぐ荒川の支流玉川源流域にある。飯豊山（二一〇五m）―北股岳（二〇二五m）―杁差岳《えぶりさし》（一六八六m）の北麓を狩場として占有し、南から西に屏風のように立ちはだかる飯豊山塊の内側にお盆のように囲まれた平地に位置する。

昭和十年以前は孤立した集落であった。昭和十一年に荒川の渓谷に沿って走る米坂線が開通して、玉川口に駅ができた。この駅から玉川の清流を遡ってさらに一二キロも奥地に入ったところが小玉川を中心とする盆地である。

一番大きい集落が小玉川、この下流に六斗沢。飯豊山側に川入、この下流に長者原と立地している。

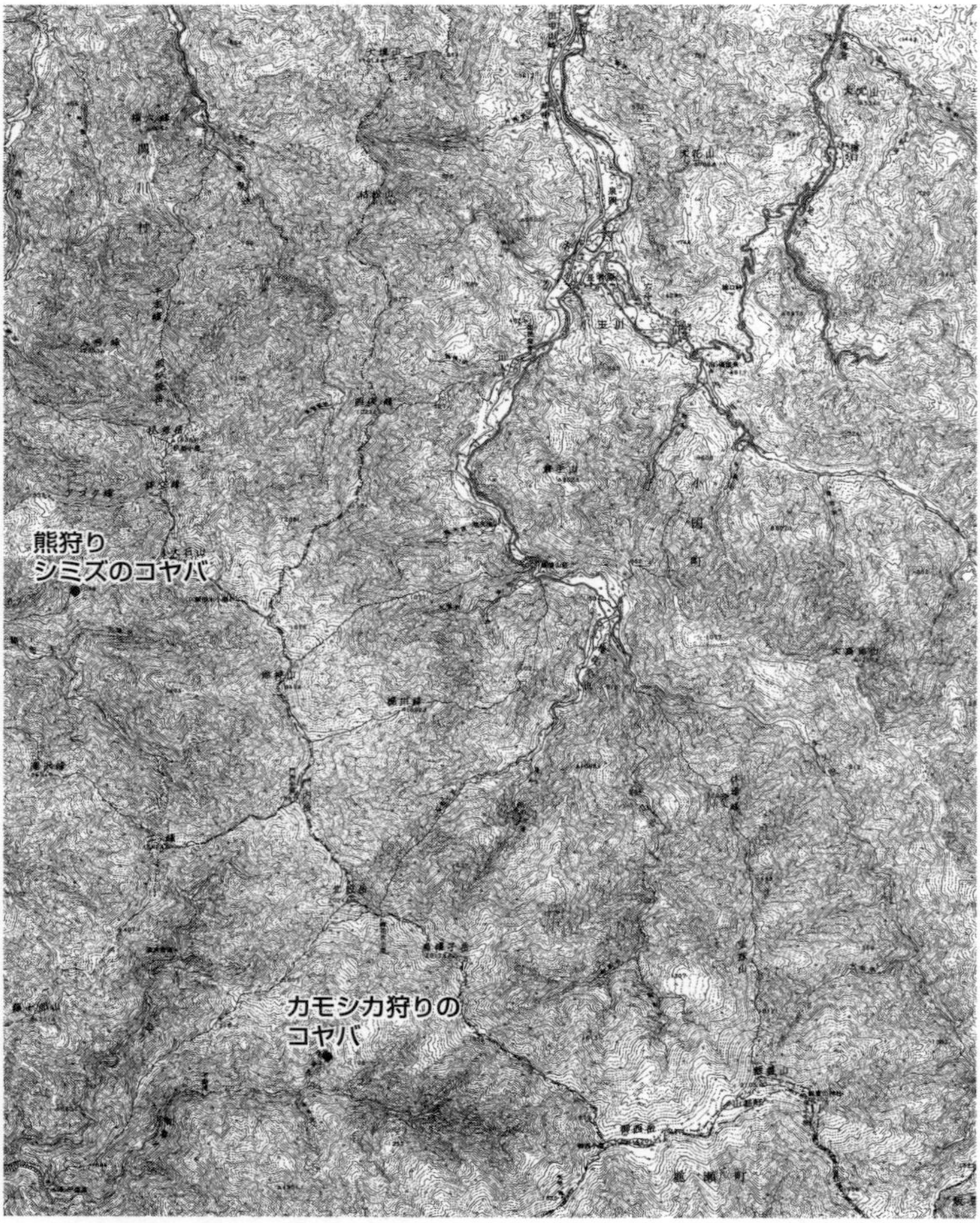

山形県飯豊山（「飯豊山」国土地理院）

小玉川二六軒（六斗沢を含む）、長者原二一軒（川入を含む）である。

この盆地の拠点集落（最初から人が居住していた、この地の中心集落）は小玉川である。六斗沢集落は拠点集落から分かれて下流部に展開した分村集落である。大字小玉川の下の字が長者原である。

集落の起源に関する記述・伝承には次のものがある。

①永保三（一〇八三）年『南海中興録』に「康平二（一〇五九）年から、この地にはじめて狩猟を営む者が住むようになった」(1)。

②天文九（一五四〇）年、小玉川城将遠藤平兵衛尉および舟山周防守が伊達の内輪もめに関連して殺された(2)。

③「今より約三百年の昔、加賀の藩中から本間弥助、福衛門、甚衛門の三兄弟が、此の地に初めて来た。当時の長者原付近一帯は葦谷であって、そこには長者姫と称する主が住んでいたので三兄弟は下手からは来ずに飯豊の峰を越して来た。そして現在の長者原の上手にある川入に定住して狩猟を始めた」(3)。

④康平二（一〇五九）年、時の鎮守府将軍である源頼義公が奥羽の乱を平定するために置賜郡にやって来たことがあった。その時頼義公の家来の一人が傷を負って長者原の山中に隠れ住んだ。そして、この谷が一望できる三角山に見張り所を設け、農家の娘と縁を結んで土着した。老年となってからは、この砦に長男の重兵衛を見張らせ、何か事があったらのろしを上げて知らせることにし、自分はまだ幼い次男の弥助を連れて小玉川に土着した。後に長者原の重兵衛は弓矢を捨てて鍬を持ち、土を耕す百姓となり、小玉川の弥助は手に弓を持つ狩人となってその地

に永住するようになった[4]。

①を元にして④ができたと考えられる。②の遠藤家は終戦まで権勢を誇った小玉川のオモダチの一軒であるが、ここでは中世の山城に関する伝承であり④と繋がる。③と④は小玉川の地形を見事に読み込んで作った伝説であり、後のものであろう。

以上のことから、①②④はその元に共通の伝承が見えている。一方異質なのが③であるが、これはなんらかの語りが元になっているものであろう。

いずれにしても、狩猟の村が川入と小玉川であることを述べている。二つの村は玉川、内川の最深部の集落であり、後背に広く狩りの山を占有する。

山に生きる人々が山の恵みを受けるのに最上の場所と地位を保持していたのが、この二つの集落である。起源伝承が残って当たり前の場所である。

☆小玉川　⇩　六斗沢　　（☆：拠点集落　◇：先住集落）

⇦

長者原　⇧　◇川入

図式のように村が分かれた。大字小玉川の氏神「十二山の神」は氏子総代がほぼ終身といわれ、舟山・本間・藤田の特定の家から出している。それぞれがマキ（同族）の代表である。

小玉川が戦前に村として所有していた山は約一二〇〇町歩に達する。高度経済成長が始まり村が一気に変貌を遂げていく昭和三十五年頃の世帯数は七六戸、人口三四九人、一戸平均五人であった。山の占有面積は年々減少し（売り払ったため）各戸平均一五町歩あった山が現在は一町歩である。

山に養ってもらっていた、かつての生活が昭和三十五年を境に、山に依存しない生活体系に変わっていく。

## 伝説の狩人・舟山仲次

### 熊狩りのこと

昭和の初め、当時新潟鉄道管理局にいた民俗学研究者の森谷周野が長者原と小玉川の調査に訪れた。この時は飯豊山を新潟県側から越えて小玉川に入った。狩猟習俗や年中行事そして村の印象については『旅と伝説』(昭和十四年五月)誌上に発表している。時を経て平成六年秋からの私の調査は戦後の電源開発で開けた荒川沿いの国道が拡幅され、新潟県からは荒川沿いに溯り、支流の玉川沿いにたどり着くことができる。交通は便利になった。

森谷が世話になったのは、当時の熊撃ち衆の主だった人たちである。舟山登茂栄、舟山直喜といった伝説的なヤマサキ、テッポウブチが顔を見せていた。この中に当時、学校をさがったばかりで親父に連れられて熊撃ちに参加した舟山仲次がいた。

五十年の時を経て、森谷の調査記録コピーを見せたとき、仲次は不思議と険しい顔をしてコピーと文章に見入った。そして、一〇人併記した語り部の一人一人に指を置き「これはどのように熊をとる男であったか」独り言のように喋り続けた。最後に「生きているのは俺だけになった」と、ぽつりと話す。

森谷が話を聞かせてもらった一〇人のうち、舟山登茂栄は自分が指揮しなければ、けっして熊をとらせなかったというカリスマ的なヤマサキである。この下に直喜がつき、登茂栄がリーダーとなった熊とりは確実に熊をとる組織として鳴らした。仲次は早くからこのメンバーに入れてもらい薫陶を受けてきたものである。仲次は昭和十六年に兵隊に行く。

終戦後の時期は熊をとって商売にするほど、復員して来た者が山に入ったものであったという。

仲次の語りは戦争前のものである。

「苗代の苗が白くなるまで熊撃ちに出ていたものだ」

苗代は年中、水のかかる清水のわく処にある。ここの苗が白くなるというのは伸び過ぎてぎっしりした苗が二〇センチから三〇センチにまでモヤシのように群生した状態をいう。田植えの時期である六月の上旬を過ぎてしまうことをいうのである。

この頃まで熊撃ちに出るというのは、春先に近くの沢から始め、順に奥山の雪の残るところまで猟場を上げていくことを意味した。つまり六月頃は飯豊山の直下まで行って熊とりをしたのである。ここで熊とりをしたのは、長者原・小玉川がいっしょになって広大な飯豊山麓の北東部を占有していた人々である。

**カモシカ狩り**

「猟の範囲で最も遠くまで行ったのはカモシカとりである」

狩猟の範囲で最も集落から遠いところまで行ったのはカモシカを狙う猟であった。熊とりにカモシカの皮が必需品であり、これがなくては厳寒のトマリヤマに行くことができないために、三～五年お

早春の飯豊連峰を小玉川から望む．中央部カールが石転び沢．厳寒，この沢を越えてカモシカをとりに行った（下の草生地はワラビの澱粉山）

いて飯豊山の大日岳を越えて越後側の加治川上流部の誰も人の入らない場所で猟をした。

「雨が降るまでうまい」

という伝承は、厳寒から雨が来る頃までの肉が最高の味であったことを指す。小玉川集落東側のウチカワにも時々いてとってくることがあった。しかし、こんな時は必ず皮のほしい人の間で争いとなった。参加した者全員に分配の権利があるからである。皮がなければクマヤマが務まらない。雪渓の上で数時間待ち続ける狩りである。熊狩りになくてはならない背中当てであった。なかなか全員にゆき渡らない。そのために飯豊山を超えて厳寒のアオシシ狩りに出たのである。

登山者に雪渓上りで有名な石転び沢は飯豊の本山への最短距離として天狗平から半日行程のルートである。彼らはカモシカをとるために、このイシコロビを越えて御西の峰から越後側に回りこんだ。朝八時頃出発し、午後にはオオミネ（小玉川と新潟県境の稜線）を超えた。

「北股と御西のカギはほとんど人が入らない。ここにカモシカの狩場があった」

という。北股岳と御西は鉤の手に尾根が小玉川に向かって張り出し、越後側は深く切れ込んで升形となっている。ここがどこの山人にも入ることを許さなかった場所であり、新潟県側からも入ることのできない深い谷である。このカギの西側の尾根は北股岳から新発田の湯の平に落ちる登山道が尾根筋についている。カギに雪が深くて狩りができないことがあった。この時は湯の平温泉が見える場所まで下がってカモシカをとった。

カモシカとりは寒の内が一番いい。毛皮にした時、雨を通さないしクマヤマで着ていてもワタゲ(長い毛の下の白く細かい毛）が抜けない。春のカモシカはワタゲが抜けるといって狩猟の対象としなかった。

だからクマヤマが始まるとカモシカには構わない。ここが奥三面と異なる。奥三面では三月から始まる熊とりの穴見に行ってカモシカを見つけると、これを優先してとっていた。もちろん、肉がうまいためである。毛皮の利用は小玉川と同じように寒中のスノヤマでとったものでなければならない。

小玉川のトマリヤマは春まだ浅い二月までの寒中にカモシカとりのために行うものが一番大掛かりなものであった。出かける人たちの構成は七、八～一〇人で一〇人を超えないものとした。各自、家から二枚の蓙・食料（米は一日一人七合で五日分）を背負っていく。もちろん、背中当てにカモシカの皮を着用し、手にはカモシカのテカワ、足にはカモシカのクツのいで立ちであった。雪上での泊まりにはカモシカの皮を敷かないと寒くて寝られないという。

アイコ剝ぎの実演．長い茎からオビキと呼ばれる道具で繊維をとる．実演者は伝説の狩人・舟山仲次

アイコ（エラ）．春は山菜として，秋はこの植物の茎から糸をとる

共通の持ち物として、一斗缶（汁を煮る器具として）、味噌、鍋を持つ。

足にはジンベを履く。藁で編んだものを足につける。足の関節から甲にかけては木綿の布を重ねてサシコにしたもので巻いた。ジンベをつけて紐で結ぶとちょうどこのサシコが緩衝材、兼保温材となる。足は水に浸かってもそれほど寒くはないという。雪の上を歩くにはジンベでなければ滑ってだめだという。奥三面では足にカモシカの皮で作った沓を履くがここでは雪渓上りなどでけっして滑ることのない藁のジンベが活躍した。

下半身にはノノタスケを着用した。麻で編んだズボンで山で履く袴のことである。ヤマバカマという言葉はここにはない。また、金目の猟師衆に伝わる「アカソは山からいただいた材料だから山に履いて行ってはならない」という伝承がここにはない。ノノタスケは家のまわりの定畑で作った麻（カラムシ）を使った。その代わりアイコ（アカソ）で作った袴はクマヤマに履いて行った。これをノノタスケとは言わなかった。ノノタスケには粉雪付着防止と保温のために奥三面のスノヤマではカモシカの脂を塗ることがある。小玉川ではこれをしなかったという。

上半身にはドンブクを着用した。木綿二枚合わせのサシコで厳寒には綿入れのサシコを着用した。頭には笠をつける。

トマリヤマの予定は一週間である。一日目に石転び沢を越えて鞍部を西側に降りたところ、暗くなる前に到着できる場所に中の沢がある。カギと呼ぶ猟場である。この沢を下った所にコヤバ（小屋場）がある。大岩の陰の雪の来ない場所で、昔からここがトマリヤマの宿泊場所として決まっていた。垂直に切り立った崖になった岩に名前はついていなかったという。ここの岩は西風を防ぎ、ナデ（雪崩）の来ない場所である。このような好条件のところを「雪が来ない場所」という。しかもコヤバは河原でなく僅かに高いテラス状を呈している。水場がこの下にあり、岩の間からは温泉が出ていて、冬でも停泊地として優れていたという。三〜五年おきにこの場所に入っては木を切って利用しているため、まわりのブナの木はちょうど柱によい太さに生長していた。

岩陰であるコヤバでは、垂直に岩が立ち上がる一番奥の所を火床にして火を焚いた。若いブナの木を切って垂木とし、斜めに四本、岩に立て掛けると、一〇人が囲まれた空間の岩陰に泊まれる。火に足を向けて扇の形に寝るのである。各自が背負っていった莫蓙をこの四本の柱で組んだ外周の木の所に着けて囲う。莫蓙は足りないくらいであったという。

寝床は近くから姫小松の枝を落としてきて、葉を敷き、この上に各自が着ていった背中の皮（カモシカの皮）を敷いて作った。ドンブクをかけて寝るのである。

火打ち石は必需品である。オキができるまで火がつけば、あとは近くのブナの生木で大きな火を焚くことができた。ブナは煙があまり出ないため、このような場所では貴重な薪となる。まだ水を吸い上げていないためによく燃えるのである。

カギの猟場はカモシカとりにも適した場所である。

「寒の内は追い落とせばとれる。というがカギでは追い上げた」

カモシカを巻く場合、勢子《せこ》は尾根筋の高い所から下の沢に追い落とすのが定石である。沢が落ち合い雪が吹きだまりとなった場所で下側が空洞になったような穴場をみつけると、ここに向かって追い落とす。カモシカは新雪に脚をとられ、穴場では細い脚が絡む。暴れているのを見つけると棒で頭部耳の後ろの急所を叩くとコロッといく。舟山さんは角の間をコスキでたたくのが一番だと言う。

ところが、ここでは大日岳直下のオオクラに集めるという方法をとる。

コヤバの岩陰は奥三面では岩井沢の上流部にあった長者岩屋岩陰遺跡のような場所なのであろう。縄文時代の中期から晩期にかけて岩陰に堆積した土器と大量のカモシカの骨から、奥三面の人たちには山賊の住処という伝承が残されていた。ここを発掘調査した報告書は、ここがカモシカとりのキャンプ地であることを、累々と堆積した出土遺物のカモシカの骨を分析して結論づけた（第三章「越後奥三面のカモシカ猟をめぐって」）。

しかも、狩猟の時期が歯のエナメル質の分析によって冬の終わりから春の始めと出され、骨のバラバラの状態から、とった場所で解体して持って来たものとの推測が出された。骨は成獣から老獣であり幼年期のものはほとんどみつからなかった。つまり奥三面の狩場も単なる肉のためにあったコヤバではなく、毛皮を目的としていたとも考えられるのである。四千年の時を経て同じような狩りの形態が伝承として出て来たことに驚きを感じている。

小玉川の人々が毛皮を得るために出かけた場所は仲次の記憶ではここのみであり、クマヤマのキャンプ地を加えてもわずかに二カ所のみである。

スノヤマと呼ばれた厳寒期の泊山は、奥三面の場合、泊まる場所に小屋が建ててある。場所が決まっていた。しかし岩陰を小屋にすることは当然のなりゆきとしてやっていたと考えたほうがいい。奥三面の蝙蝠《こうもり》岩もそうであるが、大きな岩に一つ一つ伝承が残っている。人が大岩となんらかの働きかけを持ち、関係が成立しなければこのような伝承が残るはずがない。

五味沢の山の神は垂直に立った高さ一〇メートルほどの大岩の前にある。神が宿る場所とは人が守られる場所でもあった。

### 雪山でのカモシカ狩り

コヤバの岩陰に入って五日間の予定で宿泊しながら狩りをする。冬山での天候はどのようになるかもわからぬため、閉じ込められてもいいように、この日から米を食べるのが一日二回となる。朝炊いて昼用に持っていく。夜は活動しないため、とって来たウサギやカモシカの骨煮を食べて寝る。ご飯は朝食から満腹になるまで食べないで、三分の一は残すものとしていた。いつ足りなくなるかわからないからである。

一斗缶をくど（かまど）にして上に鍋を置いて煮るカモシカやウサギの骨煮は、火を絶やすことなく煮続ける。だから骨から肉がとろける頃は味噌の味と合い、最高のごちそうになったという。ウサギはいる年といない年がある。いる年は簡単に食料として手に入った。鉄砲で取る。これは食べ放題であった。夜はこの汁だけで腹を満腹にさせて寝る。脂が溶けて骨の髄まで食べられる状態で、とても栄養があったものらしくよく体が温まって眠れたという。

吹雪いて狩りにいけない日がある。このような時はコヤバにごろごろ寝ながら、この骨煮だけで過ごしていたという。

カモシカはとれると骨煮にする以外の肉は持ち帰る。

カモシカの皮で最上とされたのは青色をしているものでアオシシの皮が最も価値があった。逆によくないとされたのは赤っぽい皮である。梅花皮《かいらぎ》の沢にいるものとカギの狩場のカモシカはほとんどが青だった。彼らは食べている木の皮によって色が出るといわれていた。飯豊大日岳の下をオオクラという。ここのカモシカは風と寒さに耐えているため、最上の毛皮がとれた。猟も大日の下のオオクラに集めてとる方法を採用していた。

飯豊山洗濯沢の《コヤバの岩陰》

コヤバの岩陰から狩りに出ると、クラの一つに親子でいたり一匹でいたりする。ここでは出かけていってとる時、上の手にカモシカを見つけることが多く、追い上げるという独特の方法をとっていた。

理由について舟山は、「カモシカはけっしてオオミネ（県境飯豊の稜線）を超えない」性格があったという。実際、親子のカモシカを見つけて下から追い上げた。鉄砲で狙ったが外してしまう。オオミネ方向に走られ、逃がしたと思って一同がっかりしていたら、戻って来たので仕留めることができた。

「カギにいるカモシカはオオミネゴエをしない」

ボッカイ

コヤバの岩陰に泊まるトマリヤマにはボッカイというコースキ（幅広の雪かきのヘラで一メートル位）よりひとまわり小さい雪かきの杖を持っていった。イタヤの木から割り取りをしたもので握り手のてっぺんは窪ませてある。ボッカイを雪に挿し、銃身をここに乗せて照準を合わせるためである。

トマリヤマに持っていくボッカイは雪を掻いて山を登る時にも使う。石転びの沢を登る時、雪崩の起きないと思われる斜面を頂上に向かって一気に登って行く。けっしてジグザグには斜面を横切らない。ボッカイはここで雪に挿して上がる道具となる。

石転び沢は新雪なだれ（ワスという）や表層なだれ（タカトリという）のメッカである。ワスに会うことはあまりない。というのも雪がしんしんと積もってワスが起きそうな時は行動しないのである。怖いのは雪原が安定しているようにみえる時に起こるタカトリである。

表層なだれが起きやすいのは、寒中ひどく寒い日に新雪が積もって天気が回復し雪ワラが安定したと思われるころである。二〜三日降り続いて、しまった雪の上に回復した天気で溶けて落ちた雪が、山頂部から雪玉となって転がる。これがきっかけとなって一気に扇形に斜面の雪が連鎖的に崩れる。

タカトリは雪玉がもとで起こるため、細心の注意を払って斜面を登る。もし不運にもタカトリが起きた時は、ボッカイの握り部分を八割方雪に挿し、ヘラの部分を両手で摑んで、ヘラに顔をつけて体を雪崩の流れる方向に流しておく。タカトリはヘラが障害物となって、この部分で両側に流れ、顔は何とか保護され呼吸ができる。これで流されたら、また同じようにボッカイを雪原に突き挿してヘラで顔を覆う動作を何度も繰り返したという。舟山はこれで助かった経験を持つ。

「ワスやタカトリが起きたら、すぐにコースキかボッカイを立てろ」

という伝承があった。

**なめす**

カモシカの皮を剝いで山から帰って来ると、板に張り付けて一週間ほど外で乾かす。皮は長い毛の内側にワタゲをつけた状態で固まっている。毛のついた表側を内側にして巻いてから囲炉裏端に運ぶ。堅くてごわごわしている。

毛のついた方を下に敷き、肉についていた方を上にする。この上に断面が三角形になった薪割材を十数本持ってきて、両端を荒縄で隙間なく縛って並べる。ちょうど沢庵にするための大根干しのようになる。なめす皮の長径にまで薪割材を並べ、上から踏む。

休みながら踏んでいると、並んだ薪割材の間から脂が出てきて薪が吸い取っていく。縄で縛ってあるために薪同士が離れないで平均して力がかかる。柱につかまりながら二日もやっていると皮が柔らかくなった。最も面倒なのがカモシカの首の部分であるという。ここはかなり踏んだつもりでもなかなか柔らかくならない場所であった。だからなめすのがうまくいったかどうかを判断するのも、この場所であったという。ここが柔らかくなっていれば十分であった。踏めば踏むほど皮は柔らかくなったものであるという。そしてこういう皮は雨を通すことがなかった。

この作業にも上手な人と下手な人がいて、

「木の皮を着てきたぞ」

と、馬鹿にされるのはたいていなめしに失敗した人であるという。

奥三面では踏んでいる皮が「一升枡に入るまで」なめすのが基準であった。小玉川ではこのような言い伝えを採集することができなかった。

### クマヤマ

熊とりにも胎内川の奥に入って泊山をする時にはコヤバに泊まって熊を追った。クマヤマのコヤバは奥胎内から大石岳に向かう登山道の近くにあり、清水の湧くコヤバとして地ならししてあった。シミズのコヤバといった。尾根の張り出したところから僅かに下ると水が出ている。ちょうど大石の人たちの狩場とだぶるため、なるべく会わないようにしていたが、コヤバの近くにクマアナがあり、ここにとりにきてかち合ったことがある。この場所に入るには長者原の下の集落、泉岡の雪が基準となった。

「泉岡の雪がしまって一メートル位に減ってきた時にシミズのコヤバに向かった」

春、彼岸過ぎの雪の状況を見ると、泉岡とシミズのコヤバがほとんど同じ積雪状況を示していたという。

シミズのコヤバは峰ダキ（峰の上にある、雪の流れてしまうところ）にあり、雪は流れてしまい、ナデ（雪崩）は来ない。この場所に行くのはマキガリでなくアナミであった。大石の人たちもここがいい場所であることからコヤバとしていた。戦後に入った時は小屋の前のアナバで熊をとった一～二日後であった。まだ大石の小屋番がいてずいぶんとおこられたという。

このように狩りの範囲は地神山から杁《えぶり》差岳《さし》にかけての尾根で分けることになっていてもアナバを見つければ相手の領分まで出かけていってとったという。まさに穴場である。似たような話は五味沢《ごみさわ》でも聞くことができた。五味沢の人たちも奥三面の領分にまで熊とりにいくという。末沢川の尾根が境となっているが、三面衆が末沢の奥のアナバで熊をとっているのを見てから、以後ここのアナバに入り込むようになった。三面の人たちには最後まで知られなかったと述べている。奥三面の山が深くて豊かなため、三面衆は熊の穴が一つなくてもどうということはなかったのであろう。

クマヤマで出かける時、産忌といって自分の妻がお産をした場合は三日間はクマヤマに出かけることができなかった。この忌のある人が参加すると、けっして熊がとれないものだといった。実際にはお産の前後で一週間はクマヤマにでなかった。

ヤマコトバ（山言葉）は家の前から集団に合流した時にはこの言葉でいかなければならない。ここからは山の神の支配するところだという場所がある。ヤマノカミムカエという場所である。ここはクマヤマの各沢の入り口にあたる。すべての入り口にこの場所がある。ここには幹が三つに枝分かれした大木を山の神の宿るものとしていた。

梅花皮沢《かいらぎ》から入ったヤマノカミムカエは杉の大木の場所で、ここには根元に槍の形をした供え物などが堆積していた。内川は中ノ又の入り口にこの地名が残っている。

### マキヤマと残雪

雪の状況はクマヤマに出かける際の一番の関心事であった。

「春、土用十日前（四月十七・十八日）にデジシ（穴から熊が出る）がある」

「木の葉がホゲたら（芽が膨らんで出始める）デジシがある」

「始めに出るのは小さい熊だ。大きいのはいつまでも穴に入っている」

「大熊は五月の上旬にならないと出てこない。雪の上で遊んでは穴に入ることを繰り返してから出てくる」

という言い伝えは今も残る。

だから、いつどの山に入るかは雪の状況をみてヤマサキが決める。どの山の雪消えが早いか、どの山へ行けばそろそろ熊が出始めるということは、熊とりであれば大体わかっている。

しかし、熊がいる場所は毎年同じではない。穴は持っていても、その年によって熊の分布に粗密があり、胎内側に多いことがあったり、また加治川側に集まることもあった。そこで昔から二月十二日の山日待ち（山マツリ）には法印様に八卦をしてもらって、熊のいる場所を占ってもらった。山の範囲を決めて、それぞれ番号をうつ。今年は何番が一番とれるかを占うのである。

小玉川の狩りの装束
（背中の皮がカモシカ皮）

小玉川の熊祭り（法印によって
どの山に入るか占ってもらう）

胎内（胎内川の奥地で地神山、門内岳の稜線を超えた越後側）

加治川（加治川の奥地で梅花皮の稜線を超えた越後側）

大石川（杁差を中心とする大石川の上流部で新潟県関川村金丸の人たちの領域であるが一緒に入ることがたびたびあった）

大股（飯豊本山から県境の稜線で画する長者原側の大きな谷で本来の狩猟領域）

内川（小玉川集落の後背にある谷で小玉川の占有領域）

ところが面白いことにマキヤマをしていく順序は雪消えの状況をみて行動するために、いつも入る順序は決まっているのである。今年はここに多くいるからといって、その谷に優先的に入ることはなかった。八卦は八卦で割り切っているのである。

山に入る順序は決まっている。

①「日帰りの山」から始める。つまり、内川である。ここは飯豊山麓の中でも一番早くに雪が消える谷にあたる。

②「杁まで」入る。ここは「泉岡の雪の量が大石川の雪消えと同じである」といい、泉岡の雪の量をみて二番目に入った。大石川の沢である。

③これ以後は大股のそれぞれの谷を下から巻いていく。

マキヤマができるのはブナの木の芽がホゲてから開いてしまうまでの短い期間である。雪消えの状況を見ながら、ブナの木の芽が開くまでの時間のずれを有効に活用して麓から飯豊の本山に向かって谷を巻いていったのである。その期間は春の彼岸からサツキ（田植え）までであった。

マキヤマにはヤマサキが何日に出かけるという指示を出す。長者原と小玉川は一つの班である。一軒から二人出る家もあった。だから一つの班が二〇人を超すこともあった。泉岡とは仲がよくなくて、大石の山に入る彼らとはおのずと行動が分けられた。ヤマサキの指示が出た時に、一軒一名の猟師が出たくても出られない事情のあることが時にはある。このような時、デオクリと称する米を狩りの一団にもって行く。すると熊がとれた時の分け前を、参加者と同じように分配してもらうことができた。

熊をとって帰って来た時に飲み食いする場所をヤドという。これには長者原の家の人たちの方が山に近いため、こちらでやることが多かった。

熊をとると頭を東に向けて山の神迎えをした。まず皮を剝ぐ。尻からキリハを入れて、月の輪にまで達するようにタテメを入れる。各手足からこのタテメに合流するように切れ目を入れる。これで皮が剝がれる。肉と皮を離す時は四隅を四人で持って上下に振る。センビキトモビキの言いかたはなかった。次に腹を裂いて心臓・肝臓・胆嚢を出して雪の上に供える。胆嚢は元を縛って取る。雪の上で山の神に供えるものは心臓と肝臓である。心臓には十字を切るようにタテメを入れる。金目のように背中の肉を出して七串焼きをすることはここではない。供え物の前でヤマサキが山の神に祈る。

熊の肉は、戦前たくさんとれた頃は、各家で罐詰にして保存していた。ブリキを円筒状にして、蓋をハンダ付けするころは熱がかかった状態で、熊の油でハンダがつかなくて困ったものであったという。すぐに食べるものは味噌漬けにもした。

熊の脂は鍋に入れて熱をかけ瓶に入れて保存するが、ここでもひび・あかぎれの薬であった。熊があまりたくさんとれて脂が余った年があった。てんぷら油にしてみたがあまりうまいものではなかったという。

骨は猿・ウサギの骨とともに焼いて砕き、ご飯粒と練って打ち身の場所に当てるサンコウヤキがあった。

トッパのブノウ

熊狩りでは鉄砲で熊を撃つことに対し、仲次たちの世代は心理的に抵抗があったという。槍で突いてとることが正々堂々としているという考えである。仲次には今もこの感情があるらしく、ライフルを使って熊をとることに非常な負い目があるらしい。「鉄砲でとっては熊に申しわけない」というのである。

火縄銃・村田銃、そしてライフルと移行してきたこの谷でも、集団で巻いてとる時には槍を必ず持って行き、一番大事なところにこの人を配置したという。仲次の頃は鉄砲を持っていてもけっしてマキヤマでは撃たせなかったというのである。ヤマサキは最初に書いた舟山登茂栄である。

当時のマキヤマでは現在の鉄砲撃ちとちがって、しっかりした足場でないと熊と対決できない。熊が勢子に追い上げられて槍持ちの所に来る。ここで熊が待ち構えている人間に対して立ち上がって襲いかかれる場所で、人間にとっても後ろに下がって崖から落ちないようなしっかりした足場の所をトッパのブノウといった。ブノウとはブナワラ（ブナの林）をさす言葉である。人間も熊も命がけの対決ができるだけの面積と地面の堅さが必要であったという。

槍持ちは月の輪をめがけて突きたい。ところが熊はなかなか立たないものであるという。槍を構えたまま、目の前で上下に槍の穂先を振って起こせというけれど、それができるだけ肚の据わった者はほとんどいなかったという。槍の柄は脇を固め、両手でしっかり持つ。槍はどのようなことがあっても離すことはできない。狩人が固くなっているのを見透かすように熊はカンジキに嚙みつき、ひっくり返されて二番槍の者に助けられた人もいたという。足を齧られたという話はよくあった。

熊が横を向いてくれればと祈るように構えている者がほとんどだという。横から心臓めがけて突けるからである。突いた槍の柄を離せば手負いの熊に一撃でやられてしまう。突いたままの状態で熊の体を自分の全体重でコントロールする。槍持ちは足を前後に開き、熊に押されないように体重を下半身に移動させる。熊は苦しがって手を振り回す。この状態で二番槍・三番槍が助けに来てくれるまで我慢しなければならない。熊はなかなか弱らないものであるという。

ウチカワには横岩などにトッパのブノウがあった。マキヤマでは一つの谷をまく場合、必ず一つはトッパのブノウがあるもので、ここに槍を配置したのである。現在も地名が残っていて山菜採りに行くと、トッパのブノウを基準にして探すものであるという。なぜなら雪渓の間にできた足場のよいところで高台になっているからである。熊を追い上げる場所は人間にとっても特別な場所であった。

熊狩りのホンマキは熊を集めてトッパのブノウに向かわせて槍で仕留めるものである。一日に一マキしかできないのが普通であった。何時間もかかったのである。各所に配置された者たちは、三～四時間も立っていなければならない。カモシカの皮がなければ寒くて耐えられなかったという。

とった熊の分配はすべて平等である。ただ一番槍はバッケ（頭）をもらうとする所が多いが、ここではその伝承がなかった。

熊の入る穴

熊の穴はこの集落の所有という暗黙の了解があり、ヤマサキの指示がなければけっして穴に入っている熊をとりに行くことはできなかった。

アナミには二～三人で出かけるがどこの沢は誰々という指示がない限り、勝手に取りに行くことは許されなかった。

大股の沢で村の狩人にとって有名な岩穴があった。梅花皮沢の南側上部エボシの沢である。ここは大きな熊が入るのだがいつも条件が悪くてとれない。とったことがない場所である。というのも、ガレバの途中に縦穴があり、この底から二カ所に横穴が岩の裂け目として空いていた。だから、下からは攻める穴がない。第一そこまで行くのが容易ではないガレバなのである。マキヤマに行ったとき、大熊を見つけたが追っているうちに見失った。なんとこの熊はまたこの穴に潜り込んでしまった。ここで一同はヤマサキの指示で追うことをやめ、穴にいる熊も諦めようとした。ところがついて行った若者二名がどうしてもアナグマをとらせてほしいと頼み込んだ。ヤマサキは今までも成功したことのない伝説的な穴であることから、「また穴から出て来るからその時に巻いてとる」ことを伝えた。

はたして二〜三日後、大熊が出ている。またマキヤマにかかった。ところが今度もまた穴に入り込んでしまって失敗した。ヤマサキはここでこの熊を諦めた。ところが若者は諦めていなかった。ヤマサキに頼み込んだのである。

許可は出たが実際にとることになったのは二人だけである。若者は相談して岩穴を燻して熊を出すことを考えて穴の口で火を焚いた。ところが煙は上に行くばかりで垂直に下がっている熊の隠れ家に向かわない。この方法はすぐに失敗した。仕方ないので一人が家に戻りゼンマイの燻製を作る筒型の煙突状をした管を運び上げて来た。これを使って穴の中深くに差し込み生の葉を火にかけながら燻した。もうもうとたった煙は順調に穴に吸い込まれていき、岩の裂け目という裂け目から煙を吹き出した。熊穴のある岩場が全山煙に包まれたという。やっているほうは「しめた、しめた」と歓喜した。

ところが、一時間たっても二時間たっても熊は出て来ない。二人の顔に怪訝な色が漂った。「おかしいぞ」。この日は半日やっても出て来ないのでとうとう諦めた。二人は考え込んでしまった。明日やっても出てくる可能性はない。意気込んで始めたものの、とうとうこの熊はとれないということになった。

熊に関する伝承としては、熊の入る穴が熊狩りの中心となるため、穴に関していろいろ残されている。

「松の木を齧って剥いだ跡が残るところには近くに穴がある」

「ハゲヤライのあるところには穴がある」（はげ山に柴でタナを作ると、近所に穴がある＝柴を重ねて休む場所の近くに穴がある）

「ソラフキアナ（空吹き穴、大木の中が空洞になっていて上が空を向いている穴）には熊が入らない」

「シケラない（雨が漏らない乾燥した）木穴に熊が入る」

「いい穴でもシケを嫌い、何年も続けて入ることはない」

熊の食べるブナとナラの実については、朝日山麓と飯豊山麓で対照的な伝承の相違がある。前者ではブナの実を食べたものの方が肥えているというのに対し、後者ではナラの実の方が太るという。

「ブナの実を食べていた熊は、秋太っていてもその割に春先は痩せている」

「ナラが大量になった年の熊は肥えていて、春先もそれほど目減りしない」

熊の脂はフライパンで熱をかけて溶かすと、ナラの実のものは透き通らないワセリンのような白い固体となるのに対し、ブナを食べていたものは透き通った液体である。

ここには熊の食料として、ブナよりナラに絶対的な信頼がある。

「ハゲナラといってははげ山ほどナラはしっかり実をつけるため、岩の窪みにも実がたまっていてくれる。熊にとっては大切な食べ物であった。しかも前の年になったものが次の年の秋まで岩の窪みにはある。ブナは次の年一斉に芽を出してしまうし、実がなる年はどこにでもあるために熊があちこち移動してしまう」

マキグラに残っていてくれるのはナラの実のおかげであり、ブナがあると熊はあちこちクラを変えてしまうというのである。

「熊は穴から出るとナラの実・ブナの実・マンサクの花・コブシの花を食べる。ブナの葉のほころび始めも好きだ」

「ナラの実がなると熊はマキグラに上がってくる」

こういう熊はとれる。ところが、

「ブナの実がなると雪消えと同時に熊は下がる。下がる熊はとりにくい」

「熊の胆が一番いい値段になる。不純物を入れて膨らませることがはやった頃から混じりっけのないものを業者が欲しがり、とったものは干さずにそのまま売るようになった」

「熊の胆は食物を採ってない状態の時が最も大きく、アナグマをとるのがよかった。穴から出て食べ物をとりはじめて一週間たてば熊の胆は空になる」

「熊は冬眠している間、手の平の皮を嘗めている。ここはきれいになっておりアリカワと言った。熊が穴から出て行動を始めるとアリカワが無くなる。熊をとった時、まずアリカワを見る。アリカワが無いと熊の胆は諦めた」

アナグマをとるのに舟山の先輩の中には豪胆な人がいたものだという。

「アナグマは穴の中ではけっして嚙みつかない」

「熊は噛みつくとき一番高いところをおそう」といわれ、なかなか出て来ない熊を穴から追い出すために、穴が大きければこれに入って熊を押し出したという。そのやりかたは、カモシカのセナカワを着て背中にメンパ（曲げものの弁当箱）をつけて後ろ向きに熊が寝ている穴に入って行く。こうすると熊は同類が来たと思って身を屈めて俯きに小さくなっているという。背中にメンパをつけた人は天井の岩にあたらないように熊を後ろ向きに跨いで自分が穴の奥に入る。

態勢がこのようにうまく入れ替われば成功である。後は熊の尻を背後からつつくと穴から出て行くという。穴から熊が前足を出した時が槍を突く最高のチャンスである。脇腹を心臓めがけてさしこめば仕留めることができた。舟山は奥胎内（新潟県）の狩場で胎内の熊狩りの人たちが何度も試みて穴に入り込んで逃げられた熊をこの方法でとってしまった。再びアナミに来た胎内の狩人にこっぴどく叱られたという。奥胎内の人たちはこのように穴から出す技術がなく、豪胆なものもいなかったのである。

ふつう穴から熊を出すのに枝を差し込んだりするが、小玉川の人たちはこのような方法は確実でないとして採用しない。より確実な方法を駆使したという。穴が小さくて人が入れない所では松明に火を灯して熊の目の前で振るということをした。熊は明かりが嫌いで怒って飛びついて出てくるという。最も嫌いなのが懐中電灯の光で、これは照らすと同時に反応するという。すぐに反応する熊を「きかない熊」といった。

奥三面の熊オソ

## 熊のヒラ

奥三面でオソと呼ばれる熊とりの仕掛けがある。熊の通り道に木で編んだ五メートルほどの枠に仕掛けをし、熊の体が触れると上に積んでおいた石が一気に落ちて、熊を圧死させる罠である。長者原や小玉川のこの罠は箱型をしたものではなく屋根が傾斜した形である。全長三〜四メートルの片屋根型である。

仲次たちは仲間五〜六人でこれを仕掛けた。熊は沢に降りる尾根筋や尾根の平などが道になったり遊ぶ場所となっている。このような所に仕掛ける。親子の熊を捕った時は一緒にヒラ（圧死させる罠）に入り、母熊が支え切れずに子熊も圧死していたという。こういうのをみると可哀想になったものだという。

ヒラはサツキ後の猟であり、夏に向かう時期である。毛皮も冬ほど良質ではない。

## 狩人の鱒とり

「かつて、荒川にダムのない頃、鱒は川床が黒くなるほどいたものだ」

鱒は春のユキシロ（雪どけの増水時）に上がって来て淵にたまっていた。ここ、長者原の谷では最初に鱒とりにいく淵がある。集落の一番下手で泉岡との境、上手の穴淵である。

多くの村人は田植えが終わってからここに出かけ、鱒をとるのが楽しみであった。気の早い人は、四月の冷たいユキシロにここに入って鱒を狙う。

「ユキミズ（雪水）で川の水が濁ってこないうちに早朝から入ったものだ」

春先のユキシロが昼から午後にかけて濁り水を出すようになるが、その前の透き通っている頃入るというのである。

春、サツキが終わってから村中の楽しみとして出かけるところが多いが、ここではあくまでも個人でとる。道具はマスカギで、全長六〇センチ、先が大きく手前に湾曲していて、握りの部分が木ででさていた。これを持って潜り、岩陰からそっと鱒の腹部下にさし入れ、魚体の腹部を狙って下から引っかけてとる。この鉤は江戸時代からあるもので、奥只見の鱒とりの図などに描かれているのと同じものである。戦後、荒川流域で使われている、二叉で魚に刺さると先が魚体に食い込んで外れるカサヤスが入って来た。以後、淵に潜る時はこのヤスになった。

小玉川に入ると、川の権利を遠藤五郎エ門が占有していて、この家以外の者が鱒をとることは許されなかった。占有の権利は村の地先（田のある範囲）までで、ウチカワの奥は所有権なしの自由だった。集落の地先の川にもいっぱいいたため、子供の時ここで鱒をとって家に帰ったところ、父親に「置いてこい」と怒鳴られた。

内川は各支流にマスドメの場所がはっきりしていて、村の人にも知られていた。ツボケのトメ、中ノ俣はゴドロクの滝、マスドメなどの地名が村人共通となっていた。この範囲で夏の楽しみとして川に潜って鱒をとった。各自、夏の間に一〇本は下らないだけとっていたという。魚とりの好きな人は毎日行ったというからこんなものではないだろう。貴重なタンパク源である。サツキまでは熊やウサギなどの獣肉、サツキ以後は鱒などの魚肉がこの地の主たるタンパク源である。

仲次たちが最も鱒を大量にとったのは秋である。春先、海から溯ってきた鱒は、秋になると本流の深い淵から出て、小さな支流に入り込みここで産卵する。この時、ホリバ（産卵場）を作っている鱒をみつけると、キノコ採りの途中でも鉈などをたたきつけて簡単にとったものであるという。

「天気のいい日は鉈でたたいて鱒をとる」

「雨が降ればクダリドウで鱒をとる」

産卵のために鱒はヤマベの雄を従えて、背鰭を出しながらホリバを作る。この時、川面を思いっきり鉈で叩けば鱒がとれたのである。天気の好い日はこのように増水していない小沢が鱒とりの舞台となる。

一方、雨が降って川が増水してくると、鱒は落ち着かずにじっとしているかあるいは上り下りしている。各家では秋の増水時に備えて各自の場所を確保してクダリドウを仕掛けていた。場所は内川の村の範囲（遠藤の所有より上手）であれば本流のどこでもよかった。しかし昔から川の流れが急で川が段になっているところは各家の所有が決まっていた。デンスケドウバとは傳助の家のドウバという意味である。このような場所で川の水流が一つにまとめられるような所に、直径六〇センチ、高さ六〇センチの空木《うつぎ》で編んだドウを仕掛けた。水流がこのドウの口に入るように川上へ向けて、石で固定しておく。少しでも増水すると一斉にこのドウにかかり始める。各支流から下がってくるのである。だから各家のドウバはホリバを作るのに適した支流をたくさんもっていれば魚はたくさんかかることになる。各支流からドウバがある内川本流まで流されてくるからだ。仲次は最高で一日ヤマベ百匹を超えたことがあったと語っている。

仲次のとり方はホリイワナを狙うやり方である。イワナも鱒と一緒にホリバ（産卵場）を作るために支流に入っている。だから下り鱒がかかったりイワナがかかったりしたら雌は上流に放してやり雄だけとるのである。するとこの逃がした雌に雄がくっついてまたドウにかかる。この時また雌を放す。つまり囮にしているのである。鱒も同じである。雌がかかるとこれについて来たヤマベの雄ばかり捕って、雌は上流に放してやる。するとまたヤマベの雄が雌の鱒にくっついて何匹もかかる。一日ついていて百匹とったのが最高だというのであるからいかに多くの魚がいたかわかる。

とれた魚は囲炉裏で焼いてベンケイにさしておく。保存食料となったのである。

## ヤマノモノ採集

定畑（ジョウバタ）というものが各家の前に庭と間違うほどの狭さで残されている小玉川の集落でも、この場所の位置づけは特異なものであった。栽培植物に対する依存度は、山からいただく植物の約十分の一ほどであった。作っていた野菜で最も依存度の高かったものは蕪である。これだって山菜のある時期には見向きもされないものであった。ヤマノモノで重要視され、冬に備えて漬けた主なものは次の通りである。

ヤチアザミ　↓　一斗樽一本
フキ　　　　↓　　〃
ワラビ　　　↓　　〃

ヤチアザミが最も好まれてきたのが飯豊山麓である。荒川を北に越えた朝日山麓ではゴボウアザミが好まれていた。小玉川周辺には五種類の近似のアザミが見られるというが、食べているのは春先水辺に顔を出すヤチアザミであった。ヤチアザミはナンブアザミ（*Cirsium nipponicus Makino*）のことである。例年四メートル近い雪に覆われるこの地帯で、いつも清水の湧き出している場所がある。川筋に近い場所には三月ともなれば固く締まった雪のうえを歩いてタンポと呼ばれる水の出ている所に近づくことができる。ここが最初の採集地であった。

村の土地ならどこで採ってもいいため、内川の川筋に沿って大量に集めて漬けたり食べたりした。味噌汁に入れたり煮物にしたりする。アクはそれほど強くないためそのままでも食べられる。

雪が消えると川端にコゴミが出てくる。この頃はフクノジ採りもした。フクノジとはフクロウジつまりフキノトウのことである。てんぷらや味噌で食べる。

アサヅキは地面が黒々してくると固まって出てくる。小さい頃は掘ってそのまま味噌汁の具にするとおいしい。ゼンマイの採集が進むころはブナの芽吹きで山が色づいてくる。

「木の葉のホゲねうちがゼンマイ」

といい、青みがかかる前、ゼンマイ採りに精を出した。

「山が青くなるとウルイやウドが出る」

いよいよ木の芽がホゲ（出る）て山が青く色づくとウルイやウドに移る。ウルイは茹でておひたしとして食べるのが最も知られた食べ方である。マヨネーズをかけて食べるのも好まれる。ところが保存には比較的手間がかかる。湯がいて干すのである。完全に干してしまったものはとっておいて祭りなどでカンピョウの代用にした。カンピョウと同じ味を出すのである。ウドは塩漬けにする前はこれも干していた。生のまま干してとっておき、食べるときは湯がいて戻した。

もっともうまい山菜と言われていたのがアイコかシオデである。アイコはアカソの芽吹きである。アイコは九月十五日からアイコ剝ぎをして繊維を採る植物である。春の芽吹きも人に好まれる山菜として愛されてきた。

田植えが終わるとミズを採り始める。小玉川では夏に採って食うだけであまり漬けて保存することはなかった。カテモノ（米をたくのにまぜるもの）にしなかったという。大根の葉がここでは好まれた。

| | 《ヤマノモノ採集》 | 《田仕事》 | 《畑（カノ）仕事》 | 《狩り》 | 《鱒とり》 |
|---|---|---|---|---|---|
| 三月 | ヤチアザミ・コゴミ | | | 熊狩り | |
| | （アザミ保存） | | | ← | |
| | | 苗代作り・播種 | 温床作り・播種 | ← | |
| 四月 | アサヅキ・フクノジ | | | ← | |
| | ウルイ・シオデ | | | ← | |
| | ブナナ・ゼンマイ | | | ← | |

五月　アズキナ・アイコ　《定畑》　←　鱒が淵
ウド・ドングイ　シロカキ　なす・きゅうり　に入る
ゴボッパ・フキ　田植え　畑に植える　←
六月　ミズ・ワラビ　←　《カノ焼き》　←
←　←　←　←南瓜・蕪種蒔き　←
←　←　←　←粟・蕎麦蒔き←　←
七月　←　←　←　一番草　←　←　←
←　←　←　←　←　←
←　←　←　二番草　←　←　←
八月　←　←　←　←　蕪収穫　←
←　←　←　大根←　蕪蒔き　←
←　(フキ・ワラビ保存)　←　《カノ畑収穫》　←　←
九月　←　←　←　支流の
《キノコ》　稲刈り　←　←　鱒とり
コウタケ・マイタケ　←　←　←
十月　オリミキ・ナメコ　籾すり　←　←　←
(米保存)　←　←　(鱒保存
(オリミキ・ナメコ保存)　収穫　収穫　処理)

十一月（クリ・トチ保存処理）　　（漬物に処理）
十二月　　　　　　　（大根・白菜
　　　　　　　　　　牛蒡・人参
　　　　　　　　　　保存処置）
一月　アイコハギ（アカソ糸とり）　　タヌキ
　　　機織り　　　　　　　　　　　　バンドリ
　　　←　　　　　　　　　　　　　　ウサギ
二月　←　　　　　　　　　　　　　　カモシカ
　　　←　　　　　　　　　　　　　　←
　　　←　　　　　　　　　　　　　　←

## 二　朝日山麓五味沢の狩猟

### クマヤマ

#### 五味沢の熊とり

熊とりの組織をまとめている者を、隣接する熊狩り集落の金目では、ヤマサキといったが、五味沢ではヤマオヤカタといった。組織としては、四班四〇人を統括する。徳網の斎藤金好である。班長はそれぞれの班を統括する。

各班はヤマオヤカタの指示のもと、各班長がグループを作って行動する。佐藤茂美は班長として一〇人を統括している。

熊は年間一〇頭をとるくらいであるが年々増えているという。熊が冬眠に入る所は岩場の穴が最も好きだという伝承はここにもある。事実、大朝日の東股・西股・仲股はガレ場であるが熊の生息場所として五味沢の人にとっては有名な場所であったという。「熊の巣」といった。熊が岩場のガラガラしたところにある穴を好んで冬眠するとの伝承は共通しており、金目・吐水などの猟師も口をそろえている（鳥獣保護委員もこの事実を認めていて、熊の生息地として重要視している）。

この熊の巣には大きい熊がいて、大きいものが一番いい場所を確保しているという。普通、熊は一つの沢に一頭しかいないが、いい場所になると二〇〇メートル離れれば別のがいる。大朝日直下の西股・東股・中股は最も大きな熊の冬眠する場所で、ここから下流域に向かって熊はどんどん小さくなっていくという。ちょうどイワナが上流部から下流部に向かって型が小さくなるような傾向がここでも指摘されている。

一方、熊が入る穴を各自で持っていれば、アナミの際の有力な狩場となる。「冬に子をもつ」といい、冬眠中に子供を生む熊はブナなどの大木が根を大きく掘り起こして倒れたところに穴を掘って潜ることが多いという。こういう熊こそ立派な岩場の穴がふさわしいと考えるがそうではないという。ここで子を持った熊は機会があればまたここに入るため、この穴も有力な財産となっている。ヤマオヤカタは五つ、茂美は三つの穴を知っている。ここでは集落の財産であるため、外部の者にはけっして教えなかったという。

「熊はマイタケの出るミズナラの木の根元の穴に冬眠に入る」

という伝承は奥只見で聞いた。ここでは、

「マイタケが出ることをやめた木に潜る」

ことを伝承していた。木の内部が腐って洞となって来る状態までキノコが出れば、木の中心部分が完全に空洞になって、立派なマイタケはもうおしまいだというのである。しかしこのようになっても大木では出ることが多い。

熊は冬眠に入る前、「松のヤニを食べて腹を止めてしまう」という伝承はここにもある。そして春先に出て来た時、まず最初にツチザクラ(イワイチョウ)・サイシナ(ヒメザゼンソウ)・ケッペサイシナ(ザゼンソウ)などを大好物として食べる。ところがこれがない場合はやはりブナの実やナラの実に集まるという。

ケッペサイシナのケッペとは山言葉で男根、男のものを意味している。ちょうど春、雪消えの水辺に黒々ともっこり出て来て咲く花である。ザゼンソウ(*Symplocarus foetidus Nutt. var. latissimus Hara*)である。ミズバショウ属(*Lysichiton Schott*)の植物であり、この属は水芭蕉の仲間で熊の大好物ということがわかってきた。熊に食べられることを教えてもらったであろう古の山人たちは、この中からサイシナの味を選択して食べ続けてきた(第三章)。

ブナの実はコノミといい、小さな三角錐の中にソバの実の形をした乳白色の実が二〜三個詰まっている。この中の実は人間も食べるが、クルミのような味のする栄養価の高いものである。「ブナの実一升、金一升」の言葉がある。ブナは大木になると三〜四年おきに実をならせる。ところが奥山の熊の多い沢では二年に一度、実をならせるものがあるという。このような大木の下には春先必ず大きな熊が来ているという。三〜四頭も集まっていることがある。ところが見ていると大きな熊が自分の場所を主張して追い払っているという。ブナの実がなった翌年はこのような場所に狩場を求めた。

ここで熊をとっても、また別の熊が入って来ることが多いという。熊はブナの実を殻ごと食べてしまう。殻を吐き出すことはない。彼らはブナの実を食べ始める時に雪渓の端（ケラ）を廻って歩き、雪の層の一番下に堆積している実をみつけてから食べ始める。堆積状態がよいときはここから動かないで、雪をどかして堆積が続くコノミの塊を食べる。

熊狩りに山に入るのは、かつては一週間もあったものだという。トマリヤマとかスノヤマと言った。一〇年前までやっていた。この時は自分たちで建てた山小屋に食料を運びこんだ。山小屋は今も大朝日岳の登山道の脇、イワイ沢にある丈夫なものである。山に入る時は一同が山の神に参拝してから狩場に向かった。五味沢の最も奥にある徳網集落の場合は村外れにある。針生平（ハンナリタイラ）に行く途中の大岩のもとに小さな祠が祭られ、中に自然石の御神体（幅一五×高さ四〇×厚さ三センチほどの平たい砂岩か粘板岩）が入れてある。ここで参拝した。

駒形を供えることはしない。一升瓶をあげて、皆でお神酒をまわしのみして拝んだ。山に入るのに禁忌として次のことを守った。

「女房がお産をしたら山に出てはいけない（死の忌みより悪いという）。かつて家で女房がお産している人がいて、この人とともに一つの沢を巻いていた。ところが三回巻いて三回ともとり損なった。一同おかしいと思っていたらお産したことが後からわかったという」

一つの沢は六〜七人で巻いている。イワイ沢を巻くと、次の上流部の沢に入り、どんどん上がっていくという順序であった。というのも各尾根の鞍部にはせり出した雪渓が残っているため、熊はこの下を尾根筋と平行に逃げる習性があるからだという。当然撃ち手をここに配置する。熊は雪庇のように突き出た雪渓を登ることはないという。

徳網の猟師三人でアナミに行ったことがある。ここでも三月に入るとアナミに出る。五月、ブナの若葉が出るともうおしまいになる。イワイ沢から二時間も歩いた奥地のオオビサワの知っている岩場で冬眠している熊を見つけた。この岩穴が深い穴で一旦下に三メートルほど降りて、さらに水平に数メートルも奥に行っていた。ちょうど雪庇がこの斜面にかぶさっているため自分たちの立っている場所から一〇メートル下に降りなければならない。尾根から見ているので下で熊の動くのが見えるが、穴には降りられない。三人で相談して役割を決めた。

一人が鉄砲で穴の中を上から狙う。この人をまず最初に穴の入り口まで降ろす。次に一人が姫小松の枝を束ねた松明を灯して穴に入る。この人も鉄砲を持参する。一人は尾根筋で待機し、二人をロープでゆっくり降ろす。

一番危険なのが穴に入って行って熊を撃つ者である。斎藤はこの役目にあたった。年長の班長が穴の入り口で援護のために熊を狙って銃身を構え、もし襲いかかられそうになったら斎藤の肩口から熊目がけて撃つことになっていた。斎藤は昔からの五味沢の言い伝えで懐中電灯などを持っていると熊が光に向かって襲いかかるという話を思いだし、タイマツの柄を長くしてここに火をつけ、熊の関心がこの光に向かうようにして穴に入った。肩に鉄砲、腰にロープ。

穴に降りて行くと熊が怒ってうなっている。鉄砲は構えたが暗くて眉間がわからない。松明を先に捧げていると穴が燻ってきて煙くて目を開けられない。こうなると自分を守るために肩口で熊を狙っている班長が焦ってきた。中が見えないのだ。熊は以前にもまして唸りを強くし、とうとう動く気配がしてきた。斎藤は逃げるに逃げられない。班長が戻れと叫ぶ。穴の外に出て来るとまた熊も奥に戻る。襲いかかってくれれば班長が自分の頭の横から熊を撃つことになっている。しかし自分に当たったらと考えるとぞっとしてしまう。

熊とこの駆け引きを三時間もやっていた。とうとう意を決して班長が中に入って撃つことになった。歴戦の勇士である。松明を灯し、鉄砲を構えて中に入り、穴の中に煙が充満する前に、穴の一番奥にいる熊の光る目を見つけ、眉間目がけてぶっ放した。わずかな時間であった。ところがこれからが大変である。再び斎藤の出番である。熊が死んでいればよいが手負いであればまた襲いかかってくる。今度はキリハを口に穴に入り、トドメをささなければならない。タガナ（科の木の繊維でなった引っ張り縄）を持ち、そろりと入って行くと見事に急所に当たり熊は死んでいた。タガナを首に巻き、皆で引っ張り出した。

全長七尺の大熊であった。

岩スノ

飯豊山麓小玉川の舟山仲次らの厳寒のカモシカ狩りと泊まり山の記録は、獣を追う山人の間では普通に行われていたことであったのかもしれない。

五味沢でも、広い朝日連峰を抱え、針生平に小屋を持つと同時に岩の陰を寝床とする岩スノでの泊まり山があった。

丹野正は一九七一〜七二年にかけて五回も狩りの山行に同伴させてもらい、九〇日間の記録を残した。(5)

熊狩りの貴重な記録は四月八日から十一日までで、五味沢から峰を越えて新潟県奥三面の平四郎沢の山に入る（慣例として許されていたものであろう。奥三面の人たちが快く思わないのは当然である）。二人一組となってアナミ（熊穴を見て歩く）に向かう。携行した食料は米二升（水洗いして乾かしたもの）、インスタントラーメン数個、味噌、塩、漬物、梅干しである。

一日目　午前中家で用を足して、午後途中大岩の山の神に祈りを捧げて針生平のスノ小屋に入る。

二日目　針生平の小屋を出て、岩井ノ又右岸の岩屋、ワカバの岩スノに一八時三五分到着。歩行時間六時間一九分、休憩三時間二八分である。岩スノは奥行二・五メートル、幅四メートルほどの岩屋である。一晩中火を焚いて野宿。燃料はブナの生木。夕食は携行した食料のほかに途中でとったウサギ二羽。

三日目　岩スノからアナミをしながら針生平の小屋まで戻る。この日のうちに帰宅。熊がとれた場合は現地で解体して同行者全員で肉と皮を背負って帰り、集落の入り口でとれたことを知らせる。

この山行で重要なことは、行動範囲として三日間の行程を普通として行っていたことである。三日もかけて山を巡る場合、自分たちの熊狩りの山の占有領域を越えてしまうのであるが。

理想的には拠点とする小屋なりスノに一日で帰ってこられるように行動するのがよい。実際、五味沢の隣の金目集落は熊狩りでは山に泊まらない。山人が「半日行程」と呼び習わしているものである。この範囲は採集活動の範囲としてもあった。熊狩りの範囲は本来であれば金目のように狩場が集落の奥に展開していることが好ましい。ところが、徳網では広大な朝日山麓南側の沢筋を占有し、三万町歩の奥三面の山と隣接している。このような場所では泊まることのできるスノ（宿泊場所）をキャンプ地として拠点にしながら行動することになる。

狩人が一〇人単位で沢筋ごとに巻いていく熊のマキガリでは、岩スノの場所は全員が泊まれるような広大なものではない。だから三日の山行はアナミなどの一〜二人の小規模な熊狩り用のものであったと考えたほうがよい。

徳網では拠点となる小屋を山の中に建ててここから狩りに通っている。集落からでは遠すぎるからである。

## ウサギ狩り

今は病気のせいか数が激減しているというウサギは、かつていっぱいいたのでよくとりに行った。ここでも二月から三月に入る頃まで、ちょうどアナミが始まる前にウサギをとった。

「雪崩がつかなければその沢にウサギはいる」

マキガリでウサギをとったのは、イワイ沢より上流部。祝瓶山から降りてくる尾根を大朝日側に行

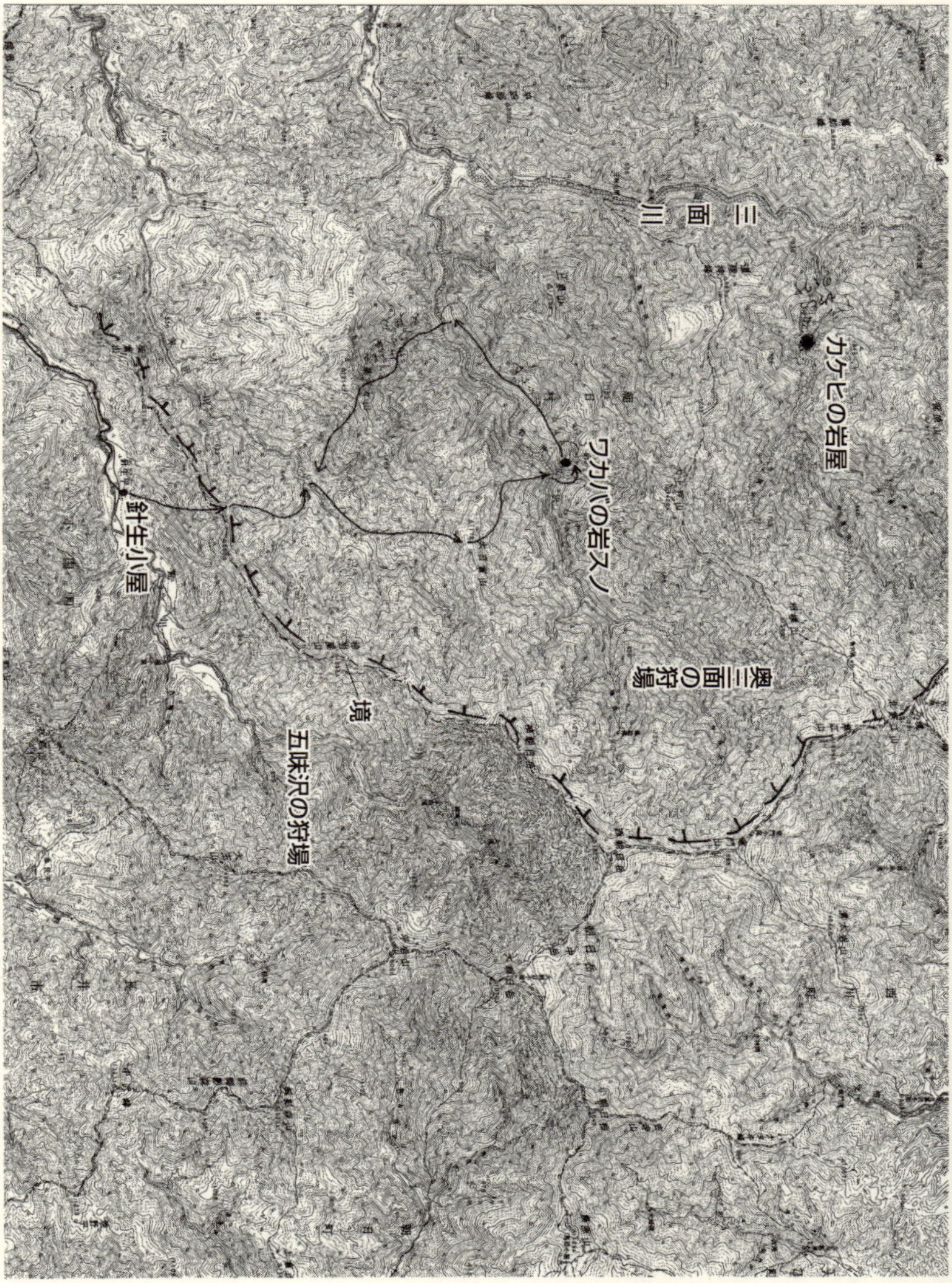

奥三面ワカバの岩スノ（「朝日岳」国土地理院）

った沢である。ここにはマツミネ（松の峰）、ブナミネ（ブナの峰）があり、この尾根に向かって勢子が追い上げた。鉄砲を持っているものは勢子と反対側に隠れていて、登って来るのを至近距離から撃った。おもしろいようにとれたという。

**カノ**

カノ（焼畑）は向かいの沢にいって開いた。五反のカノを一〇軒で分けて白菜などを栽培した。カノのいいところは虫・病気がつかないことである。山の斜面を焼いたが、一軒の家が下の辺を四〜五メートルずつ分配して分けた。ここでは白菜・大根などを作った。病気に罹らなくてとても良かったという。

**澱粉山**

五味沢の狩猟を中心にしてきた徳網と樋倉集落は、この広い沢の里山にやはりクリ林をもっていた。二百十日になる前にクルミ・クリを拾い始める。クリには口開けがあった。村で決められた日の決められた時間に皆でクリ林に入ってクリ拾いをした。分配は平等であった。

クルミは拾って来ると外皮を腐らせるために草を大量にかけて蒸らした。一方、クリは拾って来ると二日ほど水に漬け、これを揚げて乾燥させる。この時天日にかけるが、草で上を覆ってひび割れしないようにした。スナグリにして雪が来るまでそのままにしておく。これが終わると砂に埋め、庭に砂の山がいくつもできていた。雪が来るとこれを掘り出し、水でよく洗って炭俵に入れて家の中で保管した。冬の間、栗飯を食べ続けたが、ご飯よりクリの方が多くてざくざくした。

「クリで養われていたようなものだ」

とは五味沢の人たちに共通する言葉である。クリは主食であった。特に戦争中から戦後の食料難の時代にかけてはそうであった。

何町歩のクリ林があったかは定かでないし、伝承と言ってもあまり聞いたことはないという。ただ、里山はみなクリ山であったという。五味沢の広い沢の両側にクリ林があった。五味沢は石滝川の合流点まで、徳網・樋倉・五味沢と三つの集落が成立するほどの広さがある。谷全体がとても広かったのである。

### 五味沢と金目の関係

五味沢の人たちが金目と接する東側の狩場に向かう時は中野（石滝の谷の最深部にある）の山の神（自然石が五つほど建っているもので杉の叢生した所に場所が作られている）と石滝の山の神に参拝した。面白いのは、金目の斎藤熊雄の言葉である。「石滝の山の神は金目を向いている」というのである。このような神様は金目の山の神に敬意を表したものか、それとも対抗して建てたものか解釈が分かれるところである。中野の山の神も石滝川の右岸ほとりにあり、金目の山を向いている。

古田は金目のすぐ下流にある集落である。金目から分かれた村であるとの伝承を持つ。この神社が神明社であるが、集落の高台にやはり金目を向けて建ててある。金目の人たちが伝承してきたのは石滝と古田である。

「古田は金目から出た村であるから金目の山の神に向けて神社が建っている」
「石滝は金目から五味沢へ行く古くからの道にあり、金目に向けて建てている」

石滝のすぐ西側にある五味沢の集落にある山の神もまた方向としては金目を向いている。山の占有領域としては五味沢の方がはるかに広大である。ここにある神社は十二山の神であるが、この広い山の里宮と考えれば、金目との方向よりも彼らを養ってくれる山の前進基地・遙拝所という趣が強くなる。後背の山を背にして建ててあると考えるのが自然である。

五味沢の下流域にある太鼓沢や長沢の山の神も荒川右岸にあって川のほとりで対岸に向けて建ててある。

このように見て行くと、境としての川を意識して、

対抗して建てたと考えられるもの——石滝・中野・太鼓沢・長沢（このラインは金目の熊狩りの範囲との境に当たる場所にある）

敬意を表して建てたもの——古田

との見方ができる。金目から分かれてできたといわれる古田にしても、親戚関係のつながりが続く限りは敬意の感情もあろうが、関係が疎くなってくれば対抗して建てたものと言われかねない。

ただ、古田の場合は建てた場所が境ではない。といって後背に自分たちの村山があるということもない。つまり、金目を向けた動機は純粋な敬意であったと考えるのが一番可能性が高いのである。

東側に目を転じて、金目との境になる明沢川の左岸にある明沢の神社をみる。ここでも金目を向けて建ててあるのだ。明沢は金目と熊とりの占有領域を東側で接している。明らかに境にある神社はあ

る対抗意識が建立の動機であると言いたくなってくるのである。

五味沢の集落

五味沢はもともと樋倉六軒、徳網四軒で出発したといわれている。合計一〇軒の家ではそれぞれ冬の間、熊とりをしてきた。現在は四班、約四〇人の大人が熊とりにでかけている。各班が一〇人の単位で行動する。こうなったのは石滝・中野の沢を中心とするここの狩猟範囲が五味沢に編入されたからである。それまでも石滝と中野で八人ほどの鉄砲撃ちがいたが、この人たちが五味沢分にはいってきた。後継者がいなくなったからである。したがって五味沢の現在の狩猟範囲は広大な面積に達している。

本来の五味沢占有領域――西側は新潟県に接する奥三面の末沢川の尾根。北側は祝瓶を尾根づたいに上って行き、大朝日まで。東側は祝瓶を尾根づたいに降りてくる範囲。
石滝・中野の占有領域――西側は五味沢に接し、東側は金目川を境とする。五味沢分の東側に貼りついたような部分で石滝川を中心とする範囲。

現在、五味沢は石滝川との合流地点の広い場所にまで集落が伸びているが、これはあとからできたものである。

もとの一〇軒の時には「クマヤド（熊宿）のバンチョウ（番帖?）」というものがあった。これは板に書いた一〇軒の家の屋号が年に一軒ずつずれて輪番に熊の宿をすることである。熊の宿とは、熊がとれた時にそのまま担いで来た熊を解体し祝宴を張る宿のことである。とれた時は必ずこの家で祝う。

この頃は熊がとれるとそのつど坊さんを呼んで来て熊供養を行っていた。現在はまとめて神社で行っている。

## 中核となる集落の存在

五味沢一〇軒、金目一三軒、飯豊山麓樽口一一軒、小玉川二四軒、三面水系奥三面二九軒。これらは伝承からみた村の軒数である。現在の数とは異なるが「これだけだったのだ」という伝承の残るところである。なかには分家制限をしてきたところもある。

これらの村は荒川・三面水系の最深部に村を作り、自給自足に近い形での生活を余儀なくされてきたところである。山からの採集や狩猟で生きてきたという共通項を持っている。ほとんどの集落で焼畑・稲作を行っているがこれがなくてもやってこれたと考えられるのである。食料の依存度についてはヤマノモノ三分の一、カノ三分の一、米三分の一という伝承が多い。

このように後背の山から採集してくるものに強く依存しながら、その水系で最も広い採集・狩猟地を持つ集落はその地で採集・生産活動の核となっていたと考えられる。家の数の大小は、山が彼らを養う占有面積の多少によるが、軒数が少なくても中核にあったことは間違いない。また、下流域に展開している集落の方が家の数が多いからといって、その集落が中核となっている集落より山の占有面積が広いとは限らない。

各河川の最深部の村は採集活動を主体に出発し、大正末期にパルプや鉄道の枕木などでの需要を満たすために山の木を大規模に切っている。昭和の初め、燃料革命前は山が地方都市の燃料供給基地であった。

## 三　朝日山麓金目の熊とり

### 金目の熊狩り

#### 熊狩り

熊狩りの指導者、ヤマサキをしてきた斎藤伝蔵家は代々この任に当たってきた。伝蔵家にはヤマサキでなくては入れない部屋がある。

正月元日の朝、村の鎮守様・山の神にお参りにいくが、この時伝蔵家の当主はフクロヅ（袋状の包み）に何かを入れて首筋の上に折り込むようにして担いで、この形で参拝したという。布に入れてあるものが何であるかはヤマサキ以外誰も見たものはいない。いないが、これをオコセといっていたという。

この参拝の時に各家からはノサ（藁で作った御飾）と一二個の丸餅を持っていく。神社の横にある大木がノサカケノキであった。餅は丸めた小餅でいったん供えるが、帰るときに人のものでも自分のものでもいいから三〜四個持って帰った。この餅は小袋に入れて正月飾りの松が結わえつけてある中柱につけておいた。そして、猟に行く朝、この餅を焼いて食べてから出かけた（食べないで持って行く人もいた）。出かける日の前日は夫婦の床も別にした。

斎藤熊雄（昭和八年生まれ）が初めて熊狩りに連れて行ってもらったのは一五歳の時であった。「アナミに行くぞ」と誘われてついて行った。三月の節句の頃だという。当時は穴に潜っている熊をとることが多かったためである。マキガリに行けるようになったのはこの後である。

山に猟に行く日は、朝八時に集合して出発となるが、この前にまだ薄暗い中、ミズゴリをとって体を清めた。三月は朝七時といってもまだ暗い。薄明かりの中、身を清めた者たち七〜八人が集合して出かけた。山に入る前は必ず鎮守の山の神に祈願してから出かけた。この時点で既に山言葉を使わなければならない。

奥三面などでは奥山の境界があり、ここにノサカケしてから山言葉になるが、ここでは村の背後に鎮座する山の神がすべての基準である。

山言葉　猿：アカッペ　女：ヒラ
　　　　杓子：マガリ　ご飯：ハム
　　　　食う：ハミ　　ご飯を食う：ハムハミ

マキガリで熊を見つけるとヤマサキは一言で人を配置する。熊はセコカケル（セコに熊を追わせる）と上に向かって逃げる。熊の上がりそうな所には最も腕のいい者をつけておく。ヤマサキはどこを越えるか瞬時のうちに尾根を推測している。村田銃の頃は七〇メートル以内まで近づかないとけっして撃てなかった。弾が曲がってしまうという。熊が近づくのを身を潜めて待つ。この方法に大きな変化をきたしたのはライフルの登場であるという。ライフルは戦後の昭和三十六年すぎ、高度経済成長の頃に使われ始めたが、放った弾丸が照準に沿ってまっすぐ走るため二〇〇メートルの遠距離からも腕のいい者は撃ち殺すという。今の若い者たちが熊狩りに行くと「いたいた」というだけで山の場所も地名もわからない連中ばかりで困ってしまうという。ところが熊だけはとってくるから不思議だと語る。これはライフルの威力である。

狩りの場所は金目川を五味沢との境にしているが、上流は支流の柴倉沢が境となる。この沢の尾根から柴倉沢を見たとき、三頭もの熊がいた。熊は沢の五味沢側にいたため五味沢に使いを出して一緒にとりましょうといったところ、「来ないでもいい。自分たちでとれる」といったという。次の日行ってみたら見事に三頭とも逃がしていたという。「ヤマは仲よくしなくちゃいけない」とは斎藤熊雄の言である。

金目と五味沢は仲良くしなければいけないとはわかっていても、やはり仲が悪かったという。このように張り合うのは昔からお互いに同じ熊を狩りの中心にした集落として生きてきたからであろう。お互いが強く自分の腕を信じていたのである。彼らが奥三面に二人でタビの猟師として出かけ、熊をとったことがあった。奥三面ではそこの人たちとチームを組んで熊をとったという。「三面衆は熊とりが下手だった」と述べている。これは三面の人たちに対する侮辱ではなく、金目が熊を中心とする狩りの体系の中で生きてきたのに対し、三面はカモシカを中心としてきた狩りの体系ができあがっていた所だったからである。それぞれに力の入れ方が異なり、お互いに特徴は尊重しあいながらやってきたのである。このように狩りに生きた村にはそれぞれの得意とする狩りの体系があったと考えられる。そして、それは採集生活全体に対するものとしても生業の体系としての特徴としても見事に現れてくるのである。

奥三面のカモシカや熊に対し、熊を主とする金目では春のアナミ（穴見）から熊狩りを始めた。寒の間には何もしなかったかというと、そうではない。ウサギやバンドリ（ムササビ）をとっていたのである。

| | 奥三面 | | 金目 |
|---|---|---|---|
| 一月上旬 | | | |
| 中旬 | | タヌキ | タヌキ・バンドリ |
| 下旬 | 《スノヤマ》 | | |
| 二月上旬 | カモシカ | ウサギ | ウサギ |
| 中旬 | | | |
| 下旬 | 《サルヤマ》 | | |
| 三月上旬 | カモシカ | | |
| 中旬 | クマ狩り | | クマ狩り |
| 下旬 | | | （アナミ） |

**熊の利用**

奥三面の人たちの狩猟は一月末寒の入りころまで（半寒前）のスノヤマと、二月末から三月にかけてのアナミ（穴見）とサルヤマであった。スノヤマとサルヤマでカモシカを狙う。

一方、金目のように熊を主体とする狩猟では、ふだんから熊をより多く利用してきた。利用部位としては、胆嚢はクマノイ（熊の胆）として薬にする、もっとも価値の高いものであった。毛皮は胴体

（右）透明のものはブナの実を食べた熊の脂
（左）白くグリセリン状のものはナラの実を食べた熊の脂

部を敷物に使う。脂は女の人の髪に塗ったり、ひび・あかぎれの箇所に塗る。骨は焼いて砕き外用薬とする。肉は食用である。捨てるところはない。

とった熊の肉は平等に分配した。肉はワラッツトに入れて保存した。熊の肉はかなり硬いものであり脂身も焼くと飛ぶように弾けるが、これを柔らかくするには塩を加えないで半日も煮込んだ。今は圧力鍋で煮込んで柔らかくしている。

一方、ブナの実を大量に食べた熊の肉は柔らかく、ナラの実を食べた熊の肉は硬いという伝承がある。事実、ブナが一斉に実をつける三〜四年に一回、熊は栄養状態がとても良く、腹にも背中にも肉が付いて行動する時にぶるぶる肉が震えるという。ナラの実を食べていたものは体に艶もなく痩せているという。ナラはいつでも実をならせているが栄養がブナほどないのだということ。

徳網のヤマオヤカタ斎藤金好の所にはこの熊たちから採った脂があった。分配された脂の部分を鍋に入れて火をかけると溶けて液状になる。これを瓶に入れて保存する。昔から保存していたものもあり、二〇年も悪くならないでもつという。

ミズナラの実を食べていた熊の脂──白濁してラードのように固まっている。

ブナの実を食べていた熊の脂──無色透明で液状のままである。量も多い。

透き通ったこの脂はオナゴショウ（女衆）が髪の毛に塗ったり、冬のひび・あかぎれに塗った。牛を飼っていた頃は売りに出す子牛の体がつやつやするように体に塗ったという。このようにするとぴかぴかしていい値段で取引きされたというのである。

ブナの実を食べていた熊の肉が煮込まなくても柔らかいことは多くの狩人の認めるところである。

分配はすべて平等であるが、熊を仕留めた人をイチヤリといい頭をもらった。イチヤリの家が祝宴の場所となる。肉はばらしてもってくる。腕のよい狩人の所では、熊の頭が家の中にごろごろしていたものだという。

熊の肉を食べた後、骨は藁で編んでとっておく。この骨も立派に利用された。骨を真っ黒になるまで藁で焼く。この時、白い状態ではいけない。あくまでも黒くするのである。これを石で粉々に打ち砕いて取っておき、山仕事などで打ち身などの怪我をしたときに、骨を混ぜたご飯を練って患部に当てた。アイスといった。

牙は刻みたばこの入れ物の留め具として、穴をあけて飾りに使った。

**熊がとれると**

東隣の明沢では、熊がとれると村の神社に向けてズドンと一発鉄砲（空砲）を撃つ。「熊がとれたぞ」という合図である。

金目では、村を見下ろす高台にマギの平という場所がある。ここは孫守山の鞍部張り出しにあたり、テラス状になった所で金目の村が一望できる。熊がとれて、皆で担いで来ると、ここに集合して全員が村・家の方を向いてオーイ・オーイと一斉に叫ぶ。これが「熊をとったぞ」という合図である。家の方でも皆が出てオーイ・オーイと返す。

熊とりに行った人々の帰りが遅いと、家人は気が気でない。薄暗くなり夕闇が迫って来ると、家人は炊いていたご飯を握り飯にして待つ。

帰って来る時、熊とりの一行は暗くなる前にマツブシ（姫小松の枝で枯れて油がたまったところ）を取って、油っ気の強い所を束にして枝に巻き、たいまつを立てた。火打ち石は必需品で山に入る者は皆持つ。火打金に当てて飛んだ火花を受ける受け口には檜のウチカワを使い、ウチワタとして火床にした。

村では家の者が山を見ていて、この火を振る姿がはるかに見えると、茅を束ねたタイマツに火を灯し、ちょうちんを持って彼らに食べさせる握り飯持参でマギの平まで迎えに出た。一行はここで落ち合うまでじっとしていた。迎えのものとマギの平で落ち合うと、ここで迎えの者から握り飯を貰って食べる。熊をとって来た人たちはナナクシヤキ（七串焼き）を持参しており、おみやげとした。

熊がとれると、場所の悪い所でなければ、頭を川上に向けて仰向きに寝かせる。キリハ（解体の直刀）で四肢の先から手足の付け根関節に向かって切れ目を入れ、肛門から腹部をまっすぐ切り上げて首の所で切れ目を合流させる。このようにすると皮が剝ける。剝いた皮の四隅を四人で持ち、頭と尻の部分が逆になるように回り、この位置で皮を四人が同時に上下させながら次の唱えごとをする。皮

熊の絵馬（熊がとれるようにと神社に奉納）

が剝がれた熊の上で三回上下する。

センビキ　トモビキ
センビキ　トモビキ
センビキ　トモビキ

と、三回繰り返す。

この横では焚き火をする。トリキかヤマウルシの木を採ってきて、熊の背中の肉をキリハで取り、この木の串に肉の塊を挿して塩を塗って焼く。この串が七つである。ナナクシヤキである。焼けると皆で分けあって食べ、残りをみやげとして持ち帰った。マギの平で渡すのはこの肉である。背中の肉が最もうまい所であるという。心臓を取り出してキリハで印をつけるのは村に帰ってからである。

一行が村に落ち着くとイチヤリの家で祝宴となる。

熊とりの一行はイヌカワ（犬の皮）・マナカワ（マミと呼ばれるアナグマの皮）で作った着衣を着る。背中から腹にかけてイヌカワで覆い、腕はマナカワである。山袴はアカソではなくカラムシ（青麻）で織ったものを着用した。

持参するのは鉄砲などの猟具にキリハ。頭には笠を被る。そして昼飯やタガナなどである。タガナは奥三面でいうタナワのことである。マダ（科の繊維）で編んだ綱である。奥三面ではシボリハギ（絞り剝ぎ）といい、科の生木の皮を剝いで捻り、内皮の繊維を取り出して作る。ところが金目ではあくまで灰汁で煮てから繊維を取っている。灰汁はナラの木が最高という。灰汁で煮ると繊維が柔らかくなる。

この綱は仕留めた熊が穴から出ないときに引っ張り出したり、獲物が川に落ちたときに引き上げるなどの最も負荷のかかるときに使う。猟には必需の綱である。

### 山の神への参拝

金目では山の神様に参拝に行く日が決まっていて、袴を着用してお参りした。その日は、

一月元日　一月十六日（小正月）　二月一日　三月三日
五月五日　六月一日　八月一日　九月九日
九月十九日（節句）　九月二十九日（山の神の祭礼）

### ウサギ狩り・バンドリ狩り

雪が降り積もり根雪ができてしっかりとしまってきた後に、新雪が降る。ウサギ狩りはこのような条件のときがいい。二月いっぱいこのような条件になっているため、この時期にはよく皆でウサギ狩りに行った。

一つの沢で下から追い上げる時にはウサギが越えてくる峰の鞍部に撃ち手を配して置く。セコカケルと面白いようにこの峰を越えて撃ち手の前に飛び込んで来た。このようにウサギをとるのにいい峰

が決まっていた。

半日で三〇羽。一日巻けば五〇羽もとれたものだという。ウサギをとってくると皮を剝ぎ、板に張り付けて乾かす。肉はゴボウと一緒に煮て食べるが、骨も平たい石（ホネタタキイシ）の上でたたいて潰して団子にして煮て食べた。

米俵の両端に置く円盤状の桟俵を投げてウサギを脅かし、穴に潜った所を捕まえる方法をバイウチという。ウサギの頭上めがけて投げると、ウサギは鷹と間違えるのか怖がって逃げる。二〜三回投げると自分の穴深く潜るため、背後から行って穴を塞ぎ、首根っこを摑んでひきずり出す。ウサギはここを摑んで背中を反らせると簡単に背骨が折れて死んだ。

バンドリ（ムササビ）狩りは正月が終わり長い冬の中で最も寒い時期にやったものである。彼らの活動が夜であるため、猟をする時は昼寝ていて夜になると出かけた。神社の前からとり始める。ブナの森が最もいい住処で、戦前、大きな木がぼこぼこ生えていた時には月夜にいっぱい飛んでいた。バンドリは月夜しか飛ばないため、猟のために起きても月が出ない時には鉄砲を撃つことはない。

月夜になると大きなブナの木の穴から出て、スーッ、スーッと飛ぶ。一番よく飛ぶのが一二時頃。月明かりがさしてきて明るくなり始める頃だという。この時、下から狙って撃った。バンドリをとるのに一生懸命だったのは、この毛皮がいい値段になったからである。大きなものをとると皮を剝いで板に張り、囲炉裏のヒダナに上げて干した。毛皮は大きいほどいい値段で、下関の業者が買い取って行った。そのためあちこち引っ張りながらぴんぴんになるまで引きながら針で止めた。値段のいいときはこの毛皮で一俵の米になったことがあった。毛皮は襟巻きにすると聞いた。

最高一晩で一〇羽とったことがあるという。バンドリはナラやイタヤの芽が大好物で、ブナの木の住処から林の中の好物の木を目がけて飛んでいたのである。
肉もうまいものであったという。
今はブナの大木がなく、ほとんど見かけないという。

### 熊オソ

オソは朝日・飯豊山塊の狩猟の村はどこもやってきた。箱型の柵を作り、この上に石を大量に載せて、通りかかって重しの仕掛けを外した熊が、石の重みで圧死するという罠である。各人の権利があり、建てていい所が決まっていて、山のオソバ（オソを建てる所）を分配していた。というのも、オソは熊が通る尾根筋に建てなければならないが、このような場所はある程度皆が知っていたからである。

金目では猟をする一三軒の家がすべてオソバを持っていた。ゴンベエオソは代々、権兵衛の家が所有する。コウエモンオソは幸衛門の家が代々受け継いできた財産である。

金目一三軒がオソを配置する場所を持っていたということは、熊狩りに関してこの集落の山の狩りの権利が平等であることを意味する。奥三面ではオソバと茅場の権利はけっして他人に譲渡しないものと決まっており、分家の際も分けることはなかった。金目は一三軒が分家しないままで時代を経てきたことがオソバの数からわかる。

つまり、金目の現在の狩場の範囲は一三軒が昔から占有してきた山の範囲を意味し、ここから採集

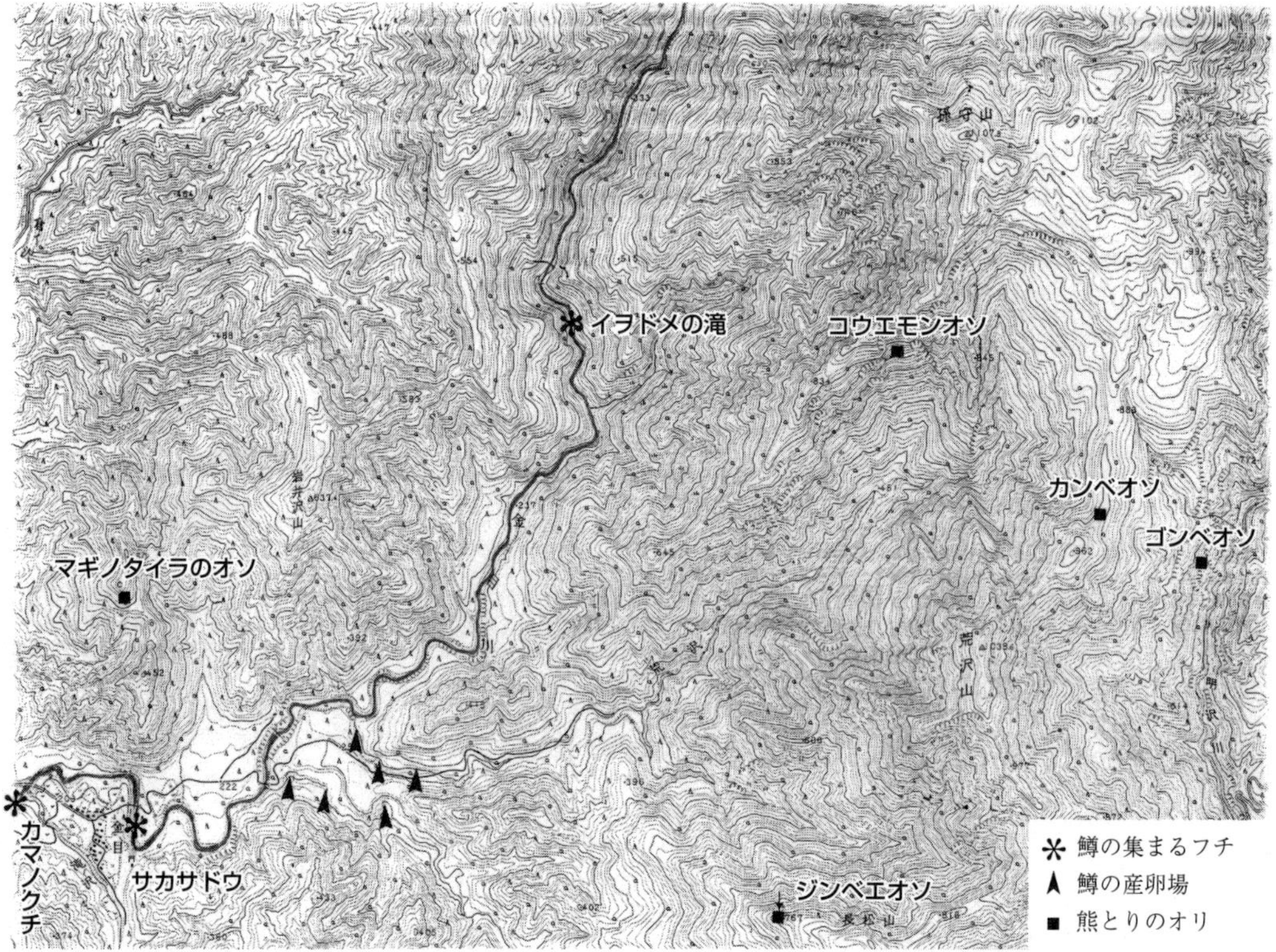


金目のオソバ（「五味沢」国土地理院）

生活を繰り返してきたことがわかるのである。

## 四　山形県月山山麓のスノヤマ

山形県最上川の支流、角川流域にある谷に開けた集落に十二沢がある。高倉山（海抜一〇五三・八m）を狩りの中心地としてきた。拠点となるベースキャンプが高倉山に源を発する角川の支流・カムイリ沢の流域、横沢にある。この拠点を横沢スノといい、月山までウサギ狩りに出たり、高倉山を中心に熊狩り、カモシカ狩りをした。

横沢スノは高倉山の北西、角川沿いの海抜約七〇〇メートルあたりに位置する。岩陰の窪地になったところが岩スノである。スノとはこの地で山での泊まる場所を意味する。

巨大な一枚岩の斜めになったクラ（崖）で、途中に二段の岩の庇が出ている。上段の岩の庇の下は六畳程の窪地となっている。何年も使い続けた岩スノであり、村人がここを使うたびに角をとっていったため、中は円くなっている。下段の岩スノは誰でも登れる高さであったが、広さが足りないため利用する人はなかったという。

上段の平になった六畳の広さのある岩スノへは、夏の間登れる人はそう多くはいない。積雪期であれば三月末で三～四メートルの積雪があるため、ここへ登ることができた。残雪の時期がここの利用の多かった時期である。ナデ（雪崩）のつかない場所で日当たりがよく、冬でも晴れれば暖かかった。

横沢スノは昔から十二沢の狩人ばかりでなく、ゼンマイ取りの人たちもここに二週間も泊まり込んでいたのである。

狩りのスノを山での山菜採取に利用することは、どこでも見られる。奥三面のようにゼンマイを採るために小屋を作って自分たちの占有する山で採取を進めるのも同様の方法である。

岩陰に泊まる場合、飯豊山麓小玉川の北股岳近くの岩スノのように、外側に丸太を立て掛けて外壁を作り、中で寝泊まりする場所を作ったのは、一〇人という多数の場合に、それだけの面積を確保する必要があったからだ。横沢スノではそれをやらない。窪んだ場所が洞窟状になっていて十分広さがとれたのである。中で火を焚いていれば十分に暖かかったという。

狩りは三月末から四月にかけて行った。サキダチ（先立ち）の人を中心に五人くらいのグループで出かけた。出かける前に横沢スノに鍋などを運びあげておき、いつでも炊事ができるように準備しておいた。火を焚くマキは川クルミが最上といわれ、次がブナだった。どちらも煙が出ないし、切ったばかりの生木でもよく燃えた。

出かける際の持ち物といで立ちは次のようであった（五日分）。

《持ち物》

米三升――トギアゲ（米を研いで洗い、干しておいたもの）をザルに入れたまま持っていく。

味噌――各自で五日分の必要量。

カラトリの茎――いもがらである。軽くて水に入れるとふやけて大きくなり、腹を満たしてくれる。ウサギの肉とよく合う。

干し大根――適量

黒砂糖で煎った豆——大豆を黒砂糖にからめて煎る。非常食となる。いつも懐に入れて歩く。

お釈迦様の団子——二月十五日のお釈迦様の団子をとっておいて一〇個くらい持って歩く。

非常食であると同時に魔よけの意味がある。

ショイ袋——ウサギ袋という背負い袋。トギアゲなどをこれに入れて持っていく。

鉈——必需品である。

のこぎり——腰に下げて持っていった。

鉄砲——村田銃（ライフルは後から出て来たが重くてあまりいいものではなかった）

《いで立ち》

ズボン——綿のズボン

シャツの上にマミ（アナグマ）の皮を着用する。

頭には手拭を被って、その上から笠を被る。

カモシカの皮を背中の皮として着用する地域が多い中で、十二沢は「マミの皮でなければだめだ」という伝承がある。マミの皮は四枚か六枚を縫い合わせたもので背中に着用し、腹部に紐をつけて尻をまわすようにして結ぶ。

この理由について秋保は「山で雪穴を掘って泊まることがあるが、カモシカの革では重くて行動するときに疲れて体力を消耗する。ところがマミは軽くて雪の上に敷いて寝る時も保温性が抜群だった」と述べている。もちろん、カモシカの皮を着用した人もいる。この人はカモシカでなければならないと語ったという。

二週間の狩山の行動は次のようになる。

拠点――　横スノ

行動範囲――遠くは月山までウサギ狩り。

多くは高倉山を中心にウサギ狩りと熊狩り。

下柳沢山（一一七八・四m）―赤砂山（一〇三五m）―小岳（一二二五・七m）に囲まれた立谷沢川までの山はカモシカ狩りと熊狩りで歩いた。

## 高倉山での熊狩り

アナミ（穴にいる熊をとる）にいって、高倉山頂上近くの穴で熊をとった。ところが午後遅くなったため、高倉山の頂上の岩スノで泊まった。このような岩スノは周辺に数多くあり、行動日程が合わない時は、現地の岩スノに寝た。岩スノまでたどり着けない時は雪穴を掘ってここに泊まるが、マミの皮が保温に優れ、これを敷いて寝た。マミの皮を持っていないものは山に連れて行かなかった。

次の日、熊の内臓を抜いた状態で皮をつけたまま皆で引っ張って降ろしてきた。皮を剝いで分けるのは横沢スノにきてからやった。

カモシカは見つけるとトメ（見張り）がグループを二つに分けて、どちらから追い上げるかそれぞれ指示する。トメはその場で指示を出し続ける。二手に分かれた追い子はカモシカを山の頂上に向かって追っていく。

頂上近くまで追い上げればじっとしているので鉄砲で撃ち取った。奥三面ではぬかる雪になってカモシカが雪に足をとられるようになった頃か、カンジキをはいて追いかけていく猟でとっているが、ここではこのような猟はなかったという。

横沢スノから早朝に出発して雪が固まっている中を、できるだけ高度をかせいで高くまでいく。ここでウサギやカモシカをとったのである。

カモシカは一冬に一頭というのが平均的なところで、熊は一五頭が最高で例年三〜四頭、ウサギは数え切れないほど取った。

熊はカノ沢に四〜五カ所もの穴があり、よく入るところには印がつけてあったものである。月山近くでとった時は四泊して熊をみなでひきずってきた。

昭和八年、月山に出かけた。行く時に家の人たち、特に母親が強く心配した。

「月山は死者のいく山である。そこで狩りをするなどとはとんでもないことだ」

この時は面白いようにウサギが取れたが、天気が回復せずに四泊閉じ込められた。いつものように非常食として黒砂糖で煎った豆とお釈迦様の団子一〇個を持っていて、これを食べながら凌いだ。行った仲間は自分が食料を持っているということは絶対に言わなかったという。秋保のことばとして「人間はいざという時になると汚いものだ」。

高倉山の稜線で脳溢血を起こした仲間を連れ帰ったことがある。この時ほどマミの皮のありがたみを感じたことはなかったという。倒れた人の体をマミの皮で包み、唐松の木を切ってすだれ架けにして、雪の上をそりのように滑らせてきた。幸いこの人は助かったという。

マミやテンは毛皮が欲しくてとった。カモシカの皮は煎ったコヌカを撒いて上から踏んでなめす人もいたが、毛皮はあまりありがたがらなかった。ここではカモシカの皮をなめす技術も奥三面の方法とはかなりかけ離れている。カモシカとりの目的は何といってもそのうまい肉であったという。熊は肉も毛皮も重宝した。熊の胆はやはりいい値段で取引きされた。熊の毛皮は秋のものでは抜けてだめだという。やはり雪のある時にとらなければならない。熊は木の穴に入る時はいつもナラの木であることが多い。

「ナラのドウラク」

といい、冬籠もりの穴にはナラの木が多かった。次はカワグルミである。

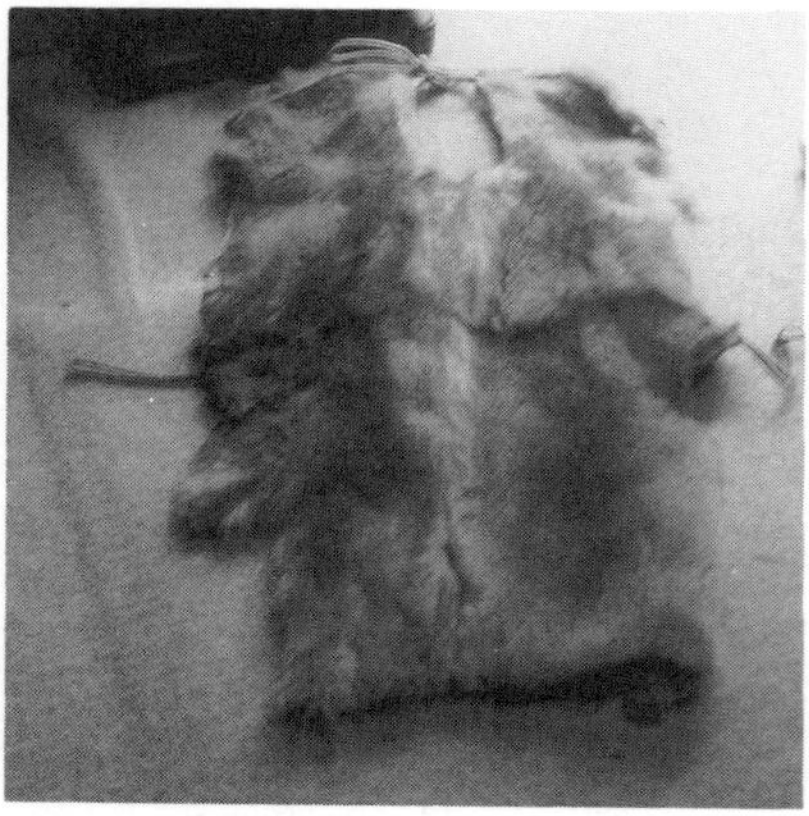

マミ皮（厳寒のスノヤマにはこれを着て出かけた）

「熊もマミも籠もる穴には必ず二カ所に口がある」

一つは逃げ道の確保だと秋保はいう。

マミやテンをとる時には穴から追い出す最良の方法があった。硫黄をつけた縄に火をつけて棒の先に吊るし、一つの穴に入れる。硫黄の匂いが嫌いで別の口から飛び出した。

（1） 千葉徳爾『狩猟伝承研究・後編』風間書房、一九七七年、五二頁

（2） 成城大学民俗学研究会『山形県西置賜郡小国町小玉川民俗調査報告書』一九七七年、所収

（3）森谷周野「小国村長者原の生活」、『旅と伝説』一九三三年、所収
（4）山形県立小国高校郷土クラブ『小国町の伝説』一九七六年、所収
（5）丹野正「東北地方山村における狩猟活動」、『今西錦司博士古稀記念論文集』一九七八年、中央公論社

# 第二章　熊と山菜

## 一　熊とサイシナ

ブナ林帯の日本海側から東北・北海道に至る積雪地帯で採集摂取している植物を調べていく過程で多くの問題点が出てきた。

①現在食べられている膨大な種類の山菜（八〇種類）はいったいどのようにして人間が食べることを学習したのか　↓　共生する動物と人間の交渉

②主食として米に依存する以前の食物の体系はいったいどのような姿であったのか。良質の澱粉を摂取するためのヤマノモノと満腹にさせるための植物は人間一人を養うのにどのくらい必要であったのか　↓　良質の澱粉摂取のための植物と満腹にさせるための植物の採取量とその食べ方

③古代に食べていた食料は現在までにどのように変わって来たのか　↓　奈良時代の記録と現在

の食物の比較

民俗調査の中から問題を解く重大なヒントが見つかってきている。ここでは熊とりの狩人の伝承を丹念に追ってみる。熊が食べる山菜と人間が食べるものの関係から採集植物の自然界からの選択を論じる。

## 熊狩りとサイシナ

朝日山麓熊とりの村では、アナミをして歩くのは、四月五日・六日からである。この後一カ月間かけてまわる。山形県小国町金目の人々は熊の冬眠する穴を各自の財産として持っていた。熊が入っている穴を一つ一つ見て回るのをアナミといい、昔は穴にいる熊をとっていた。現在は穴にいる熊をとることは禁止されているため、熊が穴から出て移動したのを追って、巻いて取る。

昭和の始め、懐中電灯がアナミ（穴見）に使われるようになった。多くの熊は照らすと正面を向いて睨んでいることが多い。懐中電灯をつけると目がきらっと光るため、眉間を狙って鉄砲を撃った。このとき一発で仕留められないと、キリハ（約三〇センチの直刀）を握り、穴に入って手負いの熊を仕留めなければならない。熊に咬まれて大怪我をしながら仕留めた伝説の狩人もいた。

穴の中で熊を撃った場合、硝煙の匂いがついてしまうため、冬眠の熊が次に入るようになるまで数年を経なければならないものがあったという。

熊が冬眠の穴に入るときは、どういうわけか松の太い幹に体を擦りつけて、幹から出るマツヤニをつけるという。松をかじってヤニを出し、ここに体を擦りつけるためびっしり毛がついている。この行動によって糞をしなくなるため、金目の猟師は「糞詰まりにするための行動で、シリを止める」という。実際、冬眠中は糞をしないというのだ。

当然穴から出てくると糞をする。冬籠もり中、腹の中にたまっていたものを出すのである。初めて食べるヤマノモノをサイシナといった。熊はこの植物をまず探し、しっかり食べて脱糞する。金目の猟師はまずこのサイシナの生えている所を中心に熊狩りを開始する。デジシ（穴から出ている熊）はサイシナを探して歩いているからだ。

サイシナとはシナ（この地方で糞のこと）をサイ（下げる）する意味であると斎藤熊雄は聞いたという。本当のところはどうであろうか。シナは食用の菜ではなかろうか。するとサイがわからない。

熊とりの人たちはその多くが、熊が穴から出て最初に食べるのはブナの若芽であると述べているが、ここでは異なる。まだブナが芽吹かない頃である。熊は水辺のサイシナの生えているところまで下がって来ているという。

「穴を見て出ていれば、サイシナの生えている場所に行って熊を探す」

熊がミズバショウを喜んで食べることは奥三面で聞けた。しかし、サイシナと呼ばれる山の植物が熊の体に詰まったものを出してくれる優れた食べ物であることを初めて聞くことができた。ミズバショウのように沢の水のたまった所に生える植物で、四月に地面から葉を一斉に出し、六月になると枯れてしまうものであるという。この植物はヒメザゼンソウ（*Symplocarpus nipponicus Makino*）で人間も食べる。斎藤熊雄は「えがらっぽい味で、うまい」という。

湿地に生える多年草。地下茎は太くて短く、丈夫な太い根が多数でる。葉は早春に出て根生し、外部のものは膜質で茎を包む。内部のものは長柄がある。葉身は卵状心形または卵状長楕円形、長さ一二～一九センチ。六月下旬に花をつけて枯れる。果実は翌年の六月に熟す。中部地方以北の日本海側に多く分布する。花はミズバショウに似ている[1]。

食べるところは葉と葉柄。四月、日だまりの湿地で開いたばかりの葉も、五月末の枯れる直前のものでも柔らかいのでいつでも食べられる。味は「珍味山菜の雄である。強いえぐみが特徴で、料理法にもよるがイモガラの比ではない。組織をなるべく歯で嚙み壊さないよう、舌と上顎で押しつぶすようにして飲み込むのが上手なヒメザゼンソウの食べ方である」。

奥三面の数え歌に次のものがあることを小池善茂から聞いた。善茂はサイシナというヤマノモノがあったということをこの歌では知っていたが食べたことはなかったという。

今朝《けさ》の菜《さい》は何だったけな
一にゴンボウ　二にダイコン　三にサイシナ　四にシドウフ
五ウチマメ　六シイタケ　七ネンミソの八ワラビ
九《くっ》カンピョウ　十《とお》ナス
まだもないか　ドッコクゾウ

このほかに穴から出た熊はツチザクラも食べる。ツチザクラは桜のような花を咲かせる。

熊は金目から半日行程の尾根を一つ越えた明沢川まで出かけていって巻く。朝日山麓南側金目の猟師が熊とりで巻く範囲は西が金目川を境とし東は明沢川を越えた。境とした金目川は五味沢の猟師の東側の狩場境にあたる接点である。

熊の入る穴は、長松山・荒沢山・孫守山と続く尾根づたいのガレバに多く、このような所は急斜面となっていてサイシナが群生する場所はない。熊は冬眠から覚めると「下にさがり沢づたいのサイシナ場（サイシナが群生したところ）に行く」という。金目の猟師は明沢川のサイシナ場（サイシナの生える所で地名となっている）で一度に三頭の熊を見かけたことがあるという。しかもいくたびに二〜三頭はいるという。子連れもいる。ここは金目の猟師にとっては最も重要な狩場であった。

見つければヤマサキの指示に従ってセコが追い、熊とりをする。金目では熊狩りで奥山に小屋架けして二日以上追う伝統はなかったという。皆日帰りでできた。これは狩場に恵まれた重要な拠点に集落があるということであろう。

ミズバショウとサイシナ（ヒメザゼンソウ）

ゼンマイやマイタケを採りにいく範囲が山の採集活動では最も広い。熊狩りの範囲は採集の範囲とほぼ重複しているが、熊を追う範囲は採集活動の面積より広い傾向がある。ただし、金目の場合はかなりの部分で重複している。ゼンマイやマイタケを採りに行く範囲は、各尾根を境とし尾根道に沿ってその集落側を採集範囲とする傾向はここでもみられる。明沢川のある谷筋との尾根がその境となり、長松山、荒沢山、孫守山まで続く（ゼンマイはかなり出荷した。乾燥して二八貫目も出したものだという）。

サイシナ場は採集範囲の中でも特別の位置を占める。熊がとれる場所として、採集範囲を越えて最も重要な場所としてあったの

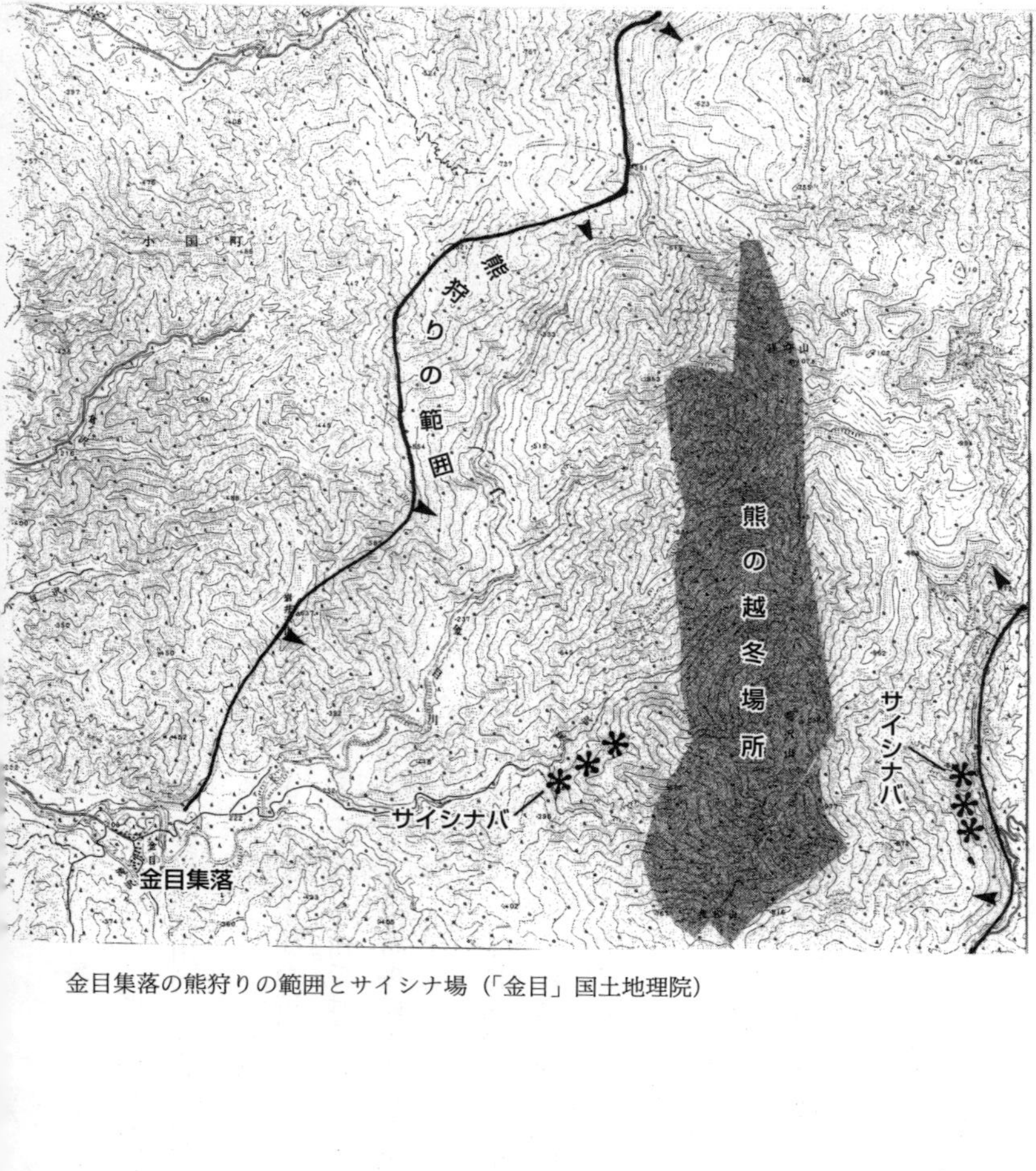


金目集落の熊狩りの範囲とサイシナ場（「金目」国土地理院）

である。サイシナ場は雪解けの雪渓の中に池ができた湿地にあり、水辺を指す言葉である。人間も春先の採集活動をこの場所から始めるが熊も同じである。沢筋の湿地は春、豊かに生き物を育む場所であった。

## 熊とザゼンソウ

一方、飯豊山北側の山を大きく占有して猟をしていた長者原・小玉川でもサイシナをとって食べたが、本来あまりたくさん生えているところではないという。小玉川の地先から東側の谷を小玉川の人たちはウチカワという。ウチカワの沢筋にザゼンソウの群生しているところがある。春先ここには必ず熊が顔を出し、ザゼンソウを食べていたという。しかもその食べる部位が花の内側に膨らんで出ている花房であったという。サイシナのように葉を食べるのではなく、花の内側の花序ばかりを探して食べているという。ザゼンソウはヒメザゼンソウに比べて葉に匂いがあり、人間の食用としてはむかないという。熊も葉を残して踏みつけて食べるのである。

ザゼンソウ（*Symplocarpus foetidus latissimus*）：湿地に生える多年草。葉身は卵状心形から腎状心形、鈍頭から円頭。花期は四〜五月。花序は一株に一個、まれに二個。苞は卵円形で一方が開き、質厚く褐紫色。花序は楕円体で二〜四センチ。(2)

熊がザゼンソウの花の房を喜んで食べるという話は五味沢にもある。ここでは山言葉を使って、ザゼンソウのことをケッペサイシナといった。ケッペは五味沢の熊とり衆の山言葉で、勃起した男のものを指す。ちょうど水辺からもっこり立ち上がり太い茎が顔を出す状態を言ったものである。

アイヌの人たちはヒメザゼンソウのことをシケレペキナとよぶ。ザゼンソウとそっくりのため混乱があった。

ジョン・バチェラー『アイヌ英和辞典』（一九三八）にも、知里真志保『分類アイヌ語辞典・植物編』（一九七六）にも、宮部金吾・神保小虎『北海道アイヌ語植物名称表』（一八九二）にも「シケレペキナ」は「ざぜんそう」となっており聞き取り当初は話がくい違い苦労したが、実物を見、さらに保存の処理をしてもらい、実際に食べてみて、「シケレペキナ」はひめざぜんそうであり、ざぜんそうではないことがわかった。(3)

シケレペキナは特別な食料であったという。特に静内地方のアイヌの人々にとって。織田ステノは茹でて干し、保存したものをいつも持っていたという。イオマンテ（熊の霊送り）に欠かせないものであり「シケレペキナカムイラタシケプ」（ひめざぜんそう熊の神料理）と呼んでいたという。

また、息子たちがカムイ（熊）をとったとき、すぐにこの料理ができるように用意していたという。静内ではカムイノミ（神々への祈り）でもイチャルパ（祖霊祭）でも、火の神様に捧げるものとして、タムパク（タバコ）、ピヤパ（ひえ）、カムイチェプ（鮭）、ピットク（おおはなうど）、シケレペキナ（ひめざぜんそう）の五品はオッチケ（膳）の上に用意されている。(4)

同じことは織田ステノ・フチのところに住み込んで生活を共にした計良の記述のなかにもある。「エカシ（長老）が頼まれてカムイノミの祭司として出かける時、小さなかばんの中には必ずたばこ、ひえ、干したオオハナウドとヒメザゼンソウがはいっていた」。(5)

北海道浦河地方では春先に最も多く取れる植物であるという。「ひめざぜんそうを食べることを人間に教えたのは羆《ひぐま》の神だとされている。春先に羆が食べることに由来するのだろうが、羆の子を飼育する村の人々は飼料としてもたくさんとっている」。ここでも熊が主体として現れる(6)。

上川アイヌは春先にとれるシケㇾペキナの株がウバユリの株とそっくりなためトゥレプ（ウバユリ）にそっくりな植物という名称があるという。チトゥレㇷ゚コパ（我らオオウバユリになぞらえたもの——オオウバユリもどき）といい、エペㇾキナ（子熊草）であるという。子熊が喜んで食べる草という意味だ(7)。

ここではイオマンテにこの植物を供えることがなかったというが、茹でて干したものはやはり食料として重用され、子熊を飼っているところでは水に戻して与えることもあったという。

このように、花を見るまでわからない、うりふたつの植物、ザゼンソウとヒメザゼンソウには共通項として熊の関与があげられる。そして北海道のアイヌと朝日・飯豊の狩人が熊という獲物から共通の植物を浮かび上がらせている。

ザゼンソウ

熊が教えてくれた食料という言い方が許されるだろう。

奥三面の高橋源右衛門から聞いた、「熊はミズバショウが大好きだ」という話もこれと関連してくる。ミズバショウ・ザゼンソウ・ヒメザゼンソウはミズバショウ属（*Lysichiton Schott*）の植物である。しかも雪消えの湿地にこの三種が一緒に群生することがある。とても生息状況の似た所に生える同じ属の植物であるが、人間が選択して食べたのはヒメザゼンソウだけであった。ミズバショウには毒があるとの言い伝えはこの越後地方にも広くある。アイヌの人たちはパラキナ（幅広い草）という。

別名をイソキナ（熊草）という。穴から出た後の親熊が有毒の新芽を食べて、穴籠り中に腸にたまった脂肪分を一気に排泄させるという[8]。

この伝承は、まるで朝日山麓の金目に生きる狩人の斎藤熊雄が語るサイシナの説明とあまりにも共通点が多い。

### サイシナを食べる所

サイシナが食べられる山菜として採集されてきた村は今までの調査で次の地点である。

朝日山麓金目 ――熊とりの集落（山形県置賜地方）

同　五味沢 ――熊とりの集落（同）

飯豊山麓小玉川 ――熊とりの集落（同）

飯豊山麓西側奥胎内 ――かつては熊撃ちがいた（新潟県北蒲原地方）

朝日山麓大栗田 ――熊とりの集落（新潟県村上市）

朝日山麓奥三面 ――カモシカ・熊とりの集落（新潟県朝日村）

北蒲原郡の奥胎内の人々はサイシナといわずサンスナという。サイシナが元の呼称であろうかと考えられる。

シケレペキナのキナは「有用な植物」という接尾の言葉である。するとシケレペが何か興味がわく。苦みのあるキハダの実（シケレペ）に味が似ているからだという説もある。朝日山麓五味沢の山言葉、

サイシナをとる

ケッペとシケㇾペとの関連はないか。シケㇾペには「ぬるぬるした」という意味があるという。これはキハダの実を入れて作る料理がぬめりを加えるものとして重宝がられていたからである。

アイヌの人々も熊とのかかわりでヒメザゼンソウを食べている（静内、浦河、白老、上川）。

ここで朝日山麓金目集落でのサイシナの食べ方を記す。

①地面から一斉に生えている幅広の葉が集まる付け根を持ち、捩るようにしてとる。根は来年のために残しておく。

②大きな鍋に沸騰した湯を用意し、取った葉を洗い、そのまま入れて四〜五分茹で上げる。しっかり茹でないとえがらっぽくて食べづらいという。

③茹でた葉を皿に盛り、ゴマや鰹節などをふりかけて醤油などで味をつけて食べる。また、味噌で味付けして身欠きニシンを入れて煮込むのもうまい。

飯豊・朝日山麓の熊狩り集落での食べ方がアイヌの人々と深くつながるように私には感じられる。そこでヒメザゼンソウを食べる村々を探して調査を重ねている。

当然この植物が分布する日本海側積雪地帯が中心となるが飯豊山より北、北海道にかけてのつながりが明らかとなれば、これにこしたことはない。この

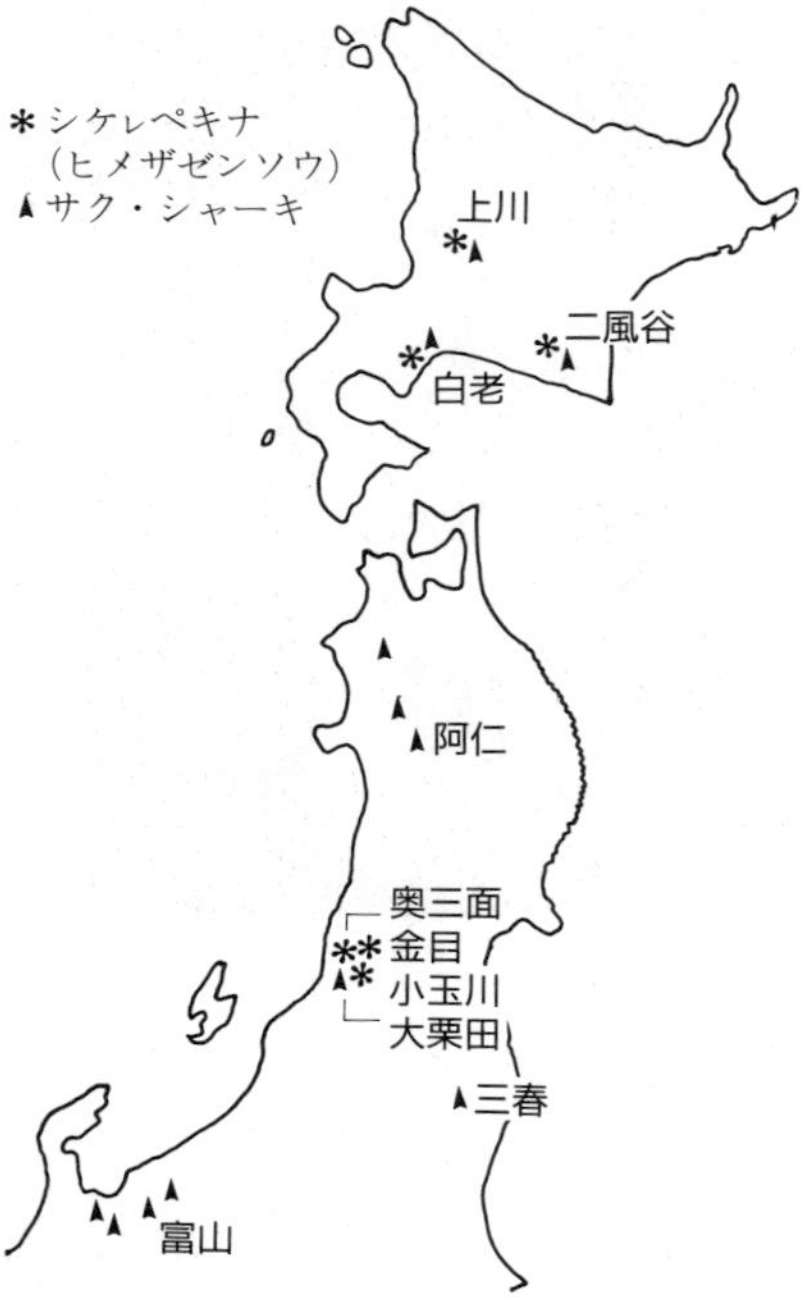

シケレペキナとサクを食べるところ

ように考えて、空白の朝日山麓北側から青森にかけての調査を重視した。私の頭の中には朝日山麓北側一帯を狩猟範囲としていた大井沢、ここから飛んで秋田県の阿仁、そして青森県白神山地と食べるところが出てくることが予想された。ところが最初に入った朝日山麓と月山を持つ山形県西川町大井沢にこの伝承がないのである。これは意外だった。ここは朝日山麓の主峰大朝日を基点に、その北東部を狩猟範囲とする。

もっと意外だったのは秋田の阿仁にヒメザゼンソウを食べる習慣もなければ、熊うち衆も「ミズバショウは熊が食べているが、その草は知らない」と言われたことである。ただ、ヒメザゼンソウをベコノシタ（子牛の舌）と言っている。阿仁比立内の松橋時幸は「狩人の会」で新潟県秋山郷赤沢でてんぷらにしたものを食べたという。

打当の鈴木金作は「ベコノシタは確かにこの森吉山の麓にはたくさんある。でもあれを食べる人はここにはいない」という。打当には熊牧場もあるが熊との関連で出てきた山菜はサクであった。

## 二　熊とサク

### 熊とカッチキ

秋田森吉の山では熊が春先穴から出るとき、ブナがまだ芽を吹いていない。雪がとけて黒土が顔を出す前に出てくるものもいる。熊は沢筋に餌を探し苔を食っている。ここだけが土の見える場所だからである。

沢筋に雪消えと同時に花を咲かせるミズバショウは熊の大切な食料である。出て来た葉を食べるという。ミズバショウのある所に一緒に出てくるザゼンソウも芯の部分を食べるという。ところがヒメザゼンソウについては食べているかどうかわからないという。朝日山麓金目のサイシナ（ヒメザゼンソウ）が春一番に熊の体内の汚物を出すものであるという伝承があるが、これと類似の伝承があるかどうか聞いてみた。

阿仁町打当へ向かう途中の集落戸鳥内《とりない》と隣接する集落で森吉山の方に入った杤木沢《とちのききわ》集落に住む佐藤千代美は自然保護指導員として森吉山腹のキャンプ場の管理を任されている。春一番残雪の中を入ると、水辺のミズバショウやザゼンソウの生える場所に熊が来ているという。熊はやはりこのミズバショウの葉やザゼンソウの芽吹きの芯を食べて脱糞しているという。糞を出さないとバッキャ（フキノトウ）やウドを食べないという。ミズバショウにある毒で下痢をさせて冬眠中何も食べないことで溜まっている腹の中のものをきれいにさせてから本格的に春の食料をとり始めるのだという。ヒメザゼンソウは食べているかどうか聞いたが「ミズバショウのある水辺に生えているかも知れないが、見たところはミズバショウとザゼンソウである」とのことだった。

この水辺に特に名前はないが、春、穴から出た熊が集まる場所としてマタギには知られた場所であるという。

打当の鈴木金作も熊のマキガリに行くと、必ず熊はミズバショウを食べているという。ミズバショウを食べる伝承は共通して出てくる。

一方、阿仁町比立内のマタギ松橋時幸は水辺の植物以外に熊が春食べている植物として、次のように教えてくれた。

「穴から出て食べる、糞詰まりを解消させる植物は、ジザクラである」

これは金目の斎藤熊雄のツチザクラという植物の伝承とぴったり一致する。

雪の消えて地面が露出した場所に、ジザクラは葉の高さ一〇センチを越えない、桜そっくりの花をつける植物である。花びらがなくて花弁が分かれて咲くという。春、熊はこの植物を好んで食べ歩いているが、どうもこの植物はイワイチョウではないかという。そういえば山形県の大井沢で熊が春先イワウチワを食べているという話をなんとなしに聞いていたが、これもつながりがでてきた。葉が広く似た形をしている。

イワイチョウ（*Fauria crista-galli Makino*）は中部地方以北から北海道にかけての寒帯に分布する。高山の湿地に生える多年草で太い地下茎をもつ。葉身は腎形で厚い。長さ三～六センチ×幅四～一〇センチ。中心部から花茎を出し、高さ一五～四〇センチまで伸びて、ここに桜とそっくりの花をつける。リンドウ科の植物である。

花は七月に咲くとなっている。萼が開いて花がつくのがこの季節になるのである。

秋田の調査の後、再び朝日山麓金目の斎藤熊雄を訪れて聞いたところ（植物図鑑を見せて確認）、間違いなくイワイチョウであるという。ジザクラ・ツチザクラはイワイチョウであることが確認できた。

熊が春から好んで食べている山菜は何か聞いたところ、春と限らないで一年中食べている彼らの大好物があるという。比立内でカッチキと呼ばれる山菜である。打当の鈴木金作もカッチキは熊が年中探して食べている植物であることを述べている。そしてそれがサクと呼ばれる重要な山菜であることを教えてくれた。サイシナのように人間も熊も食べている。

春先、この植物は地面から三つに分かれて頭を出す。熊はこの真ん中の茎だけ齧る。すると齧った後から白い乳液（樹液）が出てくる。熊はこれが好きでたまらないというのだ。夏になっても秋になっても熊は大きくなったこの植物の真ん中の茎を根元で齧り切って、上がってくる樹液を嘗めるという。

「山に入った時、カッチキが齧られていれば熊がいる証拠である」

カッチキとサクはどのように異なるのか。カッチキとはこの植物全体を指す言葉である。一方、サクとは人間が食べるこの植物の部分をいう。サクは三つに分かれた植物体の中央部で薹が立つように後から中心部にまっすぐ伸びてくるカッチキの茎の可食部分を指すのである。カッチキの芯だけが皮を剝いで食べる部分であり、サクという山菜になる。

「サクはフキ以上においしい」

との伝承は北秋田郡一帯にある。

この植物はセリ科のエゾニュウ（*Angelica ursina Rupr. Maxim.*）である。北海道や本州北部日本海側に多く分布する。山沿いの谷川や一〇〇〇メートル以上の高山の樹陰下に群生する。湿度の高い所を好む。壮大な多年草で高さ一〜三メートルに達する。根茎は大きな繊維っぽい肉質。根生葉は長楕円形の小葉からなる二〜三階羽状複葉。この草の根元には蟻が集まって小さな蟻塚を作る。(9)

六月から七月頃まで採集できる。巨大な茎のため、鎌でこれを刈ってとる。一株見つければ大量の収穫ができる。茎の太さが四センチくらいに達するものもある。

カッチキという優れた植物があれば、秋田の山では朝日山麓のサイシナ以上のかかわりを熊と人間が持つことになる。飯豊・朝日山麓でカッチキを熊が齧る伝承が出てこないところをみると、朝日山麓の熊自身が秋田の山にいる熊のような、カッチキとの深い関係を維持していないということになるのだろうか。

サイシナ（ヒメザゼンソウ）という植物を指標とする飯豊・朝日山麓と、カッチキ（エゾニュウ）という植物を指標とする秋田阿仁では当然のように熊狩りの系統にも違いがあったと考えるのが自然な推論であろうか。

アイヌのシケㇾペキナとのつながりが秋田で出るものとばかり考えていたが、朝日山麓と北海道との間には単純な説明では済まない問題があった。おそらく熊の食べる春一番の山菜だけとってみても重層的な要因が底にあり、サイシナが飯豊・朝日、カッチキが阿仁で表出してきたものであろう。

ただ、共通する言葉としてヒメザゼンソウのことをベコノシタという。北海道から秋田阿仁を経て、飯豊・朝日までこの言葉が残っている。このことは何を意味するのか。重層部分の共通項と考えられないか。

## 飯豊山麓のサク

秋田の調査から二カ月後の一九九八年二月十一日、小玉川の舟山仲次宅を訪れた。サクについて聞くためである。小玉川集落では、この日がヤマヒマチ（山日待ち）の前日にあたり準備に忙しかったころである。現在の熊祭りの日にあたる。十二日には法印が来て八卦をして、どこの山にどのくらいの熊がいるか占ったのである。

秋田のカッチキ（サク）の話を小玉川と比較するため、植物図鑑を見せながらエゾニュウのことを何というか聞くと、ここでも「サク」だと言っているという。

「サクは山の地味のいい所でないと出ない」

「アイコ（ミヤマイラクサの若芽）の出る所にサクがでる」

「サクがいっぱい出ている所をサクワラといった」

熊がこの植物を食べているかどうかについては、わからないという。ただ、苗が若いころは人間が食べることのできる植物であることを仲次は孫爺さんから聞いていたという。ところが五歳下の奥さんの代では食べられるということは聞かなかったという。熊がミズバショウを食べるのは見て来たが、「サクワラに熊がいたという話はあまり聞かない」という。

そこで、「秋田の打当ではカッチキと言っているが、この名前に心当たりがないか」と聞いた。カッチキは田んぼに入れる山の下草を肥料としたものであるという。昔は畦も狭く、牛の歩けないような所に田が作ってあった。このような田には肥料として背後の山から下草を刈って来てニオにしておき、腐らせて肥料にした。このニオをカッチキと言った。家から堆肥を運び込むことができないからである。

サクは草の中では一番早く大きくなる。だから鎌で刈って堆肥を作ったのである。田仕事が始まり稲を植えるのは六月になってからである。この頃最も大きくなった植物はサクであったという。サクを混ぜるとカッチキもよく腐ったという。

「カッチキチラシ（散らし）で堆肥を入れる」

というのが田をうつ時の仕事になる。カッチキチラシという言葉があった。肥《こえ》ショイ籠で積んでは散らしていった。鎌でとりたてのサクをスパッスパッと切ってカッチキだけを散らした田もあったものだという。肥料としては最も優れているといわれた。

「サク入れると田が軟らかくなる」

カッチキにサクが最も良いことをこの地の人々は繰り返し語っていたという。

また、家のまわりにある畑は春先、雪で押されて硬くなっている。畑を軟らかくするため、畝を深く掘ってヒキコミコエ（引き込み肥）を入れた。ここに入れる肥もまたサクだった。草が大きく栄養分に富んでいるため、刈ってきてこれを入れたものであるという。山に生えるものの中では最も土の肥えた所にある植物だけあって、肥としても一番だった。

サクは山菜の出る時期の指標ともなっていた。

「サクが大きくなったからアイコも出ていたぜ」

ということを年寄りはよく喋っていたという。アイコは山菜の中で最も癖がなくておいしいと言われるものである。サクの生長をみてアイコ採りに山に行くものであったというのだ。

秋田でサクのことをカッチキというのは、土に混ぜる肥料としてのカッチキがそのまま植物の名前の俗称になったものであろう。小玉川では昔、サクを食べていたのに、米の収穫が安定してきて、サクに手を出さなくてもいいような時代となったのであろう。名称だけはカッチキ（肥料）の中で特に大切な植物であったからサクとして残ったものであろうか。

秋田打当では人間の可食部分だけがサクで、植物全体はカッチキであった。カッチキの命名は春先、一番早く大きくなって肥料として人の役に立つという心理が生まれてからではなかろうか。稲作が極端に重大視される以前、カッチキという名称はなかったのかもしれない。サクの方は稲作に関係なく使われていた名称であると思えるのである。

## 三　奈良時代から食されている大型セリ科植物

### 富山の熊とシャーキ（シシウド）

富山県の熊猟を長年にわたって調査してきた森俊は、立山山麓から白山山麓までの猟師を訪ね歩いて克明な調査記録を出版した。調査の視点はあくまでも狩猟者の語る言葉を克明に追っているため、一級の資料となっている。熊が穴に入る際の行動、穴から出るときの行動について生態学的にみていく調査は、現段階で最良の聞き取り調査となっている。少し長くなるが各地の姿を引用する。[10]

朝日町蛭谷――四月上中旬、穴口に出てイワカガミの花を食べて足慣らしをする。次にミズ（ブナの花）を食べる。次はコブシの花、ススタケ、ウド、サイキ（シシウド）。

黒部市福平――冬眠から覚醒後、アザミ、サイケ（シシウド）、この後コブシの花、ブナの新芽。八月クルミ、クサミズ。九月クリ、ドングリ。

東礪波郡平村下梨――冬眠から醒めるとウド、ミズバショウを好んで食べる。

同　平村田向――昨年落ちていたブナ・ナラの実の次に四月にアザミ、五月にシャキ（シシウド）、タケノコ、夏はクルミ、サワガニ。

森はザゼンソウ・ミズバショウ・イワカガミも記録している。熊が冬眠から醒めた後、最初に食べるものの記録としては、このうちミズバショウとイワカガミだけが越後以北との共通性を持つ。北海道と山形県の朝日山麓に共通するヒメザゼンソウは出てこない。

一方、熊の好きな草として地域をとんで新たに出てきたものがある。サイキ・サイケ・シャキ・シャーキと呼ばれる植物がある。シシウドである。越後以北の共通の草として熊が昨年なった木の実につくものとクサニツク（草につく）のとを分けて記録した結果、注目されるものとしてシシウドが浮かび上がってくる。

シシウドは秋田の阿仁で熊の大好物とされたエゾニュウそっくりの植物である。当然、富山にはエゾニュウが少ない。

シシウドはセリ科シシウド属（*Angelica L.*）であり、この東北・北海道分布の種類がエゾニュウである。[11] つまり同じ植物といってよいほどの兄弟種である。素人には見分けられない。

名称は秋田の阿仁でサクという。富山のサイキ・シャキとの関連に興味がわく。秋田では人間にとっても重要な山菜の一つであるが富山ではどうであろうか。

一方、北に目を向けるとやはりアイヌの人々にとっても重要な山菜であった。シュウキナという。齧ると苦い（シュウ）ためにこの名がついたという。アイヌの人々はこの山菜を料理して食べるという記録がある。生で食べているのは青森も同様である。秋田は漬け込んだものを食べる。

シャーキ（シシウド）

エゾニュウ・シシウドを熊が食べていたから人間も食べ始めたのかどうかはわからないが、秋田の北秋田郡以北から青森を経て北海道に至る地域で食べる習慣が伝わっている状態は、何かしらアイヌの人々との食の共通項のように思えてくる。

食としての共通項　北海道上川アイヌ～青森～秋田まで南下

名前の類似性　北海道上川アイヌ――シュウキナ
秋田阿仁　――サク
富山　――シャキ・シャーキ・サイキ

山形県小国町小玉川でも秋田と同じようにサクという名で呼

ばれていた。富山、北海道での類似性が最も目につく。

シュウキナ・シウキナ（上川アイヌ）……シャキ・シャーキ・サイキ（富山）

この中間地帯で名称がつながってくれば一段と深い分析ができる可能性がある。山形県から秋田県の熊とりの村で呼ばれるサクの名称の広がりが気になる。

### 新潟県大栗田のサク・サイキと江戸時代のサイキ

新潟県大栗田は朝日連峰の裾にあたり、奥三面と古くから通婚などで人のつながりがあった。奥三面の高橋カツは大栗田の出身であった。

カツが子供の頃、サイキとサクナという植物はどちらも人が食べるものではなかったという。

「サイキはウサギの餌にした。ウサギはこの草を喜んで食べたもの。だからウサギを飼うのが子供の仕事だったのでよくとりにいった」

シシウドである。

「サクとかサクナといわれた植物はカッチキ（田の肥料）としてやはり使われた。この植物を熊が食べるという話は聞かなかったが肥料にする時、畑にもたくさん刈ってきて入れたものだからかぶれることがあり毒だという人もいた」

エゾニュウである。

大栗田には兄弟種の二つの植物の接点があった。北陸地方のシシウドと東北・北海道のエゾニュウが見事にここでぶつかりあっている。奥三面ではサイキがやはり田のカッチキに使われた。

「サイキは早く腐るからカッチキとして畑や田に大量に入れた。食べられるという話は聞かなかった」

秋田でサクと言われて重要な山菜となっているエゾニュウを、食べられるとする伝承は飯豊山麓小玉川まで南下していた。そして青森でもニュウの名前で食べている。サクは東北地方ではサイキと呼ぶ地方もあり兄弟種であることから同じにみている地方もある。アイヌはシウキナとして重要視した。このように北に偏る分布から、東北地方で広く食べられてきたと考えるのが自然の推理である。サクあるいはサイキと呼ばれる植物を食べるという記録を求めていたところ、江戸時代の文献から次のものが見つかった。

『陸奥国田村郡三春秋田信濃守領地草木鳥獣諸色集書』（明治大学図書館蔵）である。年代は享保・元文で『諸国産物帳集成』（科学書院、一九九〇年刊）として出版された。これを研究した仲田茂司は福島県三春の産物帳の中から菜類・果類・木類・草類を分類した。[12]

菜類はやまのいも、たで、ふき、みつはせり、なづな、せり、うど、わらび、つくつくし、が列記されている。これは栽培種であろう。

一方、草類はくわい、たんぽぽ、ほうき草、はこべ、くわん草、蓬、かえる葉、すぎな、よめがばぎ、とよき、山せり、馬せり、ととき、おけら、ききょう、ぜんご、のづち、ところ、ほど、いちどり、あざみ、へらあざみ、またたび、うるい、つらふり、さいき、しじみ、しどけ、からすのや、むこなかし、ゆり、山牛ぼう、とう牛ほう、ぜんまい、にわ柳、野びる、もとあか、山にんじん、たびらか、をたべ申候としている。

この草類が野山から採っていたものである。

「さいきたべ申候」という記述がある。さいき・馬ぜり・山せり・山にんじんはなかなか見分けのつかない、草丈が大きくなるセリ科の植物である。

セリ科の植物はかなりの種類が重要山菜としてどこの地域でも食べられている。秋田のキリタンポ鍋は比内鶏のダシとセリがあるからあの味が出るという料理人がいるくらい重要な植物である。ところが大型のセリ科植物になると食べる地域が東北地方から北海道にかけて北に偏っている。サイキ・サク・ヤマニンジンなどはよほど採集に慣れた人でないと見分けのつきにくい植物である。

これら大型のセリ科植物を日本人が早くから食べていたのかどうかについては、東北地方に資料が乏しくてさかのぼることができない。おそらくかなりの量を食べていたと考えるのであるが。北に偏る重要山菜が畿内で出てこないか調べる作業も大切である。かつて食べていたものが栽培種の拡大や品種改良で選抜されたものだけが畑で作られるようになっていく状態のベースには、現在では見向きもされないものが多種多様に山野から採集され食べられていた可能性がある。

セリは当然のこととして記録に出てくるが、大型のセリ科植物らしい名前も指摘されている。サク・サイキと呼ばれるセリ科の大型山菜が古来から日本で食べられていた可能性を示す資料がある。文書と植物の実態とがまだはっきりしていないものであるが、蘇良自（ソラシ）という菜である。ソラシが何を示すのか判然としていないのがもどかしい。

## 奈良時代のソラシ（蘇良自）

『正倉院文書』（天平四年・七六〇年）にソラシが菜として用いられている。『和名抄』『延喜式』にも記述があり、奈良・平安時代の菜で栽培・販売がみられる。[13]

このソラシについて関根真隆はカサモチに比定している。[14] カサモチはセリ科の多年草である。『和名抄』に藁本という記述もあることから確定的なものとはしていない。平安時代初期（九一八年）に成った『本草和名』の菜（野菜）六二種の一つに別名を阿魏（アギ）といい、和名に蘇良之（ソラシ）という植物がある。つまりソラシはカサモチの古名でアギの異名とされている。

あぎ――セリ科の大形多年草。イラン・アフガニスタン原産の薬用植物。高さ二メートルに達し、茎は太い。葉は巨大でニンジンに似て細裂。黄色の細小花を頂端に密生。根から得た樹脂状物質を駆虫・去痰剤にする。[15]

『延喜式』内膳司の漬年料雑菜に蘇良自（ソラシ）の記録がある。宮内省で一年間に利用した菜の漬物総量が記されている。ソラシは春菜である。六斗の菜を二升四合の塩で漬けている。内膳司耕種園圃には栽培している記録もある。

はたしてこのような植物を現在食べる所があるだろうか。薬草として日本に入って来たものが『延喜式』の時代には漬物として食膳に上っているのである。推測は危険だが、漬物用としてのみ食べるという見方を私はしている。今までの調査で漬物だけで食べていたセリ科の植物といえば秋田のサクしかない。福島県三春の産物帳にある「さいきたべ申候」のサイキも、これがシシウドであったとしても、漬けて食べていた可能性が高いと考える。シシウドやエゾニュウを生で食べるのはアイヌに記録があるだけである。北海道から東北地方にかけてシシウドやエゾニュウを生で食べるか漬けて食べるかというのは重大な問題であるように思われるのだ。

問題を整理して課題として残しておく。今後の調査によって明らかとなる問題が多いからである。
①蘇良自は本当に阿薉を指すのか。そして阿薉は本当にカサモチか。セリ科の植物は属だけで三三もある。カサモチに形が類似する植物は五種類以上ある。
②中国を経て日本に入った大型の帰化植物カサモチが漬物としても利用されていない現象をどう考えるか。食べることを止めたのか、それともこの植物は純粋に薬用種となってしまったのか。
③日本人は本当に帰化植物のカサモチ（蘇良自）しか食べなかったのだろうか。もともとサイキやサクを漬物にして食べていたのではないか。関西に多いカサモチ以前に北部日本では広くサイキやサクを食べる伝統があったのではないか。
判然としないことを推測しなければならない難しさがあるが、セリ科の植物が現在までにどの程度食べられていたかを考えることは重要である。

### 食べられるセリ科植物

一一六〜一一七ページの一覧表はセリ科植物である。どの程度食べていたのか調べた。同一地域に多くても一〇種類くらい存在するが、圧倒的に温帯地域の分布密度が濃い。特に注目すべきことは、北海道・東北地方での大型セリ科植物の種類の多さである。

蘇良自をカサモチと仮定して、似た植物を挙げる。

シラネセンキュウ

オオバセンキュウ
アマニュウ（アマニウ）
シシウド
エゾニュウ（エゾニウ）

これはどれも漬ければ食べられるようである。江戸時代三春の資料にある、さいき・馬せり・山せり・山にんじんという記述はこれらの植物を指すものと考えられる。地域によっては混乱の度合いが激しく比定できないものが多い。

## 小括と今後の課題

①ミズバショウ属の植物は熊が春先に食べて腹の中に滞っているものを排泄する優れた植物として摂取されてきた。この中でアイヌの人々がシケㇾペキナと呼ぶヒメザゼンソウは飯豊・朝日山麓から越後山麓でサイシナとして食べられてきた。熊狩りの集落に共通する食習である。アイヌのイオマンテになくてはならない植物であり、熊との関係で人間が食へと志向したものであろう。越後から北海道にかけての積雪地帯では共通の名称としてベコノシタ（子牛の舌）というが、形から採った名前であっても伝播した印象を受ける。

②サクと秋田で呼ばれる山菜はエゾニュウである。この植物は熊が好物としている。姉妹種にシシウドがあるが、これは富山でサイキと呼ばれる。サイキは福島県の近世文書にも記録のある山菜である。似かよった大型のセリ科植物は少なくとも五種類は超えていて、山にんじん・山

| | | | |
|---|---|---|---|
| タニミツバ | 温帯・暖帯 | | |
| シムラニンジン属（*Pterygopleurum Kitagawa*） | | | |
| シムラニンジン | 関東以西 | | |
| セリ属（*Oenanthe L.*） | | | |
| セリ | 温帯 | ◎食用 | |
| オオカサモチ属（*Pleurospermum*） | | | |
| オオカサモチ | 北海道以北 | | ◇ |
| ハマゼリ属（*Cnidium Cuss.*） | | | |
| ハマゼリ | 温帯・暖帯 | | |
| シラネニンジン属（*Tilingia*） | | | |
| イブキゼリ | 中部地方以北 | | |
| シラネニンジン | 中部地方以北 | | |
| ミヤマウイキョウ | 中部地方以北 | | |
| イブキボウフウ属（*Seseli L.*） | | | |
| イブキボウフウ | | 温帯 | |
| ハマボウフウ属（*Glehnia Fr.*） | | | |
| ハマボウフウ | 温帯 | ◎食用（若葉） | |
| マルバトウキ属（*Ligusticum L.*） | | | |
| マルバトウキ | 温帯・寒帯 | | |
| エゾノシシウド属（*Coelopleurum*） | | | |
| ミヤマゼンゴ | 寒帯 | | |
| セリモドキ属（*Dystaenia*） | | | |
| セリモドキ | 温帯・暖帯 | | |
| ミヤマセンキュウ属（*Conioselinum*） | | | |
| ミヤマセンキュウ | 温帯・寒帯 | | |
| シシウド属（*Angelica L.*） | | | |
| ヒメノダケ | 温帯・暖帯 | | |
| ウバタケニンジン | 四国・九州 | | |
| ミヤマトウキ | 温帯・寒帯 | ○薬草 | |
| ノダケ | 暖帯 | | |
| オニノダケ | 温帯 | | |
| ハナビゼリ | 温帯・暖帯 | | |
| イヌトウキ | 暖帯 | | |
| シラネセンキュウ | 暖帯・温帯 | | ◇ |
| オオバセンキュウ | 温帯 | | ◇ |
| アシタバ | 暖帯 | ◎食用 | |
| アマニウ | 温帯 | ◎食用 | ◇ |
| シシウド（サク） | 温帯・暖帯 | ◎エゾニュウはこの種類<br>※富山・新潟のサイキ | ◇ |
| カワラボウフウ属（*Peucedanum L.*） | | | |
| ボタンボウフウ | 暖帯 | | |
| カワラボウフウ | 温帯・暖帯 | | |
| ハクサンボウフウ | 中部地方以北・北海道 | | |
| ヤマゼリ属（*Ostericum*） | | | |
| ヤマゼリ | 暖帯・温帯 | ○食用 | |
| ミヤマニンジン | 温帯 | | |
| ハナウド属（*Heracleum L.*） | | | |
| ハナウド | 暖帯 | | |

北村四郎ほか『原色日本植物図鑑』草本編II，保育社，1963

セリ科（*Umbelliferae*）植物　◇1メートルに達し，見分けがつかないほど姿がよく似ているもの

| 属/個体名 | 分布 | 利用法 | |
|---|---|---|---|
| チドメグサ属（*Hydrocotyle L.*） | | | |
| オオバチドメ | 関東以西 | | |
| オオチドメ | 北海道～九州 | | |
| ノチドメ | 本州以西 | | |
| チドメグサ | 本州・四国・九州 | | |
| ミヤマチドメ | 本州・四国・九州 | | |
| ツボクサ属（*Centella L.*） | | | |
| ツボクサ | 関東以西 | | |
| ウマノミツバ属（*Sanicula L.*） | | | |
| ウマノミツバ | 北海道以南 | | |
| フキヤミツバ | 中部地方以西 | | |
| シャク属（*Anthriscus Hoffm.*） | | | |
| シャク | 北海道・本州・四国 | | |
| ミシマサイコ属（*Bupleurum L.*） | | | |
| ミシマサイコ | 本州・四国・九州 | | |
| ホタルサイコ | 北海道以南 | | |
| ハクサンサイコ | 中部・東北地方 | | |
| ヤブシラミ属（*Torilis Adanson*） | | | |
| ヤブジラミ | 北海道以南 | | |
| ニンジン属（*Daucus L.*） | | | |
| ノラニンジン | ニンジンの野生化したもの | | |
| ミツバ属（*Cryptotaenia DC.*） | | | |
| ミツバ | 南千島・北海道以南 | ◎食用 | |
| ヤブニンジン属（*Osmorhiza Rafin*） | | | |
| ヤブニンジン | 温帯全域 | | |
| イワセントウソウ属（*Pternopetalum Franch*） | | | |
| イワセントウソウ | 本州以南 | | |
| エゾボウフウ属（*Aegopodium L.*） | | | |
| エゾボウフウ | 寒帯・温帯全域 | | |
| ミツバグサ属（*Pimpinella L.*） | | | |
| ミツバグサ | 暖帯全域 | | |
| カノツメソウ属（*Spuriopimpinella Kitagawa*） | | | |
| カノツメソウ | 北海道以南 | | |
| ヒカゲミツバ | 関東以西 | | |
| カサモチ属（*Nothosmyrnium Miq.*） | | | |
| カサモチ | 関東以西 | ◎蘇良自か？ | ◇ |
| ドクゼリ属（*Cicuta L.*） | | | |
| ドクゼリ | 温帯・暖帯 | ×毒 | ◇ |
| セントウソウ属（*Chamaele Miq.*） | | | |
| セントウソウ | 温帯・暖帯 | | |
| エキサイゼリ属（*Apodicarpum Makino*） | | | |
| エキサイゼリ | 関東以南 | | |
| ムカゴニンジン属（*Sium L.*） | | | |
| ヌマゼリ | 温帯・暖帯 | | |
| ムカゴニンジン | 温帯・暖帯 | ○根を食べるために栽培 | |

せり・馬せり・さいきなどと呼ばれて利用されてきている。サクを田や畑に入れる肥料として使用してきたためにカッチキという名称がついている。人間が肥料用にした重要山菜も元は菜食のために自然界から抽出したものであろう。熊が好物として食べていたことがその契機となったと考えられなくもない。

③奈良時代に記録のある蘇良自はサクと似かよった植物であったと推測される。この植物を食べたのは、中国からソラシが伝播してきてから食べることを知ったと考えるよりは、もともと日本では大型のセリ科植物を食べる伝統があったためであろうと考える。現在ソラシがどの植物を指すのか確定できないのも、よく似た植物の食習が古代の日本列島、特に日本海側から北海道にかけて広く行き渡っていたためではなかろうか。

熊という里の人になじみのない動物との交渉はサイシナのようにかかわった人たちに限定的なものと映る。しかし、サクで点検したように、より広い地域に追及の手を伸ばさなければならない植物がある。今後は食べてきた植物をその近似の種まで視野に入れて研究を深めなければならない。何といっても日本の植物の分類は本草学自体が人間を中心にしているから。

（1） 北村四郎ほか『原色日本植物図鑑（下）』保育社、一九六五年、所収
（2） 前掲書、一二〇頁
（3） 日本の食生活全集四八『聞き書アイヌの食事』農文協、一九九二年、一七九頁
（4） 前掲書所収

(5) 計良智子『アイヌの四季』明石書店、一九九五年、五四頁
(6) 前掲書、九一頁
(7) 福岡イト子『アイヌ植物誌』草風館、一九九五年、五二頁
(8) 前掲書、五四頁
(9) 清水大典『山菜全科』昭和四二年、家の光協会、二〇六頁
(10) 森俊『猟の記憶』桂書房、一九九七年、所収
(11) 『原色日本植物図鑑(中)』保育社、一九六三年、二九頁
(12) 「江戸時代の山菜」、『三春町歴史民俗資料館研究紀要I』三春町歴史民俗資料館、一九九四年
(13) 青葉高『野菜の日本史』八坂書房、一九九三年、所収
(14) 関根真隆『奈良朝食生活の研究』吉川弘文館、一九九三年、五二頁
(15) 『広辞苑』岩波書店、所収

# 第三章　越後奥三面のカモシカ猟をめぐって

## 一　越後奥三面

西は山形県境の以東岳・相模岳から稜線を東にたどって竜門岳・西朝日岳に至る稜線に遮られた、三万町歩に達する朝日連峰の山懐に抱かれた要の位置に、奥三面集落があった。

二〇〇〇年十月に県営ダムの水門が閉じられ水没したが、民俗学者の多くが足を踏み入れた地として、また貴重なカモシカの狩猟習俗の残された土地として有名であった。

映像記録では昭和八年に後の日銀総裁で民俗学育ての親の一人である澁澤敬三が早川孝太郎らの弟子を伴って訪れている。宿泊は高橋源右衛門の家。八ミリフィルムには源右衛門の祖父が厳寒のカモシカ猟の装束で映っている。

離村前には民族文化映像研究所が映画『越後奥三面――山に生かされた日々』『ふるさとは消えたか』の映像記録を撮った。

昔から「二九軒超えると村が潰れる」とされ、太平洋戦争後、昭和二十六年の三面川電源開発で地元に雇用の機会が生まれるまで、三〇軒足らずで推移してきた。ダム建設による村上市などへの集団離村時には四二軒まで増えていた。三三軒が村上市松山字三面集落を築き、今も山とかかわりながら生きている。

ダム建設に伴う埋蔵文化財調査では旧石器時代から古墳時代まで一九もの遺跡が発掘された。主な遺跡を列記すると次の通りである。

旧石器時代 ―― 樽口遺跡（集落上手三面川本流の狭まった段丘上）
縄文前期 ―― 下ゾリ遺跡（集落北側段丘水田の場所）
縄文中期中葉 ―― 前田遺跡（集落西側段丘水田の場所）
　中期後葉 ―― 下クボ遺跡（集落の場所）
縄文後期 ―― アチヤ平遺跡（集落南側クリ林のあった河岸段丘上）
縄文晩期 ―― 元屋敷遺跡（集落東側段丘水田の場所）
弥生時代 ―― 二又遺跡（支流末沢川段丘上）
古墳時代 ―― 落合向い遺跡（三面川を挟んで集落対岸）

私が発掘調査を担当した遺跡は前田・下クボ・元屋敷であるが、住居が円形に配置されたものを検出した。前田遺跡で検出した竪穴住居二三軒、同時代五から一二軒。次に移り住んだと考えられる下クボ遺跡の検出竪穴住居三六軒、同時代一二から一五軒と推測されている。このことは、直感的に、山のキャパシティーを私に想起させた。三万町歩を上回る広大な奥三面の山が彼らを養う限度が一五

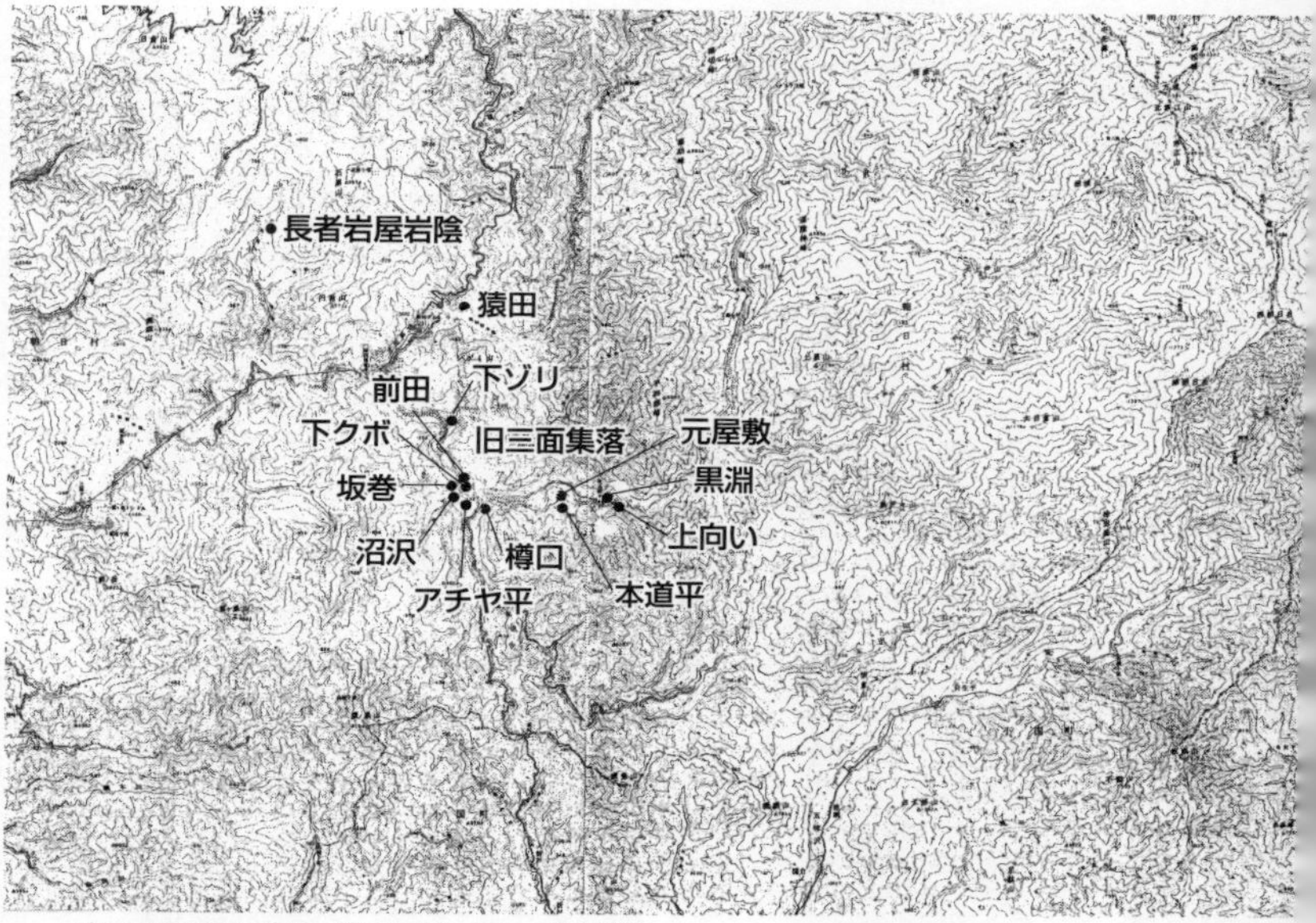

奥三面の縄文遺跡（「塩野町」国土地理院）

軒を超えないということであろう。弥生時代以降、稲作の導入によって二九軒が最大限養える数となる。山から与えられた大きな枠が、今も残る俚諺として語り継がれてきたようだ。カモシカを含めた山の恵みのトータルが二九軒（縄文時代にあっては一五軒）を最大限とする。

一方、集落から北に直線距離で五キロメートル離れた岩井沢上流部に長者岩屋という岩陰がある。山賊の住処であると奥三面の人たちは長く語り継いできた。ところがここから累々と堆積したカモシカの骨が検出され、地層の中から縄文土器が大量に見つかった。ちょうど飯豊山洗濯沢のコヤバの岩陰と同じ、カモシカ狩りのキャンプ地であることがわかった。ここを発掘した新潟大学考古学研究室の報告は、大変興味深いデータを提供した(1)。

## 二　長者岩屋岩陰遺跡出土のカモシカの骨

長者岩屋岩陰遺跡は地元でイワイソと呼ばれる沢をのぼった所にある。切り立った岩の陰に大量の動物の骨を遺存していた。

カエル、ウサギといった小動物よりもまとまって出土したのはカモシカのバラバラの骨であった。解体して運んできたと思われるその数は、縄文時代の層で二七〜四〇頭に達している。

捕獲された個体の年齢構成の多くが一〇〜一六歳とかなり歳をとった成獣である。狩猟の時期は冬の終わりから春にかけてであった。

X線による歯のエナメル質の分析結果をみた時、奥三面で禁猟となるまで行われていたカモシカ狩りのスノヤマが私の頭を過《よぎ》った。

スノヤマは一月末から二月初めの厳寒の時期、麻のコバカマにカモシカの脂を塗って雪が付くのを防ぎ、カモシカのセカワ（背皮）・ケタビ（カモシカの前脚の皮で作った手皮）といった、昔から決められた装束に身を固め、十数人の仲間と犬を連れ、フジカと呼ばれる頭の指揮のもとにカモシカを追う猟である。山に入る一週間前から水垢離をとって身を清め、山の境から先はヤマコトバ以外けっして使わないで行動した。

高橋源右衛門によれば、スノヤマをやる厳寒の時期はカモシカの皮が最も良質であったという。アオ（カモシカのことを奥三面ではこう呼ぶ）をとるには雪の中が最適であったのだ。

長者岩屋岩陰遺跡の遺骨の推定狩猟時期は冬の終わりから春先にかけてというX線分析結果が出ている。二月末から三月の初めにかけての時期は奥三面が例年四メートルの雪に覆われている。奥山での猟は、春先といっても厳寒の中で行うものと同じと考えてよいという。縄文時代中期は現代と似た気候であった、と考えられるデータが花粉分析などから得られている。(2) アオの肉は冬の時期、脂がのってくさみが少なく最もうまいという。偶蹄目類であることから、牛と同じ種類に属し、山の肉の中で最もうまいものと語り継がれてきた。『和漢三才図会』にもカモシカの別称ニクで載っている。(3)

スノヤマでは幼獣をとることはけっしてなかった。ケタビやテカワは一～二歳くらいのものが柔らかくて加工もしやすく、貴重品であったというが、奥三面では老獣・成獣から先にとるという不文律があった。

そして最も注目すべきことは、戦後、特別天然記念物に指定しなければ種の保存さえ危ぶまれるほど、雪の中では捕獲が簡単であったことである。「雪の中なら誰にでもとれる」とは小池定蔵の言葉

長者岩屋岩陰遺跡出土のニホンカモシカ

| 出土部位 | | | 数 |
|---|---|---|---|
| 下顎骨 | | 左 | 27 |
| | | 右 | 13 |
| 上顎骨 | | 左 | 1 |
| | | 右 | 3 |
| 肋骨 | | | 32 |
| 砲骨 | 前趾 | 左 | 8 |
| | | 右 | 6 |
| | 後趾 | 左 | 6 |
| | | 右 | 6 |
| 寛骨 | | 左 | 7 |
| | | 右 | 2 |
| 大腿骨 | | 左 | 1 |
| | | 右 | 2 |
| 脛骨 | | | 1 |
| 膝蓋骨 | | | 1 |
| 上腕骨 | | 左 | 1 |
| | | 右 | 2 |
| 橈骨 | | | 1 |
| 椎骨 | | 軸椎 | 2 |
| | | 頸椎 | 2 |
| | | 胸椎 | 3 |
| | | 腰椎 | 3 |

| 年齢構成 | |
|---|---|
| 16歳前後 | 18頭 |
| 9歳前後 | 10頭 |
| 3歳前後 | 6頭 |
| 2歳前後 | 4頭 |
| 計 | 38頭 |

個体数は27～40頭の間と推測される．
狩猟の時期：冬の終わりから春にかけて（調査7個体すべて）．
下顎第一大臼歯のセメント質の成長線から年齢査定と死亡季節の推定を行っている．

である。大正十五年の天然記念物指定まで、奥三面の人々は生活のために、自然のバランスを維持しながらとり続けてきた。

## 三　カモシカのとり方

岩場を影のように跳ぶこの獣が、雪の中では誰にでもとれるものとは想像もできない。私が胎内川の奥で出会ったカモシカは、三〇メートルくらいの断崖を目にもとまらぬ速さで登っていった。

厳寒のスノヤマではアオシシ槍を持つ。一二人という数を嫌い（十二山の神から）、十数人で活動した。大正時代には鉄砲も持たず、全員が槍を持ったという。槍は人と接触しないように木の枠をはめて縛り、下が杖となる。杖の部分をツエボウとかナメゾウ（ナメは山言葉で杖のこと）といい、カタスミの木（ウシコロシ［*Pourthiaea Villosa Endl*］）で作った。山を歩いている時、カタスミを見つけると取っておく。冬は六〜七尺の長さに、春は四尺のツエボウとする。槍はこの上に針金で固定する。木の太さは末口三センチくらいである。この木は硬く、しなりがあり、丈夫で曲がりが少ない。高橋利博によると、ナメゾウは山に入る際、なくてはならない道具の一つで、冬は雪をこぐ時に使い、春先雪が堅くしまってくると、雪の斜面を両足で踏ん張って滑り降りるグリセードの杖となった。ピッケルと同じ役を担った大切な木である。

長者岩屋岩陰遺跡では数点のヤジリが出ただけで、ポイント（尖頭器）など狩りに結びつく遺物はなかった。鉄製の槍がなかった縄文時代、奥三面ではアオシシをどのようにとったのか。最初、前田

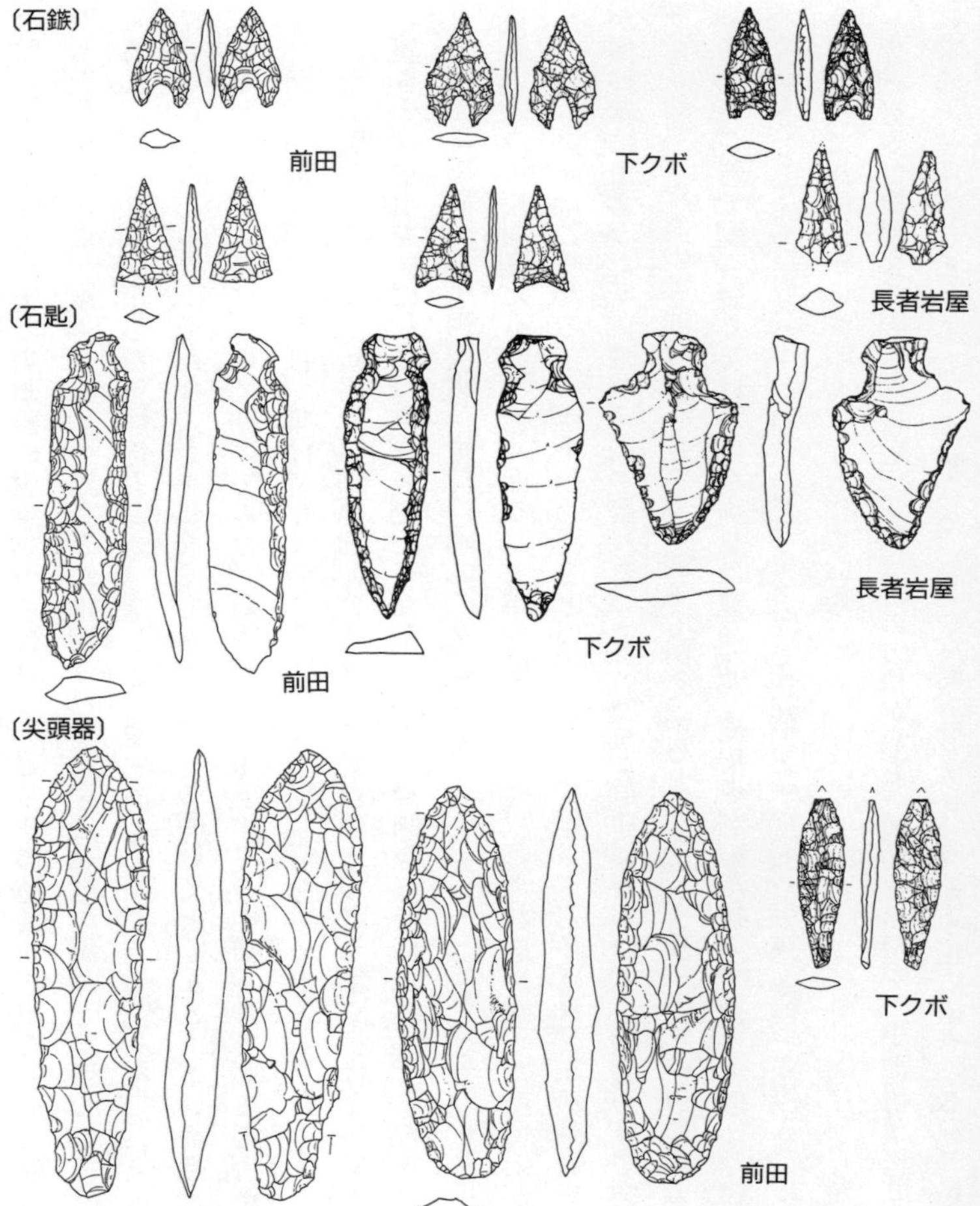


狩りの石器

遺跡と下クボ遺跡出土の尖頭器に焦点を当ててみた。どちらの遺跡から出たものも硅質頁岩のしっかりした作りである。皮剝ぎに使ったことが推測される縦型の石匙の優品と関連づけて考えていた。もちろん、熊狩りに使用した可能性もある。しかし、奥三面の人たちと語って驚いたのは、「槍で突いてとることもあるが、そんなことをしなくてもナメゾウで叩いてとるんさ」という発言であった。

そこで槍を使う時について聞いてみた。新雪で二メートルくらい積もっている場合が最も猟に適していた。小池定一によれば「集団で行く時（スノヤマのほかにサルヤマがある）は、アオを見つければとったも同じ」という。新雪では脚の細いアオは、体がぬかるんでうまく歩けない。人間はカンジキを履きナメゾウを杖にしてバランスをとりながらアオの裏側から上にまわる。巻狩りを始める前に、フジカ（統率者）は尾根の張り出しの峰（ナカデ）に人を配し、ここを越えないように山の洞に追い込む。クラの反対側にも沢を塞ぐサワフタギを配しておく。この状態になった所で上から大きな声をたてる。アオはこうなると必ず下へくだるという。そしてイツボと呼ばれ、下が滝壺や岩穴で上に雪が摺鉢状にたまった所に飛び込んで暴れる。こうなると危ないため槍で心臓めがけて突いた。アオはザマ（弱い）なもので血をみると一気に弱るものであるという。とれたアオの角にタナワと呼ばれる縄をかけ、皆で引っ張りあげる。タナワは夏の間、樹皮を剝いだ状態で捩って取った科皮《シナ》の繊維（絞って剝ぐことからシボリハギといわれる）を木灰で煮詰めないで、束ねて縒って作る。こんな時でも、ナメゾウで急所目がけて叩くこともしている。

ナメゾウで撲殺する場合について（実はこの方法が最も一般的なのだが）小池善茂に聞いた。三月頃になると日中雪がぬかるむようになる。こんな時、アナミ（穴から出る熊をとる猟）に二〜三人で出かける。この時、アオを見つけるとやはりとったものだという。アオは雪に脚をとられるため、追い始めても夏場のようには逃げられない。人間はカンジキを履いて後を追う。いつもアオから離れないよう、先頭のものは必死で追う。後続の者は先頭の人のつけたカンジキの跡に足を入れるので余裕をもってついていける。先頭の者が疲れると、「代われ」と叫んで山側に倒れる。するとすぐ後についていた二番手の者が今度は先頭に立ってアオを追う。二番手が疲れるとまた「代われ」と叫び山側に倒れる。三番手が今度は先頭に立つ。このようにしょっちゅう先頭が交代しながらいくので「五寸代わり」といった。アオは疲れ果てると頭を下げ、角を向けて人間に対峙するという。杖にしていたナメゾウで角のすぐ下側をめがけて打ち付けると、コロッと倒れるという。頭部の角のすぐ下側が急所で、ここは右でも左でも同じであるという。最高でも二日追えば、アオはエネルギーを使い果たし、確実に獲物となったという。

同様の報告は、石川純一郎が奥会津只見で調査記録したものの中にもあり、「コーシキ（雪かきべラ）や棒切れでたたいて倒す」と述べられている。また、寒中、意図的に川の中に追い、毛に付いた水滴が凍って動きが鈍くなったものをとることも報告されている[4]。

奥三面ではコスキは一部の者が持参するだけで、叩いてとるものはナメゾウ（槍の柄）であった。「コスキでアオを捕るものではない」とは伊藤善康の言葉である。

一方秋田マタギは次のように述べている。「アオシシとりは鉄砲も罠も使わず、コナギャ一本だけなので誰でもとることができた。一番良い時期は雪が深い時か、雪の表面がちょっと固くなった時です。人はカンジキを履いて歩きやすいのにアオシシはうまく歩けないからです[5]」。

これは新林佐助の生活誌の一説である。森吉山の小又川に沿った小滝集落の記録である。ここもダム建設で離村した。

秋田阿仁町の打当では、資料館にコナギャとオナギャが保管されていた。やはりこれで打ってとったという。根子でも同様であった。

奥三面のコスキ、秋山郷のハンゴスキ、阿仁のコナギャと、どれもナラの木を削ってヘラ状にした雪かきヘラである。根子の佐藤正所蔵の「山達由来之記」（高野派）に興味深い記述が載っている。(6)

小長柄寸法二尺八寸　地之三十六善神於表壽

大長柄寸法三尺六寸　金粁之事此粁山達之時薬師如来山神十二大将夜叉七千佛エ上ルナリ

獲物をとった時、この二本を立てて祀っていたのだろう。小長柄がコナギャ、大長柄がオナギャである。

獲物をとった時、この二本を立てて祭祀を行う例は聞けなかったが、阿仁も奥三面もアオシシを川上に向けて寝かせ、柴を頭上の雪の上に挿すことはやっていた。

越後秋山郷でもハンゴスキという雪かきベラがコナギャと同じに、カモシカを叩いて殺す道具として使われた。

一方、佐久間淳一の調査によれば、越後妙高山群でクラシシをとる方法にバイ（長さ二〇〜三〇センチ、末口の径五センチほどの枝のつかない丸太）を投げつける方法があった。二人のうち一人がバイを投げながら注意をひく。一人は背後に回って別の角度からバイでうちとったという。

このようにアオシシは雪にぬかるむ時期に、追って撲殺する方法が、広く行われていたことがわか

る。(7)

奥三面、前田遺跡出土の尖頭器も、このようにみてくるとカモシカ狩りの道具という推測に自信がもてない。長者岩屋岩陰遺跡の縄文時代のカモシカの遺骨も、意外と撲殺されたものかもしれない。

出土した遺骨の中に多い有顎について、熊狩りの一番槍は頭部と下顎の遺骨を記念としてもらうとは飯豊山系の狩人に共通していた。奥三面ではこのような例はないという。カモシカ狩りの場合は頭部についての伝承がほとんど無い。

遺骨歯のX線分析から明らかになってきた、老獣からとっていたと思われるデータについて、奥三面の人たちも縄文時代の人と同じ心根で狩りを行っていたと考えられる。幼獣や繁殖に必要な成獣はとらないで、年老いたものから間引いていくというやり方は、山から戴くものにも細心の注意を払っていたことを伺わせる。

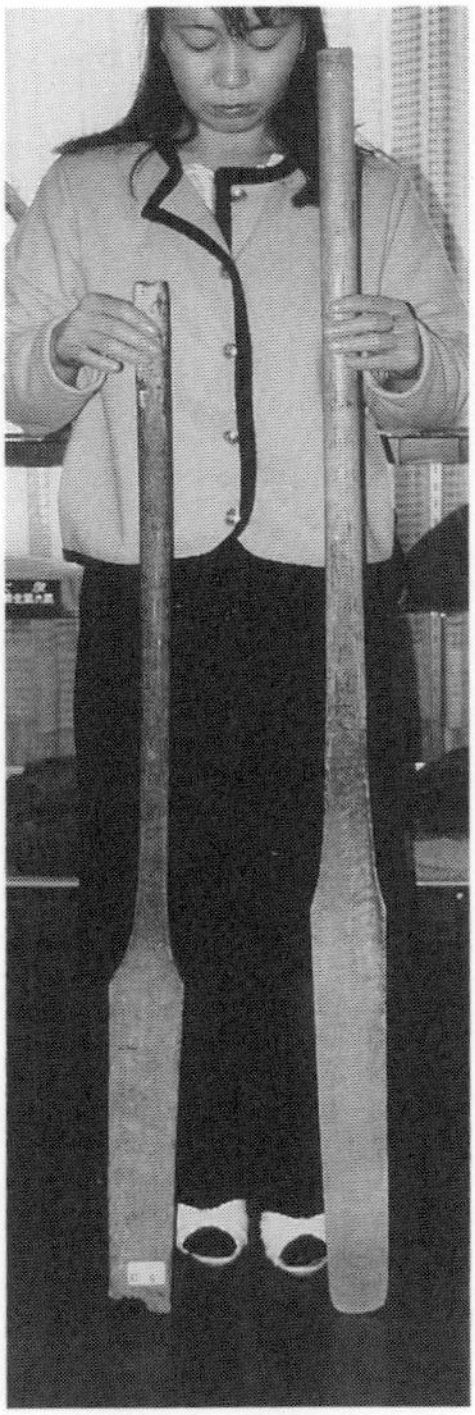

長いのがオナギャ
短いのがコナギャ
(秋田県阿仁町打当)

## 四　毛皮の加工と利用

特別天然記念物に指定しなければならないほどカモシカの数が減り続けた理由の一つとして、従来から言われていたものに毛皮の価値が高いために、とられ続けたことがあげられる。太平洋戦争中、立山連峰でとったカモシカの毛皮を戦闘機の搭乗員が身にまとったという。また、南極探検の白瀬中尉が調達したものの中に、被服として犬皮六〇〇枚（九〇〇円）、カモシカ皮二〇〇枚（一二〇〇円）、メン羊皮一〇〇枚（一三〇円）、熊皮一〇枚（二〇〇円）とあり、これらの皮を組み合わせて南極での着衣とした。(8) カモシカの皮をどの部分に使用したのか興味がある。写真で見る限り背中であろう。

秋田マタギや奥三面の人たちもセナカワとして、背に当てる。秋田小又川流域の言い伝えとして「昔からアオシシの皮は綿入れ一枚分の暖かさがある」と言われ、「アオシシの皮を着たらナデ平（雪崩の起きる場所）を歩くな」(9) といわれた。皮があまりにも暖かくて雪崩を起こしやすいということである。

奥三面のスノヤマの装束では、皮は次のように使われた。

テカワ　――　カモシカの前脚の皮で手袋状に作る。

アシカワ　――　カモシカの後脚の皮で足袋状に作る。

ソデカワ　――　猿の毛皮で筒状にして袖に着用する。

前皮　――　マミ（アナグマ）の皮で、胸から腹部にかけて覆う。

奥三面の
スノヤマの装束

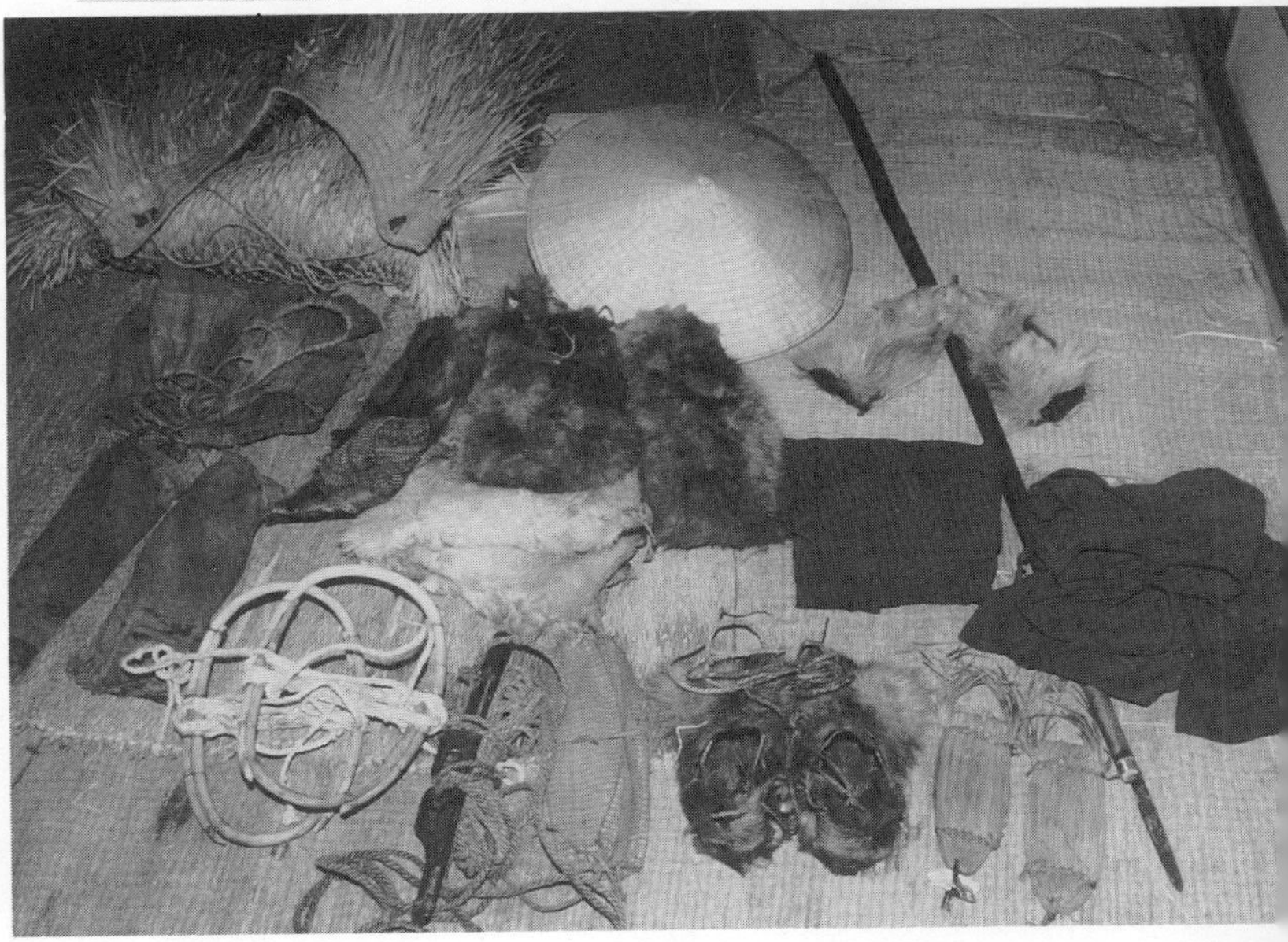

セナカワ —— カモシカの胴体の皮で、背から腰部にかけて背を覆う。一頭のカモシカをとれば、一人前のスノヤマの着衣ができた。アシカワとテカワは、カモシカの胴体から皮を剥ぐ時、脚の膝の上にある、白く毛が渦巻いた所と場所が決まっていた。しかも、なめしやすいのは一〜二歳の幼獣であったが、これはよほどのことがない限り（雪崩に巻き込まれて死んだものの等）持って来ることはなかった。

ナメシは次のように行う（高橋利博談）。

剝いだ毛皮を板に張って三〜四日乾燥させる。家の中に入れ、なめし始めるのは七〜一〇日後のことである。昔はミョウバンを使うことなど知らなかった。薬品はまったく使わない。毛と裏皮の間にある脂肪が厚く、ゴワゴワしている。なめすことを「もみこなす」と言った。冬の間、女衆が苧績《う》みをしている時、男は炉端に縄を張り、これにつかまって皮を踏む。肉から剝いだ面を上にし、踏み始めるときに口に含んだ水を霧状にしてかけてから行う。長方形の皮は脂肪のため重くて堅い。皮の四隅から対角線に沿ってもみこなしていく。足の両親指を交差させるようにつま先で皮をつかむ。右親指でつまんだ場合、左親指の背に厚く脂肪のついた皮を乗せ、指で挟みながら踏む。右親指と左親指を交差させて同じ動作を繰り返していく。これによって脂肪がこなれ、毛皮が柔らかくなっていく。対角線に沿ったあとは辺縁を揉む。根気よく両親指で交互に揉む動作を繰り返していくと熱が籠ってくる。こうなると皮が破れてしまうことがある。熱が籠ってくると破かないように踏むだけにした。一日半から二日、根気よく続ければなめしが完成する。目安は「一升ますに毛皮が入るまで」といったものだ。

足に力が入らなくなると草鞋を履いて親指どうし交差させる動作を繰り返した。野本寛一は小池甲子雄からの聞き取りで、「アオシシの着衣は寒中に捕獲したものの皮がよく、乾かしてから草鞋に荒縄を巻き付け、台につかまって二日ほど踏みつづける」[10]方法を記録している。なめしは大変な労力を用いたらしく、汗をかきながら顔を真っ赤にしてやっていた姿を語ってくれる人が多い。

飯豊山麓小玉川集落では、冬の焚きものにするために、太い木をマサカリで断面三角に割って壁に立て掛ける。この薪を荒縄で大根干しの要領で七本ほど簾状につなげ、毛皮の肉についていた部分を上にしたところに並べて、この上から踏んでなめした。踏んでいると、三角の尖った所が皮に食い込み、薪の間に脂が染み出してくる。染み出した脂は乾いた薪に吸い取られていく。なめすというのは脂肪をこなすことであった。

寒中の毛皮にこだわるのは理由がある。寒中に入ると、カモシカの毛皮は長い毛の内側に短く細い綿毛がびっしりと生えてくる。綿毛は長い毛の内側を覆う。春先になり暖かくなると綿毛が柴にひっかかっているのがみられる。春には抜けてくるのである。綿毛のついた状態の毛皮が、人間が冬山で寒さをしのぐための着衣としてはどうしても必要であった。脂肪をこなしてなめすことに失敗した毛皮は綿毛が抜けてしまう。同時にごわごわして恐ろしく重い代物となってしまう。

前皮はマミ（アナグマのこと）の剝いだ皮を干した後、炉端に肉から剝いだ側を上にして敷き、木灰をかける。この上に筵を被せて一カ月間座り続ける。これでなめした。

カモシカの後脚から取ったアシカワは、なめすことはしない。木で作った足型に被せて、タビハリ（皮の縫い針）で足袋状に縫うが、針穴には藁のヌイゴで縫っておく。麻糸がもったいないからである。

この状態で囲炉裏でけぶる部屋の中に壁にかけておく。煙が虫のつくのを防いだという。七日から一四日後、水にもどして藁をきり、柔らかくする。この時、藁打ちの槌で打つ。麻縄で縫い直して出来上がる。足袋状のアシカワは内側が肉のついていた方でヌルヌルしている。ここに木灰を塗り炉端で一～二週間乾燥させた。

アシカワの底と覆う側面をつなぐ部分を縫っていく針の数が二一から二三針である。タビハリの縫い目の間隔が、経験的にちょうどいい寸法であったという。寒中、カモシカを追って川に入った場合、アシカワの中に入った水を粉雪の上で吸い取らせる。縫い目が細かすぎると、粉雪がアシカワの中に入った水を吸い取れない。一方、縫い目の間隔が長いと保温できない。経験的に二一から二三針が良かったという。アシカワは乾くとゴワゴワしているが、履くときに湯か水につけて柔らかくした。

秋田マタギも、「昔のマタギは犬の皮かアオシシの皮を着て、手にはアオシシの皮で作ったテッキャシキ、足にはケギャシキを履いた。ケギャシキはカモシカの両脚の膝の曲がりを利用して作るものだといい、木で手足の型を作り、それに皮を被せて縫います。少し乾燥させてからなめし、湯を吹き、柔らかくしてから温めておいた米糠を乗せて藁打ち槌でたたきます。できあがったのをアク水に漬けておき、また乾燥させます(11)」とある。

奥三面ではタビカワのなめしは必要なかったという。いずれもやり方はよく似ている。

## 五　角の加工

カモシカの角が海中で光ることから、カツオ漁の擬似餌に使われたとする記述があるが、奥三面では角の取引きも、このような加工もしたことはないという。ただ角から針を作ったことはあるという。私の期待に反して、角ほど役に立たないものはないという。

特殊な使用法としては、粉に削って熱さましに利用した。『和漢三才図会』にも、「小児の驚癇、大人の中風、搐搦などの肝胆の病を治す[12]」とある。屑を粉末にし茶匙一杯を飲み、同時につまった処を上からなでる。

北アルプス方面では、「魚津からよく買いに来た。この角を五、六センチに切って魚の形を作り、一端に針をつける。漁場に着くと、まず本物の鰯を撒き、カツオを誘い、その群れの中へこの針を下げて釣る[13]」という。柳田國男の『北小浦民俗誌』にもイカの擬似餌に使われたとある。[14]

秋田阿仁では、「アオシシの角の曲がりを利用して真ん中に穴をあけてケラ（蓑）作りに使っているのを見た」という報告もある。[15]

奥三面でも刻みタバコを入れる箱の留玉にカモシカの角を使った人がいた。

## 六　山人の採集とカモシカ

山人がカモシカを重要な獲物にしていたのは、山人の生存を確保するためになくてはならない動物だったからである。カモシカが人間の役に立ったのは、肉と毛皮であった。特に冬山の泊まりの狩り（スノヤマ）では、カモシカの毛皮がなくては行動できなかった。山形県月山での冬の狩りにはマミ

（アナグマ）の毛皮を四枚重ね合わせて着衣としていたが、ここでもカモシカを必要とした人もいた。

奥三面、縄文時代の岩陰遺跡はカモシカの狩りのキャンプ地である。小池善茂によるとスノ（冬の泊まりの岩陰や洞窟の場所）は四カ所あったという。いずれも寒中のカモシカ狩りや春先のクマ山で泊まる場合に使用した。遺跡として発掘調査が行われ、貴重な資料が出土した長者岩屋のような場所が朝日山中にはまだ四カ所もある。

カモシカの皮は寒中の山人の行動になくてはならない必需品であった。カモシカは真冬、急峻な山のクラで木の皮を食べながら一日中じっとしている。一つのクラがテリトリーである。木の皮を食べながら成長していく動物であるために、当然のように繁殖力は弱い。とってしまえば個体数が回復するのに時間がかかった。それでもとらなければならなかった。

寒中に山を駆けるのは何もカモシカ狩りだけではない。山人が最も食べた動物性タンパク質のウサギをとる際にもカモシカの着衣が必需であった。熊狩りもしかりである。寒中にはふだんでもカモシカを着用していた人もある。贅沢な暖房具であった。

山人はカモシカについて習性を知悉していた。たとえば綿毛の生える時期と抜ける時期については「寒中から生え雪崩が起きる頃に抜ける」ことを述べている。雪崩でジヌゲと呼ばれる全層雪崩が発生すると、必ずカモシカがここに来ているという。雪の下から生えている山菜を食べるためである。最初に芽を出すシシウドやセリ、ウドなどはすぐに彼らの胃袋に収まる。雪崩の犠牲になるカモシカが多いのは、このような場所にいつもいるからである。

春先の山菜はほとんどを食べているという。奥三面には「春先の山菜は何でも食べられる」という

言葉がある。雪崩の起きる場所の次に山菜が簇生する川端にもやはり一番最初に顔を出すのはカモシカであったという。コゴメ・カクマ（アオコゴメ）の次はゼンマイである。ゼンマイは大きな株になって生えているが、この中に奥三面で男ゼンマイといわれるひょろっとした個体がある。これは人間も採らないようにしているものであるが、カモシカは見事にこの一本だけ残して株全体を食べているという。男ゼンマイは秋田の山間部では山の神様のものという伝承があり、残すものとされている。このゼンマイは採って乾燥させても藁のようになって食べられない。カモシカから人間が教えてもらったことかどうかはわからないが、わざわざ彼らがえり分けて食べていることからある程度のヒントをもらったものかも

知れない。
夏、私は飯豊山系の内川で、繁茂した草の間でカモシカと鉢合わせをしたことがある。山菜のミズが一面に生えたところで食べていた。ばったり出会うと彼らの習性なのか、じっとこちらを見ている。約一〇秒ほど見合っていたが、恐怖心を振りほどいてカメラを構えた瞬間に、一気に逃げられてしまった。後を追ったが文字どおり後の祭りであった。相手と鉢合わせをするとじっと相手を見ている習性のせいだと奥三面の人たちはいうが、熊に食べられるカモシカがいるという。熊がカモシカの通り道でじっと待っていて襲いかかるところを見た奥三面の山人もいる。

カモシカと人間との交渉は春一番に出てくる山菜を採り始める時からである。動物性タンパク質の採取がカモシカ狩りの主要な目的と考えられがちであるが、採集生活をする人間にとって必要な知恵の習得というカモシカと人間の関係（交渉）に目を向ける必要がある。大正十五年まで行われていたカモシカ猟について、奥三面の人たちから聞き出して、狩猟研究の金的を得たとまでいわれた森谷周野の研究はスノヤマの組織や行動の記録・信仰等が研究の中心であった[16]。

ここでカモシカは狩猟の対象（とられる側）としてのみ把握されていた。しかし、採集の研究ではカモシカを人間と同列において相互交渉のパートナーと考える必要がある。採集研究で中心となる概念は「関係論」である。

毛皮の取得はカモシカの綿毛の生える寒中であり、年に一回、この時期にのみカモシカ猟が行われた。カモシカと人間のお互いを知り尽くした関係が成立していなければ、スノヤマはできなかった。

関係論として採集の一断面を認識すると、毛皮を取得することがどれほどの恩恵を人間に与えるものかも研究の対象となっていくのである。

今後の研究課題としては、第一にカモシカの習性と狩猟の技術の関係を明らかにしていく必要がある。他の動物に出会った時にじっと相手を見つめる行動、飯豊山麓で稜線を越えて他のテリトリーに移動しない習性など。第二に縄文時代長者岩屋岩陰遺跡から毛皮を目的にして採集を行っていたと考えられる事実、この視点から縄文中期の生活状態の研究を進める必要がある。第三にカモシカも人間も食べる山菜はすべて連結している事実を強調して研究しなければならない。第二章に熊から教えてもらったヒメザゼンソウ（シケレペキナ）の事例を入れたが、ブナ林帯で人間が食べている山菜の八〇種類は、すべてカモシカも食べているのである。山人にとっては当たり前のことであるが、カモシカとの交渉は人間の生存の根幹にかかわる部分が多いのである。

（1）小野昭『長者岩屋岩陰遺跡』（第一・二次調査報告）、朝日村教育委員会、一九九三年、所収
（2）赤羽正春『下クボ遺跡』朝日村教育委員会、一九九一年、所収
（3）寺島良安『和漢三才図会』六、平凡社東洋文庫、一九九七年、所収
（4）石川純一郎『只見町史』第三巻民俗編、只見町教育委員会、一九九三年、二九二頁
（5）新林佐助『熊と雪崩——秋田県森吉山麓の生活誌』無明舎出版、一九八三年、一七〇頁
（6）阿仁町教育委員会『阿仁マタギの習俗』一九七〇年、所収
（7）佐久間淳一「越後妙高山群の狩猟伝承」、『狩猟』山村民俗の会、一九八九年、五六頁
（8）渡部誠一郎『雪原に挑む白瀬中尉』秋田魁新報社、一九八二年、七三頁
（9）前掲書（5）所収

(10) 野本寛一『生態民俗学序説』白水社、一九八七年、二五七頁
(11) 前掲書(5)所収
(12) 前掲書(3)所収
(13) 長澤武「北アルプスの動物と人」、『あしなか』山村民俗の会、一九八九年、一一六頁
(14) 柳田國男『定本柳田國男集 25』筑摩書房、一九七〇年、三八八頁
(15) 前掲書(5)所収
(16) 森谷周野「三面郷の狩猟習俗」、『民俗資料選集六・狩猟習俗II』国土地理協会、一九七八年

〔参考文献〕

武藤鉄城「青シシの話」、『旅と伝説』第十一巻五号
菅江真澄「すすきの出湯」、『菅江真澄遊覧記』四、平凡社東洋文庫、一九七八年
佐久間淳一『狩猟の民俗』岩崎美術社、一九八五年

# 第四章　採集の民俗・考古学的研究

## 一　民俗・考古学と採集

日本文化を稲作農耕以後とみる考え方は、柳田國男以後の民俗研究者に受け継がれた。岡正雄は『日本民俗学大系』で「日本文化の基礎構造」として文化のタイプを五つに分けたが、日本の農耕社会の中にこれを求めた(1)。

坪井洋文の『イモと日本人』が出るまで、日本文化の追究の視点は稲作に終始した。『日本民俗学会報・日本民俗学』に掲載された採集に関する論文は、米が取れない場合、つまり救荒作物・カテモノ・栽培植物の禁忌といった面でのみ、わずかに論じられるにすぎなかった(2)。

しかし、柳田國男自身は『山村生活の研究』にたどり着くまでに、採集に対して鋭い視点で迫っていた。『山の人生』など、山人の残照は農耕生活以前を想定したものであろう。採集に関する資料の蓄積を進めていたのは、秋田の武藤鉄城ら、地方に身を置く研究者たちであった。民俗誌叢書の刊行物では『二王子山麓民俗誌』『砂子瀬物語』『五箇山民俗覚書』などに採集の優れた調査記録が残されている(3)。

稲作以前の研究に大きな転換を迫ったのは民俗学ではなく、植物栽培学であった。中尾佐助『栽培植物と農耕の起源』は、吉良竜夫によって提唱された照葉樹林という概念を持ち込み、稲作がこの範疇にあることを示した。焼畑でのシコクビエ栽培が稲作以前の姿であることをのべた(4)。

文化人類学はこの説に早くから注目し、佐々木高明らが焼畑研究を深化させていく。照葉樹林の対概念として、落葉広葉樹の植生に注目し、極相としてのブナの名をとり、ブナ林文化を提唱したのが地理学の斎藤功らであった。この根拠には、稲作以前＝縄文文化のブナ林帯での優勢があった(5)。佐々木高明は縄文文化追究を大陸との関連でみることを主張し、ここに共通の植生としてナラ林文化を提示する(6)。

民俗学では野本寛一が『焼畑民俗文化論』から『生態民俗学序説』に至る過程で、残存する民俗事象をディテイルに向かって掘り下げる手法を用い、民俗学における採集研究(稲作以前)の理論的受け皿を示した。これによって民俗学は縄文文化追究の入り口にたどり着いた(7)。一方、民具研究では宮本常一らが早くから稲作以外(漁業・林業等)の調査を積み重ねていた。木下忠らが中心となって編集した『技術と民俗』は多岐にわたる項目に地理・民族・考古学との接点を求める努力がみられる。ドングリの食習、ワラビの澱粉採集、麻の繊維とりなど採集生活の残存を記録している(8)。

民俗学と隣接する諸科学は、現存する社会の中で採集を扱うのに対し、考古学は残された遺物や遺構から採集の姿を描いていく。富山県桜町遺跡では縄文中期の遺構から山菜のコゴメ(クサソテツ)

が出土。新潟県奥三面遺跡群の元屋敷遺跡では晩期の層から水場遺構が出土し、夥しいトチ・クリ・クルミが出ている。同時期の加治川村青田遺跡でもクリの皮が堆積した地層を出している。青森県三内丸山遺跡でも縄文ポシェットに入ったクルミが出土している。水場遺構の発掘ではトチの出土例が全国的にきわめて多く、アク抜きの施設という見方が出ている。

縄文時代は稲作以前の採集・狩猟生活であると単純に論じられることが多かったが、実像をはっきり描き出すには、現存の採集生活を民俗学から、遺物・遺構を考古学から提示しあって学際的に研究を進める必要がある。

ここでは採集生活の中心となる食物について、ブナ林・照葉樹林の概念を援用し、植生による山のものの生産量を考慮しながら、記述を進める。当然のように、採集生活を主体としていたアイヌの人々の生活についても記録を提示して、研究を深める。

## 二　縄文時代からの採集生活

### 縄文時代からの採集

一万年続く縄文時代の草創期から、食料として採集されたと考えられる乾果類が検出されている。クルミ・クリ・カヤ・ミズナラの実・クリ・トチ等である。これらのほとんどは極相としてのブナ林帯に含まれる。

草創期から晩期まで、全国の遺跡から検出されるオニグルミは、アク抜きの必要がないため、早くから採集の対象となった。クリも縄文時代早期の遺跡から検出されはじめる。

ドングリ・トチは縄文時代中期の遺跡から出土する例が多い。アク抜き技術の確立が背景にあるとみられている。この頃、大木式土器に伴い、複式炉と呼ばれる木灰を土器に貯えた住居が東北地方で広く分布するようになる。また、中期に特徴的な、断面フラスコ形をした貯蔵穴からドングリやトチが出土している。

トチの実のアク抜き技術は新潟秋山郷・富山五箇山・長野遠山郷に残るコザワシという民俗事例が縄文時代の採集と接点を持つ(9)。二百十日すぎに実を拾い、一日水に漬けて虫殺しをする。皮を剥ぎ釜で二時間ほど煮る。溶けてきたものを篩《ふるい》に通し、布でまとめる。この布に入ったものを流水に晒す。この方法で獲得した粉は米などと混ぜなくても単独で食料となる。東北地方にひろく分布した円筒土器をアク抜きの道具とする説もある。この土器の分布と重なる秋田仙北地方では次の二つのアク抜き法が注目される。

①剝いだ実を釜の中で一時間煮立てる。この時、トチ一升にアク汁一合を加え、攪拌しながら行う。溶け出したものを袋に入れ、流水で揉みながらアクを流す。こうしてできた澱粉を湯がいて食す。

②実をからからに乾燥させ、臼でよくつき砕いて木灰の上澄み液を徐々に加える。攪拌しながら四〜五回水を替える。最後に清水を加えて三時間おくと、臼の底にトチの粉が沈む。これを袋に入れて漉す。漉した液を樽に入れて置くと、澱粉が沈む。これをへらで取って水を切り、乾燥させる。

貞享二(一六八五)年『会津郡郷村之品々書上ケ申候』の記述に「先さゆニて煮、壱ツ宛かわを取、其後まきノはいヲあくに仕煮申候てやわらかニ成候時すかりへ入流水にひたし置、あく気無之時又さゆニ而あく気を煮出シ其後粥ニ煮給申候、是ヲ栃粥と申候」とある。この例は①のコザワシに近い方法だが、餅につき込む現在の形に似ている。(10)

コナラ・ミズナラの実をドングリと言うが、東北地方ではシダミと言った。飛驒から津軽に至る脊梁山脈の山村で食料とされてきた。この実には五パーセントのタンニンが含まれ、除去しないと渋くて食べられない。奥会津只見町でのアク抜きを記す。拾った実を殻が割れるくらい、天日に干す。これを臼に入れて手杵でつき砕き実と殻を選別する。実をなべに入れてよく煮る。濃い色の煮汁が出るたびに水を取り換える。形がなくなるまで煮た後、桶に入れ、数日間水晒しをしてアクを抜く。水が濁らなくなったら布袋に入れ、強く絞るとシダミッコ(シダミの澱粉)となる。秋田仙北地方、飛驒白川地方も同様の方法で、ともに木灰を必要としないアク抜き技術を保持する。只見町では、トチよりシダミのアク抜きの方が容易であるという。

トチのアク抜きには上質の木灰が必要であるとの伝承は広い。会津でブナ、山形小国でブナかナラ、新潟奥三面でナラなど、広葉樹の木灰でなければよくないという。栗の木灰と炭の灰は効きすぎるという。ナラの灰がよいとの伝承は、東北地方に広く語り伝えられている。

発掘調査の中で、トチは水場の遺構から検出される例が増え続けている。奈良・平安時代の低湿地遺跡でも、黒く焦げた状態でピットに詰まったものが出ている。いずれも水に漬けて保存したり、アクを抜いたりする施設と考えられており、民俗事例との突き合わせがますます必要となっている。

クリは、縄文時代早期から現代に至るまで採集され続けている重要な食料である。新潟枥倉遺跡では乾燥保存、千葉加曽利貝塚では土中保存で、縄文時代の保存法は二種類検出されている。奥会津長沢では「クリとトチで一年間過ごした」。拾ったクリを四日間水に漬ける。桶にクリの葉を敷き詰め、クリを置き、乾いた川砂で覆う。この上にも同様の方法で何段も詰めていく。イケグリという。山形小玉川では砂に埋める方法をスナグリといい、味が落ちると嫌い、塩俵に入れてチシ(火棚を吊るす梁の上の空間)に下げた。「トチは木の上、クリは木の下」といい、チシの上部がトチ、下部にクリが保存された。

クリは拾ってくると二週間水に漬け、日光が直接当たらないよう蕨のホダ(枯れ草)をかけて、雪が降るまで外で乾燥させた。蕨のホダ以外のものでは虫が食うという。奥三面では茅葺き屋根の雫に当てることで虫に食われないようにした。クリ・トチともに囲炉裏の煤を食うと保存が利くという。保存場所が囲炉裏の周辺にあるのが乾果類の特徴である。

### 焼畑農耕と採集

シダミのように粘りのない澱粉は繋ぎとなる植物や動物の油を加えて固めた。焼畑でのシコクビエ・アワ・ソバ栽培があれば、これと混用して多様な食べ方が可能となる。野本寛一が「焼畑文化圏における採集的要素に注目しなければならない」(11) ことを指摘したのも、縄文時代から続く乾果類の食習と複合的に絡むからである。トチは粥として粟・大豆・米と混ぜる。粉としてソバや黄粉《きなこ》と。団子としてシコクビエ・ソバと。餅につき込む。この四つの民俗事例が伝承されている。

森林が極相としてのブナ林や照葉樹林で覆われていた時には、食料として採集できる植物は、安定した生態系の中から取り出すことになる。この場合、人間を養うために必要な山の面積は広大なものとなる。極相林では下草に生える山菜・キノコの生産性はきわめて低いことが指摘されている[12]。むしろ薪炭材（塩木）として伐採されたり、焼畑として空けた場所・二次林に多くの山菜・キノコが族生する。

焼畑農耕を行うために開いた土地で、新たに食料としての澱粉を採ることが可能となった植物の代表はワラビとクズである。前者はユーラシア大陸沿海州でも多くの人々の利用している山菜でブナ（ナラ）林帯、後者は日照時間の長い照葉樹林帯を指標とする。特に葛粉の生産地は西日本に偏っている。

ワラビの根から採る澱粉を、秋田・岩手でネバナ、山形でワラビッコ、岐阜でワラビコという。秋田仙北地方では、秋・盆すぎから雪がくるまで、春は山菜のトリアシが花を咲かせるまで掘った。網目のような根を洗い、根突き板の上で四方四人、木槌でつぶす。岩手西和賀では朝二枚夕方二枚、合計四五キロが標準だった。ついたものをキッチと呼ばれるトチの木をくった根舟に、コシキを当てて載せ、水を入れて揉む。澱粉が沈む。ネハナは下が白く上が黒く分離する。それぞれ白バナ・黒バナと呼ぶ[13]。

飯豊山麓小国町樽口では、焼畑を繰り返して放置された痩せ地がワラビ山であった。根掘りは二百十日過ぎから雪が来るまで。山の峰など土の浅い痩せ地に生えた、根の細いものに澱粉が多い。ナデ（雪崩）の起きた所が最も良質だった。網状に広がった根を、三尺幅に束ねて運ぶ。一日一五貫目

（約五六キロ）採れれば一人前だった。村の共同水車で、洗った根をべたべたになるまでつき、桶で荒漉しし、麻袋に入れてワラビッコブネに浸し、よく揉んだ。三回漉して、クロコとシロコの沈澱したものを集める。掘り出した約八〇キロのワラビの根から合計八〇リットルの割合である。乾燥させると約一〇キロの澱粉となった。[14]

## 三　稲作以後の採集生活

山の谷間にある湧き水の出る、枯れ葉などが黒く堆積した場所にタンポという地名が全国的に残る。新潟山熊田ではタンポが稲の苗代として固定している。積雪地帯ではタンポの苗を採り終わると、夏に青草を入れたり里芋を作ったりした。この場所は春一番に山菜を採集するところである。水が染み出すため黒土が顔をのぞかせている。セリ、ヤチアザミは最初の食料だった。そして積雪地帯の稲作はここから始まった。五月まで雪に覆われる地方では、唯一黒土が出て播種できる場所を中心に田を造成した。[15]

稲作が開始されても、山間部では山の生産に依存し、クリや焼畑での雑穀を主食とする歴史が長く続いて来た。貴重な米に混ぜて食べるカテモノには栽培系と採集系を分けて考える。

採集系のカテモノでは、澱粉を目的とするウバユリ・ネバナ・ソテツ等を除くと、ウコギ・ミズナ・アザミ・オオバコ・ウツギ等の植物がある。アイヌの人々が食料としてきたキトビロ（ギョウジャニンニク）はサハリンアイヌにとっても大切な食料で米以前の魚食文化を支えた。朝日山系の村々

カテモノ

| 調査地 | 採集系 | 栽培系 |
|---|---|---|
| 北海道浦河 | キトビロ（ギョウジャニンニク），オオウバユリ | アワ，イナキビ，ヒエ |
| アイヌ | サイハイラン | |
| 松前 | | ジャガイモ，カボチャ，トウモロコシ，大麦，粟 |
| ●ブナ林帯 | | |
| 青森県下北 | | ジャガイモ，カボチャ，ヒエ |
| 秋田県仙北 | ネバナ（蕨の根） | 大根，二度いも（ジャガイモ），大麦 |
| 岩手県北上 | ウルイ，ウコギ，クルミ，ゴボッパ | 大根菜，ジャガイモ，大麦，ヒエ |
| 山形県置賜 | クリ，クルミ，ワラビッコ，ウコギ，ミズナ，ゴボッパ | 大根菜，蕪，カボチャ，青豆 |
| 福島県奥只見 | クリ，トチ，シダミ，ウコギ，ミズナ，ウツギ，ゴボウハ | 蕪菜，大根菜，カボチャ，大麦，ヒエ |
| 新潟県岩船 | クリ，クルミ，オオバコ，ミズナ，ウツギ，ゴボッパ | 蕪，大根菜，大根，大麦 |
| 岐阜県徳山 | トチ，シロバナ（蕨の根） | 蕪，大根菜，カボチャ，粟，ヒエ，小豆 |
| 鳥取県因幡 | クリ，トチ，クルミ | エンドウ，サツマイモ，大麦 |
| ●照葉樹林帯 | | |
| 神奈川県相模原 | | 大根，サツマイモ，小豆，オバク（大麦） |
| 静岡県水窪 | クリ，トチ，クルミ，葛，ホド | 大根，サツマイモ，粟，キビ，ヒエ，大麦 |
| 和歌山県熊野 | クリ，トチ，ムカゴ | サツマイモ，里芋，粟，キビ，麦 |
| 滋賀県塩津 | クリ，リョウブ，ヌカゴ，サルトリイバラ，ハスの葉 | ユズの葉，カボチャ，小豆，大根，サツマイモ |
| 京都府丹後 | クリ，フキ，山ゴボウ | 大根菜，大根，ズイキイモ |
| 徳島県祖谷 | クリ，クサギナ | ヒエ，粟，トウキビ，小豆，サツマイモ，裸麦 |
| 大分県宇佐 | クリ，セリ | トウイモ，豆，裸麦 |
| 宮崎県高千穂 | アザミ，クサギナ，ヌカゴ | 大根菜，トウキビ，カボチャ，裸麦 |
| 鹿児島県奄美 | センガイ（ソテツの幹の澱粉） | 粟，カライモ |
| 沖縄県山原 | スウテイチ（ソテツの幹の澱粉） | 粟，大麦，ウム（サツマイモ） |

で最も好まれたカテモノはミズナであった。柔らかくて味が薄く、多量に食べられた。カテモノの共通点は採集期間が長いことである。山菜の多くは食べる時期が春の芽吹きのみで終了することが多い。焼畑での栽培系植物が貴重になるのは、芽吹きの春に終わりを告げ、山菜が採れなくなるときであった。

栽培系では、アワ・ヒエ・トウモロコシといった澱粉質の穀物を中心に、大根・蕪という、味にくせがなく大量に採れるものが重宝がられた。大根や蕪は焼畑での栽培期間が短いことも大切な要因である。

採集系ではブナ林帯と照葉樹林帯で、その植生からカテモノにも差異がみられる。ミズナ・ウツギが前者で、ムカゴやクサギが後者で多用された。栽培系では蕪を重宝がる前者に対し、後者ではサツマイモ・サトイモがめだって多い。

ミズナは重要なカテモノとしてノダテの供物となり「サツキ終わるまでミズ採るな」とする伝承が新潟北部にある。ウツギの木を苗代や水口に立てる地域がある。ウツギの花で田植えの時期を決める地域もある。カテモノとなる植物は稲作と密接なつながりを持つ(16)。

## 四　山のキャパシティー

### 山の占有領域

縄文集落が採集生活に必要とされる占有面積を求めた谷口康浩は、関東南西部、縄文中期後葉の集落で四五〇〇～六五〇〇町歩の森林を占有、隣接集落までの距離約五～一一キロメートルというデータを示した(17)。

現存集落で採集活動に必要な山の占有領域について言及したのは、野本の環境民俗論である(18)。奥三面には「二九軒超えると村が潰れる」とする俚諺が伝承されていた。村人が食料のために半栽培で育ててきたクリ山が一〇町歩。副次的な山菜採集山が六〇〇～一〇〇〇町歩ある。食料として米と焼畑での雑穀が三分の二を占め、残りの三分の一は採集によるヤマノモノを充てた。したがって澱粉採取のクリ山と焼畑がない場合、一八〇〇～三〇〇〇町歩を必要とした。

秋田阿仁では、トチの山を集落の周辺に備え、一〇〇〇町歩の山を必要とした。奥只見長沢では一軒一町歩のクリ山を村のまわりに持つ。クリは隔年ごとに豊凶を繰り返すが一町歩あればしのげたという。ワラビ山で点検した山形小国では「一軒一町歩のワラビ山と一町歩の山がいる」という。沖縄県粟国島では澱粉採取のために一人三〇本のソテツと珊瑚礁からの採集を組み合わせた(19)。

採集から出発した村ではどこも澱粉採取の重要な山を拠点に据え、周辺の山で副次的な山菜を採集している。山が人間を養うキャパシティーは、良質の澱粉採取が可能となった焼畑農耕を複合してはじめて、一つの村の占有面積が急激に狭まっていく傾向を示すのである。岐阜から津軽に至る脊梁山脈に立地し、ここから流出する各河川の最深部にある村は後背に広大な山を占有する。流域では最も早くから採集活動が始まった村である可能性が高い。一方、西日本各地・照葉樹林帯の山間の村は拠点となる澱粉山が成立した場所が見つかっていない。

採集活動の範囲は、村の近くに澱粉採取山を持つ村々で共通する言葉がある。「半日行程」である。

山形小玉川では六〜八時間かけて春はゼンマイ、秋はマイタケ採りに出る距離が最も長かった。集落を中心に二〇〜三〇キロ先まで足を延ばしている。奥只見の村で最も奥から持って来るのはやはりゼンマイとマイタケである。山での採集は谷筋ごとにアップダウンを繰り返すことが原則である。山菜・キノコは山の襞ごとに出方が違うからである。

ブナ林帯で収量の多いキノコはオリミキ（ナラタケ）とナメコである。同じブナの風倒木に一年おきに出る。春オリミキが出れば、同じ木に秋ナメコが出る。この二種のキノコは一年おきに交互に豊作となるため、食料として一定量計算ができるため、キノコの中では最も重要視された。

マイタケは二百十日過ぎに大風で傷ついた二〇年以上たつミズナラの大木の傷口から菌が入る（採集山の村では二百十日すぎから山のナリモノを採り始める。風は呼び込むものとして祭る例が東北地方にある）。また熊が冬眠に入りたがる崖っぷちのナラの木もマイタケが出やすい。同様にシダミ採りに熊が登った木は、爪で傷がつくため菌が入りやすく、マイタケの出る木となる。ミズナラの木の芯の部分が腐って「赤い木はマスタケ、白い木はマイタケ」が出た。

ヌキウチ（エゾハリタケ）はブナの大木に群生する。冬抜け落ちたものを雪に埋めておき、柔らかくなったものを味噌漬けにして食べる。正月二日えびす棚にこれを捧げたのは山形小国である。シシタケは芳香があり大量に採れるため好まれる。しかし生えるところがきわめて限定されているため各家がシロとして秘密にしている。

ゼンマイは山の北カベ（斜面）によいものが出る。冬、ナデ（雪崩）が起こり、ブナの大木が倒れた急斜面のように、光が奥までさし込む所もよい。谷筋は上から下まで株がある。株の中心部のオヤと辺縁のハリガネゼンマイは株が痩せないように残す。これを秋田では山の神のものという。ミズナは生える沢と生えない沢がある。種子が流れるため上流部にあれば必ず下にもある。毎年採る場所に生えるものはとろろにしても粘りがでる。味がよいため村人も採りたがる。

これら、詳細な知識に裏付けられて採集が行われた。

**ブナ林・照葉樹林帯の山菜**

ブナ林帯での山菜は、一地区八〇種類を超えるのに対し、照葉樹林帯では比較的少ない。「飢饉になったら山に入れ」「ヤマノモノで食えないものは僅か」という言い伝えを秋田角館・森吉、宮城蔵王で記録した。山菜に依存する割合の高いブナ林帯では、山菜をヤマヤサイ・ヤサイ・ヤマノモノと呼ぶ。一方、照葉樹林帯の西日本では、山菜に対する依存度がきわめて低い。焼畑栽培は山菜に依存しない態勢を持つ。しかし、生態系からみるとき、照葉樹林は山菜の生産がブナ林に対しきわめて低いことが指摘されている[20]。

北海道から東北地方を経て島根県に達する積雪地帯のブナ林では、山菜の種類・量ともに、暖かい九州から千葉県に至る照葉樹林の太平洋側を凌駕する。

**北に偏る山菜利用の系譜**

サハリン・北海道から東北地方にかけて採集された山菜を点検する。

ギョウジャニンニク（*Allium Victorialis L. platyphyllum Makino*）は強いニラ臭を持ち、料理の味を

照葉樹林帯　（調査地→球磨）

| 山菜 | | 木の実 | |
|---|---|---|---|
| ワラビ | ◎ | グミ | ◎ |
| タケノコ | ◎ | マタタビ | ◎ |
| フキ | ◎ | ヤマブドウ | ◇ |
| ゼンマイ | ◇ | クルミ | ◎ |
| フツ | | カヤ | ◇ |
| ノビル | ◇ | クリ | ◎ |
| ドウゼン（ヤマウド） | ◇ | ドングリ（シイの実） | |
| カゴ（ムカゴ） | ◎ | トチ | ◎ |
| ヤマイモ | ◎ | キノコ | |
| カワタカナ（セリ） | ◇ | | |
| タラ | ◎ | マツタケ | ◇ |
| ミツバ | | シイタケ | ◎ |
| ヨモギ | ◎ | キクラゲ | ◎ |
| スベリヒユ | | ネッタケ（ネズミタケ） | |
| カンノンソウ | | アミタケ（イクチ） | ◇ |
| クズ | ◎ | | |
| ヒガンバナ | | | |

◎普段から大量に食するため採集に力が入るもの，◇あまり採れないが好まれるもの

左右する。サハリンのニヴヒ族はトゥㇰスやカルクという根菜にこの植物と塩・海獣の脂で味付けして食べる。北海道のアイヌはキト（キトビロ）といい、トゥレㇷ゚（オオウバユリ）とならぶ重要な食料だった。オハウ（汁）に入れて塩味で食す。宮城鳴子ではヤマビルといい元気をつける山菜としていた。太平洋戦争中千島列島で軍隊生活を送った人々も重要な食料として採取したという。千島アイヌから食習を学んだ。

北東アジア・ロシアのアムール川流域に住む少数民族ナナイの人々は春先、森から大量のスドリ（ギョウジャニンニクのこと）を採ってきて刻み、塩漬けにして保存する。最もよく食べる山菜である。スドリの塩漬けは各家に漬物として大量に保管され、鮭がアムール川をのぼってくると鮭をスープに入れてウハー（魚のスープ）を食する。ナナイの人々はスドリのスープをホウトウと呼んでいた。

採集系植物

ブナ林帯（調査地→角館・奥只見・奥三面・白川）

| 山菜 | |
|---|---|
| フクロジ（フキノトウ） | ◎ |
| アサヅキ | ◎ |
| セリ | ◇ |
| コゴメ（クサソテツ） | ◎ |
| ミツバ | ◇ |
| カエルッパ（オオバコ） | ◇ |
| アザミ（サワアザミ・ヤチアザミ） | ◎ |
| ヤマニンジン（ツリガネニンジン） | ◇ |
| サンショウ | ◎ |
| オコギ | ◎ |
| ミョウガ | ◎ |
| クズ | |
| カタクリ | ◇ |
| アケビ | ◎ |
| シドキナ（モミジガサ） | ◎ |
| ショオデ | ◎ |
| アイコ（ミヤマイラクサ） | ◎ |
| ドングイ（イタドリ） | ◎ |
| ゴリョウガイ | ◇ |
| サゴキ | |
| ブナナ（ヤマブキショウマ） | ◇ |
| ウド | ◎ |
| ワラビ | ◎ |
| ヤマカブ | ◇ |
| コシアブラ | ◇ |
| ミズ | ◎ |
| ヤマユリ | ◇ |
| ワサビ | ◇ |
| ヨモギ | ◎ |
| スベリヒユ | |
| アブラナ（キバナアキギリ） | ◇ |
| アズキナ（ナンテンハギ） | ◎ |
| トリアシ（トリアシショウマ） | ◎ |
| カヤモタセ | |
| ウルイ（オオバギボウシ） | ◎ |
| ゴボウアザミ | ◎ |
| ゴボッパ | ◎ |
| タラ | ◎ |
| ウツギ | ◎ |
| フキ | ◎ |
| ゼンマイ | ◎ |
| ヤマノイモ | ◎ |
| ハトマメ（ミチノクエンゴグサ） | ◇ |

| 木の実 | |
|---|---|
| グミ | ◇ |
| ヤマグワ | |
| マタタビ | ◎ |
| サルナシ | |
| ヤマブドウ | ◎ |
| サナヅナ | |
| エビヅル | |
| ササゴ | |
| クルミ | ◎ |
| クリ | ◎ |
| カヤ | ◇ |
| ハシバミ | |
| 木の実（ブナの実） | ◇ |
| シダミ | ◎ |
| トチ | ◎ |

| キノコ | |
|---|---|
| ワカイ（ヒラタケ） | ◇ |
| キクラゲ | ◎ |
| シイタケ | ◎ |
| シナタケ（アミスギタケ） | ◇ |
| トビタケ | ◇ |
| オリミキ（ナラタケ） | ◎ |
| カノコ | |
| シャリミキ（シャカシメジ） | ◇ |
| ノキウチ（エゾハリタケ） | ◇ |
| シシタケ（コウタケ） | ◇ |
| マスタケ | ◎ |
| マイタケ | ◎ |
| ムキタケ | |
| シメジ | ◎ |
| ウサギモタセ（ウサギタケ） | |
| ホウキモタセ | ◇ |
| モタセ | ◇ |
| ウルシタケ | |
| ナメコ | ◎ |
| ハツタケ | ◇ |
| アカモタセ（サクラシメジ） | ◇ |
| クリタケ | ◇ |
| ショウゲンジ | ◇ |
| ブナハリタケ | ◇ |

ハバロフスクのロシア人も、食べる山菜について聞いた所、ギョウジャニンニク・ワラビ・ゼンマイをあげている。沿海州にはワラビ・ゼンマイも大量に生えていて、森に入って採集してくる山菜には日本の北海道・東北地方との類似性が際立つ。サハリンではやはりアイヌ名プイ（エゾノリュウキンカ）がアハトリといわれ少数民族ニブヒの人々の重要な山菜であった。春先湿地に見事な黄色い花を咲かせるこの植物は、朝日連峰大鳥や大井沢集落ではハツナと呼んで、春一番の重要山菜であった。

オオウバユリはアイヌにとって最も重要な澱粉採取の植物である。東北地方ではヤマッカブ、新潟以西でヤマカブ。月の輪熊は六月頃ヤマカブやミズバショウの鱗茎が太る頃、これを掘って食べる。人間も六月末、花をつけないものを掘って来て囲炉裏の灰の中に入れておき、蒸し焼きになったものを食べた。上川アイヌは七月頃から掘り始める。阿寒アイヌは八月に掘るという。二風谷アイヌは六月がよいという。共通するのは、茎の根元を持って引くと、するっと抜ける時期にあたることだ。鱗茎を一片ずつ剝がして洗い、叩きつぶして水を入れると澱粉が沈む。残った滓をフキの葉に包んで円盤状にし、中心部に紐を通して吊るしておくと一週間で発酵する。これも食料となった。

ブナ極相林の下草・チシマザザは豪雪地帯では三メートルを超す。雪に押されて谷側に這う根曲り竹となる。この地方のタケノコはこの植物の芽を指す。皮をつけたまま囲炉裏の灰の中で蒸し焼きにする。

エゾカンゾウはアイヌ語でチカプキナと呼ぶ。サハリンアイヌが食用とした。山形庄内から新潟岩船地方にかけて、この芽吹きをピコピコとかピョンコと呼ぶ。形がウサギの耳のようになることからついた。春先、フキノトウに飽いた頃採取できるため、山菜として重要視された。ノカンゾウの姉妹

少数民族ナナイの村（ロシア・ハバロフスク州トロツコイ村）

エゾノリュウキンカ（アイヌ名「プイ」）

キトビロ（ギョウジャニンニク）

種である。どちらも食べた。

オオイタドリ（*Polygonum sachalinense Fr. Schm.*）はアイヌの人々がクッタㇽと呼び、この植物が群生する所に多くの地名が残る。倶多楽湖、屈足、等。オオイタドリは芽吹きの茎の色が薄緑色のものを指し、山形より北ではドングリ・ドンコと呼ばれ重要な食料である。茎が赤いものはイタドリで、東北地方では味が劣るとされた。イタドリは長野県から西側、九州にかけて食料として利用されてきた。

フキは秋田フキが北海道の大型のフキと同種。アイヌはコㇽコニと呼び六月頃から山に入って採る。明治時代は北海道開拓民の重要な食料であった。フキの茎は塩蔵し、長期間食べることができる。全国で今も好まれる小型のフキは煮しめ・ふき飯・佃煮など使用頻度の高い山菜である。『倭名抄』にも記述がある。『延喜式』の内善司には供奉雑菜として五〜八月まで受領していたことがみえる。採集期間の長いことは食料として優れた特性である。

フキノトウを青森から宮城・山形までバッキャ・バンケと呼ぶ。この呼称が変わるのは日本海側三面川、太平洋側阿武隈丘陵。朝日山中ではフクロウジという呼称もある。ここより南側ではフキノトウ・フウキントウとなる。接点となる三面川流域での呼称には、フクバンケという合成してできたと思われる呼び方もある。山形県朝日山麓ではバンケとフキノトウの二つの呼称のある集落がある。バンケは球状のものを指し、フキノトウは茎が伸びて立ってきたものをいう。成長段階に応じて名称が変わるのは、その段階ごとに人間との交渉があったことを意味している。とうが立ってきたものは漬けて保存する。バンケはそのまま料理に使う。

## 山菜の必要量

日本海側積雪地帯では十二月から翌年の四月まで雪に閉ざされる。この間の食料は五月から十一月までに蓄える。山形朝日村伊藤家の冬に備える貯蔵量を記す。

ぜんまい五貫、わらび五〇把、こごめ一貫　うど五貫、ふき二五把、かたくり一貫、みず二五把、あかそ二〇〇貫、あけび一〇〇個　ゆり根三〇個、柴栗五升、とちの実二升、山くるみ三俵、ぶどう酒五升、まいたけ二株、きのこ塩漬一〇樽、やまいも一貫、

この量は、雪国では標準的なものである。栽培系の蕪・大根と合わせれば豊かである。

カタクリ（*Erythronium japonicum Decne.*）は小さな鱗茎から澱粉のカタクリ粉が採れる。しかしこれを目的に採集するところはあまりない。葉を食べる。干して保存もする。

ミズナは茎の付け根の部分が赤いアカミズ（*Elatostema involucpatum Franch*）と、青いアオミズ（*Elatostema laetovirens Makino*）がある。二種とも青森から山形・宮城県にかけてミズと呼ぶ。福島・新潟県に入るとミズナ、富山県でヨシナ、石川県でカタハ、福井県でタニフサギ、岐阜県でミズナ、京都府でタニミズナ、鳥取・島根県でタキナと呼ばれる。積雪地帯を指標とする山菜である。

伊藤家が蓄えた「あかそ」はミヤマイラクサ（*Sceptrocnide macrostachya Maxim*）のことである。秋田でアイコ、福島でイラという。茎は秋九月から十月頃採集して繊維を取る。麻と汎称されているものである。麻にはチョマ（カラムシ）とアカソがあり、どちらもイラクサ科の植物である。山形小国や新潟魚沼の村では田の畦にアカソを植えている所がある。春の芽吹きは山菜として利用し、秋口からは糸とりをした。

アカソのようにヤマノモノを宅地に移植して利用する例は、採集活動の労働力を少しでも軽減するためであり、労働集約化の一つである。秋田五城目、山形最上ではミズを雪消し堀のまわりに移植して利用する。半栽培である。ウドは畑の日陰に、アサヅキは庭の下草として利用した。アケビは春の新芽を摘んで食べる。コノメ・モエ・キノメなどと呼ぶ。伊藤家の一〇〇個はアケビの実を包んでいる皮のことである。乾燥して保存し、食べるときに水に戻し、味噌で味付けして焼いて食べる。この料理は山形までで西の新潟にはこの食べ方はなかった。

伊藤家の記録にないが、秋田・福島の山間部で大量に蓄えられたヤマノモノにショオデ（*Smilax Oldhami Miq*）がある。青森砂子瀬でシデ・秋田でヒデコ・山形から富山にかけてショオデという。芽吹きの姿が西洋野菜のアスパラガスに似ていることから、「山のアスパラ」と俗称される。四国では祖谷でタチシオデ（*Smilax nipponica Miq*）を食用とした。端午の節句に青森・秋田で「耳かくためし」という行事をする。皿に載せたヒデコの一本を取り、耳に当てて掻く真似をする。「いいこと聞くように」と唱える。菅江真澄も記録しているこの行事は、春の呪いとして類似の行事が飯豊山麓・朝日山麓と秋田に連なる形で残っている。新潟津川ではアサヅキを使う。山形小玉川ではこの頃鳴く鶯に耳を傾け「いいこと聞くように」と唱える。山鳩の所もある。(21)

### アザミとゴボウ

五月五日の端午の節句は『日本書紀』推古十九年にも記述のある中国渡来の行事である。この日、菖蒲や蓬《よもぎ》を軒下に下げたり「菖蒲たたき」等をする。この日の食べ物は柏餅・笹巻・蓬餅・ゴボッパ餅など山から採る植物を利用し、フキ・タケノコ・ヤマイモ・ショオデなどを食べるとしている。三月三日の節句に「鬼の牙」としてアサヅキを雛檀に備える例が東北地方にある。全国的に採集系の植物を全面に出すのは端午の節句である。

蓬餅のヨモギは近似の種が沖縄から北海道まで利用される数少ない山菜の一つである。

ゴボッパ餅のゴボッパは山牛蒡の葉であると単純に考えられているが、餅につき込むのはオヤマボクチ（*Synurus pungens Kitam.*）の葉である。

ホゴッパ・ゴボッパと呼ばれ、青森から太平洋側は阿武隈丘陵まで。脊梁山脈は南アルプスの下栗、日本海側は立山連峰まで張り出す地域で採集利用されてきた。牛蒡の香りがし、早春の葉を味噌汁に入れて楽しむほど、生活と密着している。カモシカ狩りの山人が厳寒の山に行く際には、この葉をつき込んだ餅を持参する。一週間固くならない。東北・北海道アイヌの人々に広く利用されてきたものである。

岐阜白川では山牛蒡とはモリアザミ（*Cirsium dipsacolepis Matsum.*）やオニアザミ（*Cirsium nipponese Koidz*）の根をさし、味噌漬けにする。モリアザミは地上の茎や葉の部分も食用として栽培されている。

長野伊那谷ではオニアザミとヨモギが早春の採集植物である。このアザミは九州球磨でアザミ飯の材料となる。

豪雪地帯のタンポや谷地に生えるヤチアザミはナンブアザミ（*Cirsium nipponicus Makino*）を指し、春最初に口にのぼる青物として重用された。ゴボウアザミと飯豊・朝日山系で俗称されるのはサワア

採集植物の基層（アイヌの人々の採集とつながり）

◎　重要食料として利用
△　漬け物などにして利用することあり
×　現段階の調査では出てこない

| アイヌ | 阿仁 | 大井沢 | 金目・小玉川 | 奥三面 |
|---|---|---|---|---|
| ●根茎球根の澱粉利用 | | | | |
| オオウバユリ | 囲炉裏で焼いて食べる | 囲炉裏で焼いて食べる | 囲炉裏で焼いて食べる | 囲炉裏で焼いて食べる |
| ヤブマメ | × | × | × | ハトマメ ○ |
| エゾエンゴサク | × | × | × | × |
| カタクリ | 葉を食べる　根は△ | 葉を食べる　△ | 葉を食べる　△ | 葉を食べる　△ |
| クロユリ（ユリ球根） | 山百合の根 | 山百合の根 | 山百合の根 | 山百合の根 |
| エゾノリュウキンカ | × | 茎葉を食べる　根は△ | × | × |
| エゾツリガネニンジン　ギンラン　ツルニンジン<br>オニノヤガラ　バアソブ　オオアマドコロ<br>ヒルガオ　ツルボ　イケマ　ナルコユリ<br>ガガイモ　ムカゴイラクサ　クズ　ヒメイズイ<br>ワラビ　キバナノアマ　ヤドリギ　ユキザサ<br>ベニバナシャクヤク　エゾスカシユリ　カラハナソウ<br>エゾテンナンショウ　サイハイラン　コウホネ | | | ワラビッコ澱粉採取 | |
| ●種実の澱粉利用 | | | | |
| ヒシ，ヒメビシ，オニビシ | ◎ | ◎ | ◎ | ◎ |
| ヤブマメ，ハマエンドウ | △ | △ | △ | |
| センダイハギ | × | × | × | × |
| ムカゴイラクサ，オオバイラクサ | イクサ油採取 | イクサ油採取 | イクサ油採取 | エゴマ栽培 |
| ノダイオウ，オオバコ | × | × | × | × |
| カラハナソウ，ハコベ | × | × | × | × |

| | | | | |
|---|---|---|---|---|
| ムラサキツユクサ，アカザ | アカザ△ | アカザ△ | アカザ△ | |
| ウラジロイタドリ，オオイタドリ | × | × | × | × |
| スイバ，コウホネ，ササ | ササ ◎ | ササ ◎ | ササ ◎ | ササ ◎ |
| ヒエ（イヌビエ），粟，稲 | ◎ ◎ ◎ | ヒエなし ◎ ◎ | ◎ ◎ | ◎ ◎ |
| イナキビ，粟，ミズナラ | ◎ ◎ ミズナラなし | ◎ ◎ | ◎ ◎ | ◎ ◎ |
| カシワ，コナラ | × | × | × | × |
| ●若芽や茎葉の利用 | | | | |
| ヨモギ | ◎ | ◎ | ◎ | ◎ |
| ナギナタコウジュ | × | × | × | × |
| （エゾ）ハッカ | △ | △ | △ | △ |
| オオイタドリ | ◎ 保存 | ◎ 保存 | ◎ 保存 | ◎ 保存 |
| タネツケバナ | △ | △ | △ | △ |
| エゾオオバセンキュウ | エゾニュウの類似種 △ | | × | × |
| ミチヤナギ | × | × | × | × |
| ムカゴイラクサ，オオバイラクサ | エラ ◎ | イラ ◎ | △ アイコ ◎ | ◎ アイコ ○ |
| スイバ | ○ | ○ | ○ | ○ |
| オカヒジキ（栽培種） | — | — | — | — |
| ゴボウ（栽培種） | ◎ | ◎ | ◎ | ◎ |
| ヨブスマソウ | ◎ ボナ 保存 | ◎ ボンナ 保存 | ○ | △ |
| アザミ | ◎ 保存 | ◎ 保存 | ◎ 保存 | ○ |
| フキ | ◎ 保存 | ◎ 保存 | ◎ 保存 | ◎ 保存 |
| ハンゴンソウ | | | | × |
| タンポポ | | | | × |
| アマニュウ，エゾニュウ | カッチキ◎サク保存 | カッチキ | △食べたという伝承 | カッチキ |

| アイヌ | 阿仁 | 大井沢 | 金目・小玉川 | 奥三面 |
|---|---|---|---|---|
| コシャク | ○ | ○ | ○ | ○ |
| ミツバ，セリ | ◎ | ◎ | ◎ | ◎ |
| ハナウド，ウド | ◎保存 | ◎保存 | ◎保存 | ◎保存 |
| マルバトウキ | | | | × |
| ハマボウフウ（海岸部） | — | — | — | — |
| （アイヌ）ワサビ | ◎ | ◎ | ◎ | ◎ |
| ニリンソウ | | ◎ | △ | × |
| アカザ | — | — | — | — |
| エゾノリュウキンカ | | 春一番の山菜◎保存 | △ | △ |
| ノビル，ギョウジャニンニク | ◎　◎ | ◎　◎ | ◎　◎ | ◎　◎ |
| カタクリ | ◎ | ◎ | ◎ | ◎ |
| （タチ）ギボウシ | ウルイ◎ | ウルイ◎ | ウルイ◎保存 | ウルイ◎ |
| ヨメナ | ○ | ○ | ○ | ○ |
| ムラサキツユクサ | × | × | × | × |
| フキノトウ | ○ | ○ | ○ | ○ |
| ユキザサ（アズキナ＝ナンテンハギ） | ◎保存 | ◎保存 | ◎保存 | ◎保存 |
| ヒメザゼンソウ | × | × | サイシナ◎ | サイシナ○ |
| スギナ（ツクシ） | ○ | ○ | ○ | ○ |
| ゼンマイ | ◎ | ◎ | ◎ | ◎ |
| コゴミ | ◎ | ◎ | ◎ | ◎ |
| ワラビ，（エゾノフユハナワラビ） | ◎ | ◎ | ◎ | ◎ |

出典：アイヌの項は農文協『アイヌの食事』，福岡イト子『アイヌ植物誌』草風館を参照

ザミ（*Cirsium yezoense Makino*）で、食用の茎が牛蒡の味がする。漬物としても年中食べられるように四斗樽に漬けて保存した。ヤマノモノの中ではアクも少なく最もおいしいものとして栽培の野菜以上に好まれた。飯豊山麓の村では最も大量に採取されてきた山菜である。

栽培植物の牛蒡は鳥浜貝塚や三内丸山遺跡の花粉分析からも検出された北方系の植物である。サハリンアイヌがトウクスと呼び好む根が牛蒡の味がする。牛蒡は日本人の味覚（鹹・酸・甘・苦）の苦を代表する植物である。かつてゴボウの呼称は特定の種を指さず、アザミ類やオヤマボクチを含めて、総称されていたのであろう。アザミ類にゴボウの名称がかぶせられるのは、日本在来種の蕪にダイコンの名が付くのと似ている。しかし採集系の植物であるアザミは栽培系の牛蒡より遙かに昔から利用されていたことだけは推測できる。

日本にあるアザミは八〇種類を超えるとされており、どれも食べることができる。この中から最後まで食用として残ったものが各地で今も食べられているのである。ゴボウに代表される味は本来アザミの持っていた味で、もしかしたら遠い祖先と共有している味の一つである可能性がある。同時に北の大陸とつながる味でもある。

## 五　採集研究の今後

良質の澱粉を採取することは、この列島に住む人々が渇望したことである。集落の周辺に澱粉採取の空間を置き、副次的なヤマノモノ採集は半日行程で出かけていた。労働力投下の面からは澱粉を取

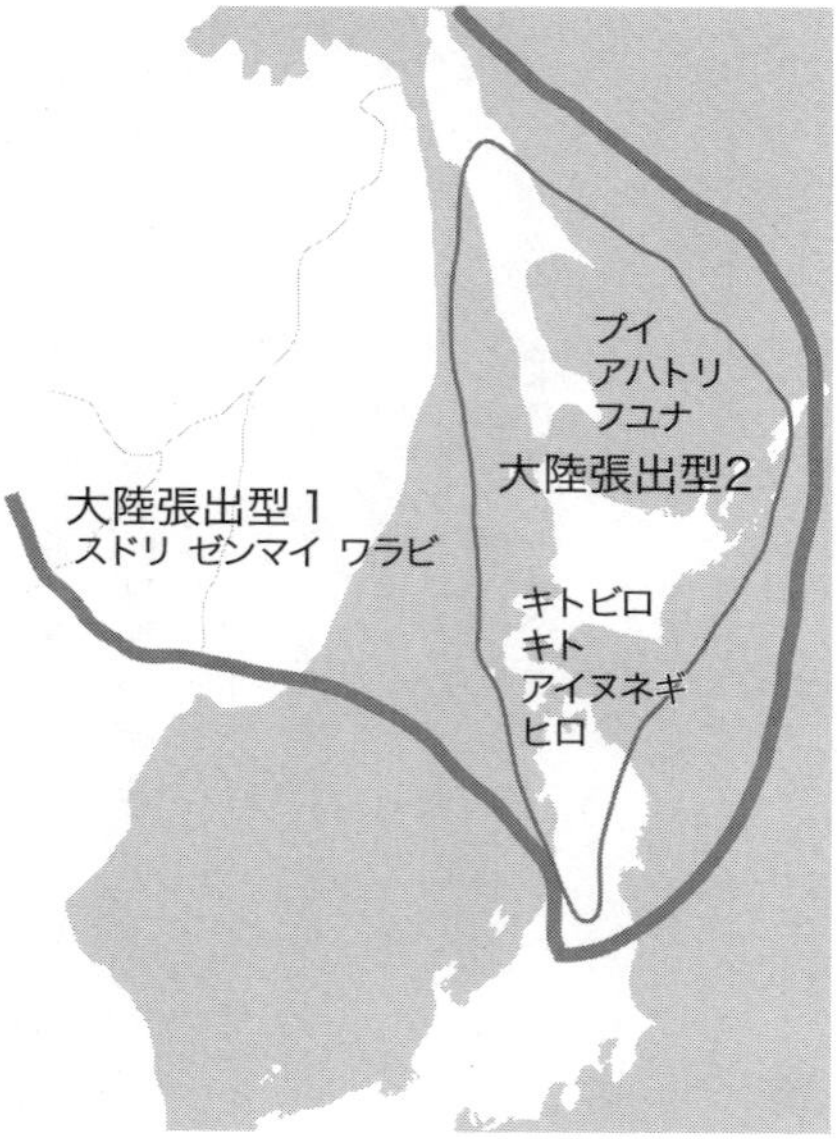

山菜利用の系譜

るクリ山やワラビ山で一軒一町歩が適当であるようだ。拠点となる澱粉山の周縁、副次的採集山の占有面積は澱粉山の面積が大きければ少なくてすみ、小さければ広い。

季節的な採集に伴う労働力の投下についての研究が未着手である。春の山菜採集に多忙な時期を過ぎると秋の採集まで時間があく。この間に入るのが、焼畑や稲作といった栽培である。

採集の組み合わせでは山からのものに限定して述べてきたが、アイヌの人々のオオウバユリ澱粉と鮭・鱒、奥只見のクリと鱒というように山のみに偏らない。海・川を視野に入れた複合的採集の研究が重要なテーマとして残る。澱粉を主とする時、副次的と考えられた山菜も実は大きな比重を占めていることを述べた。年中行事に登場する山菜は今後も重要な研究テーマである。

ヤマノモノの保存は採集活動によって生活するうえで、最も大切な技術の一つである。堅果類・山菜類ともに、干す方法から保存が始まった。

集落立地については、「ブナ林帯で各河川最深部の集落が採集に最も優れた場所として早くから村が成立した」とする仮説を提示した。採集系集落の先住者は阿寒アイヌ・秋田阿仁・福島奥只見・新潟奥三面など、各河川の最深部に村を作り、二番目以降は次々と下流域に展開する「棲み分け」型と、上流域に拠点集落を作り、ここから各支流の奥地に向かって分村を繰り返す、山形長者原、長野遠山郷のような「分離」型があったと考えている。

一方、照葉樹林帯に入る西日本の村々では、その植生から山菜の生産量が低く、採集生活を行うには莫大な面積の山を占有する必要があった。これは労働投下の面からも成立不可能であったろう。むしろ、焼畑や稲作から直接出発したと考えた方がよい。

今回、採集系の村として名前を挙げた村の学際的研究を積み重ねていく必要がある。同時にロシア沿海州・サハリンとの山菜の類似性をアイヌとの間で、また、北海道アイヌと日本の東北地方と比較研究していく必要がある。きわめて強い類似性があるからだ。

(1) 岡正雄『日本民俗学体系』二、平凡社、一九六〇年、所収
(2) 坪井洋文「芋と日本人」、『国学院大学日本文化研究所紀要』二〇、一九六七年、同『稲を選んだ日本人』未來社、一九八二年、など一連の著作がある。
学会機関誌では
矢野光子「救荒作物の民俗」、『日本民俗学会報』第四二号、一九六五年
河上一雄「栽培植物禁忌研究への予備的考察」、『日本民俗学会報』第五六号、一九六八年など。
(3) 柳田國男『山村生活の研究』民間伝承の会、一九三八年
武藤鉄城『秋田郡邑魚譚』アチックミュージアム、一九六八年や同「旅と伝説」民間伝承の会、所収

佐久間淳一『二王子山麓民俗誌』学生書房、一九六四年、所収
森山泰太郎『砂子瀬物語』津軽書房、一九六八年、所収
石田外茂一『五箇山民俗覚書』凌霄文庫、一九五六年、所収
新林佐助『熊と雪崩』無明舎出版、一九八三年、所収
越前屋武左衛門『思い出の八十余年』私家本、一九九三年、など
(4) 中尾佐助『栽培植物と農耕の起源』岩波新書、一九六六年、所収
(5) 全国遺跡地図(各県別)所収
斎藤功ほか『日本のブナ帯文化』朝倉書店、一九八四年、所収
(6) 佐々木高明『日本文化の基層を探る』NHKブックス、一九九三年、所収
(7) 野本寛一『焼畑民俗文化論』雄山閣出版、一九八四年、所収
野本寛一『生態民俗学序説』白水社、一九八七年、所収
(8) 木下忠『技術と民俗』上下、小学館、一九八五年、所収
(9) 渡辺誠『縄文時代の植物食』雄山閣出版、一九七五年、所収
(10) 庄司吉之助編『会津風土記・風俗帳』二、歴史春秋社、一九七九年、所収
(11) 前掲書(7)一二八頁
(12) 堤利夫『森林生態学』朝倉書房、一九八九年、所収
(13) 救荒植物としてのワラビ澱粉採取は『沢内年代記』沢内村教育委員会、一九六三年などにも記録がある。
(14) 杉山是清「ワラビの地下茎採取活動一〜三」、『民具マンスリー』第二三巻、一九九四年
(15) 柳田國男『柳田國男対談集II』筑摩書房、一九五六年、所収
(16) 野本寛一『稲作民俗文化論』雄山閣出版、一九九三年、所収
(17) 谷口康浩「セツルメントシステム論——縄文時代集落の領域」、『季刊考古学』四四号、雄山閣出版、一九九

九三年
(18) 野本寛一『海岸環境民俗論』白水社、一九九五年、所収
(19) 前掲書(18)五九頁
(20) 前掲書(12)。ブナ林は下草まで届く光の量が多いのに対し、照葉樹は少ない。
(21) 赤羽正春「サツキ終わるまでミズ採るな」、『民俗文化』第五号、一九九三年、所収

# 第五章　澱粉山と生存のミニマム

## 一　クリ（栗）の澱粉山

東北地方から北海道の南部にかけては、稲作、畑作に対する比重が極端に少ない地方がある。山や海から採れる莫大な食物が稲作や畑作以上の量をもっていた地方である。

採集だけでは、人間の生存に絶対量として足りないことが暗黙の前提のように扱われ、言及する人が限られてしまっていた。このような地方では食料を何に依存していたのか、どのくらい取っていたのか調べる必要に迫られた。

定量的な問題として、米に依存する確率が高ければ、いきおい稲作文化に対する発言力は増す。雑穀に対する依存度が高ければ、畑作文化の優位性が唱えられる。では、クリやトチ・ナラの実といった山の自然植生に対する依存度が高い地方はどのような主張をすればよいのだろうか。

現在の社会は全国津々浦々にまで味のいい米が行き渡っている。しかしこの状況は歴史の中でもわずかここ三〇年の出来事である。特に、ブナ林帯の食料依存は山からの採集に頼る率が現在でも三割を越えている地域のある事実をどう考えればいいのか。

一体「どのくらいの自然物採集があれば生存が可能なのか」＝生存のミニマム。考古学ではセツルメントシステム論として居住範囲や集落の関係から拠点集落の先進的研究が進みつつある。ここでもどのくらいの山がどのくらいの人間を養ったのかという問題が提示されてきている。

東日本・北日本（縄文文化の主たる分布地）各河川の源流域に近いブナ林帯の中にある集落では、「生存のミニマム」を頑なに守ってきた集落が現在でも存在している。そのなかの一つ山形県西置賜郡小国町、福島県奥只見、秋田県打当などを中心に考える。これらの地方ではクリだけで生き延びたという伝承をもつ集落がある。「澱粉の採れるクリやトチを集落のまわりに備える」＝澱粉山。山からいただく澱粉を中心に、米や粟で副次的に補っていた村々の姿を鮮明にして、米がなくても生きて来た、かつての日本社会（縄文時代）の追求への糸口とし、食料問題へのアプローチを示したい。

そこで、ブナ林帯の集落で澱粉採取のために利用されてきた植物をあげると、木の実・地下茎・球根ごとに分類すると次のようになる。

木の実 —— ブナ、クリ、トチ、ドングリ
根茎 —— ワラビ、クズ（葛）
球根 —— オオウバユリ、ユリ

第一節で扱うのは縄文時代から依存してきているクリである。考古学の発掘事例は大量にあるのに、現存集落の民俗事例は、ほとんど報告されなかった。クリを集落のまわりにサトヤマとして備え、こ

こを澱粉山としている事例が飯豊・朝日山麓から青森にかけての山間部に分布する。

根茎では、やはり同じ地区で、各河川支流域の最深部でワラビの根を掘って澱粉を取り出す所が多かった。

球根では、アイヌの人々の澱粉採集になくてはならないオオウバユリを本州側で調べている（第二節）。

第一節では木の実の中からクリが選抜されてきたことを述べる。特にアク抜きの問題が縄文時代以来の澱粉採集ではポイントとされているが、アク抜きの必要がないブナの実やクリが重点的に利用された事実を知るべきである。

ブナの実はそのまま食べられる。ソバの実のように三角錐型の小さな実が可食部分である。「ブナの実一升金一升」の言葉が朝日山麓の集落にはある。ブナの実がなるのは二〜三年に一度のことである。なる年は一斉であるために山で拾える量は莫大なものとなる。この実を主食のようにして食べたという伝承はない。ダム建設で離村した奥三面では、これを拾うのは子供の仕事で、たくさん拾っておいて冬の間囲炉裏端で煎りながら香ばしくなったものをおやつとして食べた。大人も山仕事に入った時に小支流の粗朶にかかっている大量の実を拾って来て食べた。

ソバの実型の白い可食部分の外側は、長径三センチほどの鉛筆の先の形をした殻である。この殻の中に三〜四個の実が詰まっているのである。雨などで運ばれ、堆積したまま雪の下で冬を越し、春先一斉に芽を吹く。

奥三面の高橋源右衛門によると、熊はこの実が堆積したところでしばらく食べて過ごすといい、この実がなる年の熊は肥満体になって、前脚と後脚の間の肉が波打つほどになっているという。冬籠り前の最高の栄養素である。春先穴から出てきた熊は山の倉の一番低いところに溜まっているこの実を食べるために、最後まで雪の残っている場所で雪をどかして、ブナの実の堆積層を出して食べているという。

細かい実であるが、手の平につけて口に殻のまま入れて中の実を食べる。

朝日・飯豊山麓ではブナの実をコノミという。山形県小国町徳網の金子好は熊とりのリーダー＝ヤマサキである。ブナの実を食べていた熊と例年のようにナラ（楢）の実を食べていた熊の皮下脂肪の塊について次のような傾向があることを教示してくれたことは前に述べた（七三ページ写真参照）。

ブナの実を大量に食べていた熊の脂――鍋で溶かすと透明な液体のままで保存できる。

ナラの実を大量に食べていた熊の脂――鍋で溶かすと白い樹脂状態となって固まる。

この脂はひび・あかぎれの薬としたり、牛の体に塗ってツヤを出すのに使用する。質がよいのはブナの実を食べていた熊であるという。

ブナの実を食べることで人間の体にどういう恩恵があるのかわからないが、脂肪分が強い食べ物であることは事実である。

主食に近い食べ方をしてきたのがクリである。奥三面では戦後まで米がきわめて貴重なため、ふだんから栗飯を食べていた。ほぼクリの塊である。

「鍋に湯を沸かし、ここに一つまみの米を入れて沸騰させる。薄い粥になった所へ皮を剝いたクリを入れて一緒に煮る」

クリだけでは喉を通らないためにこのようにして食べていたのである。奥三面の澱粉山は集落のまわりに一〇町歩もあったクリ林である。集落は二九軒を基本とした。クリは西の前山から南のアチヤ平、北の下ソリ、東のウレハギ山と見渡す限りのクリの林であった。ここを拾うのは集落の人間であれば誰が拾ってもいい。口開けの日に一斉に拾い始めるが、出かけた人にはすべて平等に分配された。澱粉山のクリの木は保護して育ててきたものであり、この木以外は切っていたのである。半栽培である。

「食料としては、ヤマノモノ（クリや山菜）に対する依存度は三分の一である。カノ（焼畑の雑穀）で三分の一。米で三分の一といった」（小池善茂談）。

**具体例1　自給集落金目の食料採取**

各河川の最深部にある集落は採集から出発した可能性が高い。後背に広大な山を抱え、山から採れる食料を、ここを中心に採り続けていた。仮に米がなくても山からの食料自給が可能な集落を自給集落と名づける。朝日山麓にある山形県小国町金目では、米に対する依存度が低く、山から採集してきた食料が五〇パーセントを超えていたという。

**金目の澱粉山**

金目の澱粉山はクリ山である。栗飯を食べてきた。田は一三軒で三町歩足らず。カノバタで採れるソバ・粟などの雑穀とヤマノモノに半分以上を依存してきた。主たる澱粉がクリである。集落の周辺と奥まった山際に一〇町歩のクリ山があった。ここの山は奥山と里山に分けられるが、集落の周辺に今も残る見事なクリ林は里山の範疇であった。現在、杉を植えてあるところも、やはりかつてのクリ山で、落葉広葉樹のブナ帯の中でここだけが常緑の杉で異様な色合いである。山の口開けといった決まった日もなく、山でのナリモノ採集の基準となる二百十日の少し前からクリ拾いを始めた。金目の人間であれば誰がどこで拾ってもよい。拾いに出るのは主にオナゴたちの仕事で、毎朝連れ立って出かけていた。イガを開けるには特別な道具を持っていくのでなくカマを使って開けた。クリは小粒の芝グリであったが、比較的大きな実で若い木ほどいいクリをつけた。このためクリの木を切っては若い木に更新することを昔からやってきている。クリ林一〇町歩は金目集落の上手にできた平らな扇状地の上にあり「クリの木を切るなという村決めはなく、むしろクリの木を切って新しい若木に変えることの方が大切であった」という。クリは拾ってくると庭の一画に並べ、川から拾ってきた乾いた砂をかける。この上に同じように載せていき、径一メートル×高さ一尺(三〇センチ)ほどのかたまりにしておいた。雨風が当たる。このような砂でできた饅頭型の塊が庭に所せましと並ぶころはみぞれがふりはじめる。雪の降る前に来る小春日和の晴れた日には筵を出してこのクリを砂から出して洗い、干す。三〜四日も干せばからからとなり俵に入れられるようになった。一軒の家では最低でも二俵を越すクリが保存食として縁側に積まれた。ここでは囲炉裏の梁にぶら下げて保存するという伝承はなかった。

囲炉裏にかけた鍋に湯を沸かし、ここで乾燥したクリをガラガラ煮る。皮むきは金物を使い、柔らかくなったところで剝く。冬に食べるご飯の多くはこの栗飯で、ご飯粒よりクリが多く、ばらがらし

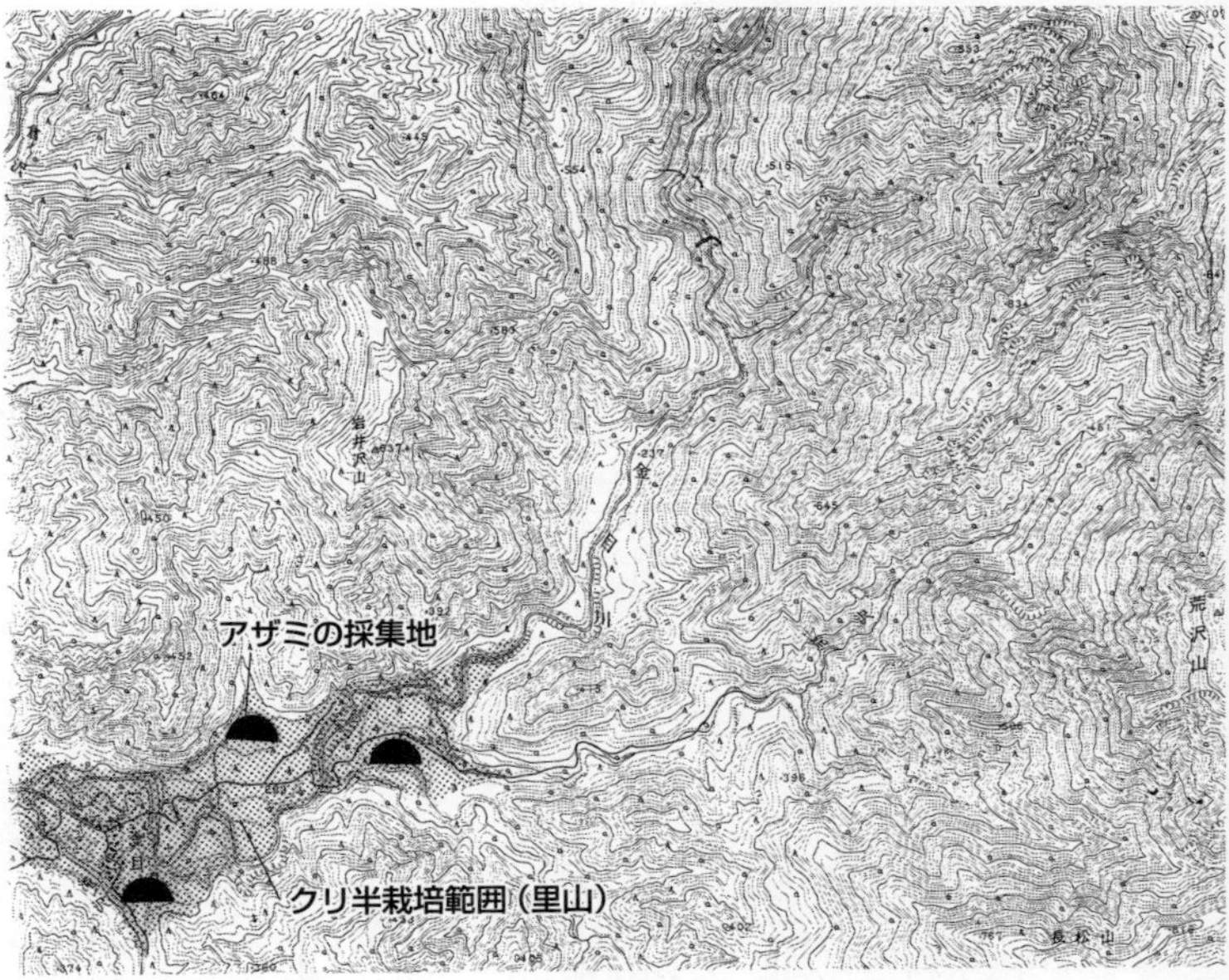


山形県小国町金目の澱粉山（「五味沢」国土地理院）

たものであったという。

トチもよく拾っていたが、アク抜きがめんどうなため、あまり力を入れて拾うということはなかった。ミズナラの実（シダミ＝ドングリ）も話者の記憶の範囲では拾うことはなかった。熊はナラの木に登り、しっかり食べるために枝を折って棚を作る。これをヤライという。熊撃ちの時にこの熊の行動からナラの実が食べられることはよく知っていた。しかしミズナラの木は里山でなく奥山にある。反対に熊の好きなクリは里山で人間の食料となっている。クリは奥山にはなかった。植生から、人間がある程度手を加えていないとクリ山はブナやナラに遷移したであろう。金目のクリ山も長い年月をかけた半栽培ということになる。

金目が保持してきた山は八三〇町歩。クリが僅かに一〇町歩である。これが里山である。澱粉山一〇町歩で食料の半分を確保した。

カノ（焼畑）オコシ

金目川の上流では川が蛇行しながら平らな扇状地を集落の山側に作っている。山のへりの少し高くなったところでカノオコシをした。澱粉山の残りの半分がカノによるソバ・粟採取であった。トコロサトとかトコロ平という地名がついていた。ここにはトコロが多く、よく掘り出したものであるという。トコロを食べるという話は斎藤の記憶にはない。トコロは掘り出すと潰して毒流しの材料にした。ここでは毒流しにクルミの葉を枝ごと取って来て石で叩いて潰し、川に入れて揉むというやり方とトコロを潰して川の中でかきまぜる方法を使った。夏、川の水が大幅に減ってきた時に村中総出で楽しみとして魚をとるという活動をしたのである。春、サツキが終わった後の鱒とりから夏のお盆前後の毒流しと、川魚をとることは村総出の楽しみであった。とった魚は参加者にすべて平等に分配した。毒流しでよくとれたのは鮎で、毒に一番弱いという。

鱒とりは金目川の各淵を主にしてとり続けてきた。村人のタンパク源として重要なものであった。カノオコシは村の希望者が三〜四軒集まって、全部で三反ほど焼いた。ここには小豆と粟をいっしょに蒔く。この時はただうなう（畝状にすじ蒔きする）だけでばらばらと蒔いた。

「マメはウツギの盛り、といい、ウツギが山できれいに咲きそろう頃に蒔いた。カノでは大豆を作らない。村の前の田の畦で作った」

金目のクリ林

「ウツギの盛りに蕨とり、というのがこの地方の採集である」

「粟と小豆はウツギの前に蒔け」

ウツギの盛りを過ぎる頃がカノオコシの時期で、サツキ（田植え）の後に粟と小豆を播種した。カノオコシがサツキの後に入る仕事である。畑にする場所の藪を刈り払い、まわりに火が移らないように刈った柴を、一メートルくらい内側にまくりあげて、内側に重ねて乾かす。一週間も放置した後、風あんばいのいい日を選んで火を入れる。風上から三カ所ほどの火入れをし、煙の具合をみながら内側も焼いていく。

田の稲苗が根を張って着き、山からホトトギスの声が聞こえてくる頃、六月中旬の蒸し暑くなり始める頃、の仕事である。山から集めてくるものがミズやフキ・ワラビなど採集期間の長いものを除いて終了し始めた頃にあたる。

足にはアシナカ。火がいぶっている中でもこの履物しか着けなかった。熱い中を歩きまわった。ヤマギを着てトウグワでうなう。小豆と粟をばらばら蒔いた後にカノバタの林との境にカボチャを植えた。カノは地味が肥えているためカボチャがよくできた。まだ刈っていないまわりの林のサク（雑木）を刈り払ってここには蔓を這わせるから粟や小豆の邪魔にならない。蔓返しをしていつも外側においたが、よくできたものだという。秋には背負い籠に放り込んで何回も運んだ。

粟はモチアワである。構わないでおいてもしっかりできるもので、秋になると二〇センチもある大きな穂が垂れ下がる。鎌でこの穂から約二〇センチ下の所を刈り取り、茎の部分を縛る。こうして背負い籠で家まで運び、囲炉裏の上に棹を渡してここに架ける。穂が下を向き、大きな塊の列が火棚の横の天井を占領した。

粟は乾燥させると穂を杵で落とす。細かい粟の粒を村に一軒だけ精米のできる家があり、ここに頼んで脱穀してもらった。殻の取れたものはきれいな粒であったという。

キビは金目では作らなかったという。ソバは作った。ソバを蒔くのは二年目である。

「ソバの種はなんぼ深くてもよい」

「ソバは角が三つあるから角隠せばよい」

という。要するにどのようにして蒔いても出てくるということである。現在、金目ソバとして蕎麦好きの人たちから評価されているものは、カノソバがもとであった。

蕪は毎年タビの商人が売りにきたものを買って、家のまわりの畑に蒔いた。

クリとソバ・粟を複合して取ってきた澱粉は、一八六ページのグラフのように、ソバや粟といった優れた雑穀の出現で、一日の必要量がぐっと少なくてすむようになっていく。クリからソバ・粟に比重が移り、このあと米に移行したものである。ソバや粟の出現は必要なカロリーを摂取するのに、少ない澱粉ですむという穀物への道を開くことになった。

戦前の主な食べ物は、クリ・米・ソバ・蕪を中心としている。

《正月》

お雑煮――干しワラビ、昆布、蕪、豆を醤油味で煮る。餅をこの汁に入れる。

《小正月》

かぶ餅――蕪を煮る。これに納豆と味噌を混ぜて餅を入れる。

あかつき粥――小豆を砂糖と塩であんこに煮て、ここにご飯を入れてさっと煮る。次に餅を入れて煮る。

《正月十一日》

小豆粥――小豆を煮て、これに炊いたご飯を入れて煮る。餅を入れて煮る。

《ふだんの食事》

栗飯――鍋に湯を沸かし、米を一つまみ入れて粥にする。次に皮をとった栗を入れて煮る。

かいもち――ソバ粉一合に湯を四合の割合で、ソバ粉を湯に入れてかきまぜる。固くなってきたらヘラですくってイクサ（エゴマ）油に味噌を混ぜた味付けで食べる。

そばきり――ソバ粉一升をこね鉢かハンゾウに入れて、内側を窪ませてここに熱湯を少し入れる。粉と混ぜてまとめたまま濡れ布巾をかけてしばらく置く。残りの湯を入れて捏ねる。水二・三から二・五合になる。とり板に延ばし細く切って茹でる。

ワラビコモチ――ワラビの根からとった澱粉を茹でて団子にし、黄粉《きなこ》をかけたり胡桃で味付けして食べる。

白いご飯は特別のことがないかぎり食べることはなかった。カノで採れる蕪・ソバ・カボチャなどに依存し、半栽培のクリと組み合わせて食料を自給してきた。

**クリによる生存のミニマム**

クリの栄養素は可食部一〇〇グラムに対し次のように示されている。

エネルギー　一五六キロカロリー
タンパク質　二・七グラム
脂質　〇・三グラム
無機質　カルシウム　二三ミリグラム
　鉄　〇・八ミリグラム
ビタミンC　二二ミリグラム
（一個一五～三〇グラム、廃棄率三〇%）

・成人一人一日の栄養所要量
二〇歳　男（女）――エネルギー　二五五〇（二〇〇〇）キロカロリー
――タンパク質　七〇（六〇）グラム

——カルシウム　六〇〇ミリグラム（男女とも）
——鉄　一二ミリグラム
——ビタミンC　五〇ミリグラム

・一日に必要な摂取量
二五五〇÷一五六〇＝一・六（キログラム）

・一年間に必要なクリの量
一人　一・六×三六五＝五八四（キログラム）
五人家族　二九二〇（キログラム）

「いいクリの木は五貫目（一八・七五キログラム）のクリを落とす」（秋田刺巻）と言われている。これを元に計算すると一軒に必要なクリの木は一五六本である。金目の澱粉山（クリ山）では一〇〇平方メートルに約五本が植えてある。三二〇〇平方メートル（三二アール）が一軒の必要面積である。ところがクリは隔年ごとに豊作と不作を繰り返すという問題がある。二倍の面積があれば計算上は十分である。

金目では一三軒で一〇ヘクタールのクリ山を保持しているが、一軒あたり約七〇アールを占有している計算となる。

金目ではクリを更新して一番いい状態に保持しながら栽培してきているために、このように少ないクリ林で自給可能なのであった。後で述べるように、「クリ林一軒一町歩」の伝承があるのは、根拠のあることであったと考えられる。

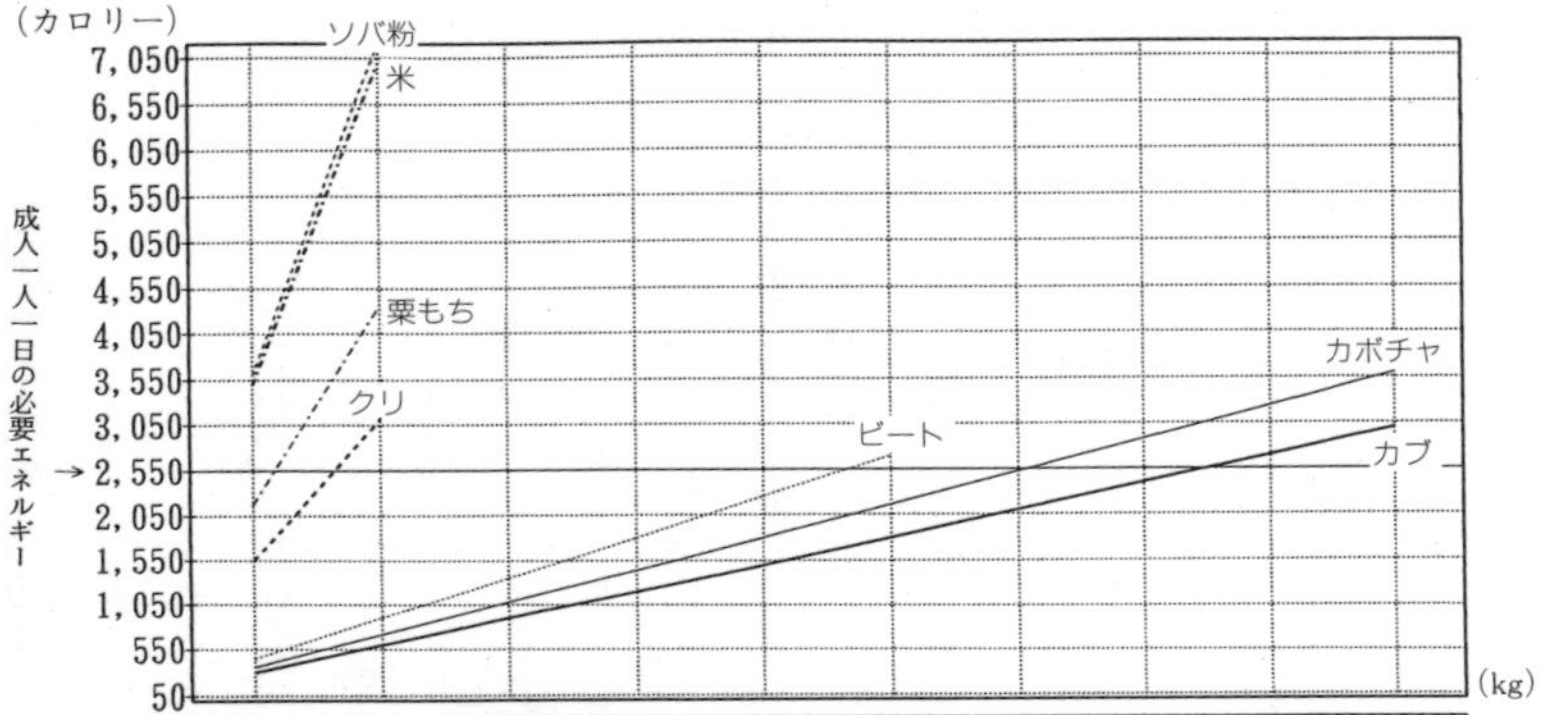


| | 1 kg | 2 kg | 3 kg | 4 kg | 5 kg | 6 kg | 7 kg | 8 kg | 9 kg | 10 kg |
|---|---|---|---|---|---|---|---|---|---|---|
| —カボチャ | 360 | 720 | 1,080 | 1,440 | 1,800 | 2,160 | 2,520 | 2,880 | 3,240 | 3,600 |
| —カブ | 300 | 600 | 900 | 1,200 | 1,500 | 1,800 | 2,100 | 2,400 | 2,700 | 3,000 |
| ……ソバ粉 | 3,600 | 7,200 | | | | | | | | |
| ……クリ | 1,560 | 3,120 | | | | | | | | |
| …栗もち | 2,180 | 4,360 | | | | | | | | |
| …米 | 3,500 | 7,000 | | | | | | | | |
| ……ビート | 450 | 900 | 1,350 | 1,800 | 2,250 | 2,700 | | | | |

成人一人が一日に必要とする澱粉の量

## 具体例2　クリを主食としてきた
## 福島県只見町長浜

### クリをカテに生き抜いた村

長浜は現在四八軒ある。昔は二八軒であったという。江戸時代に三八軒となり、現在の軒数に落ち着いた。

長浜ではタッカラという山があり、三〇町歩に二〇〇本のクリの木があった。ここは村の人であれば誰が拾いにいってもいい場所であった。木は絶対に切らせないことになっていた。ところがこの山の内側、自分たちの家のまわりはすべてクリ林であった。これをセドの山といい、個人がクリを採る場所であった。タッカラの先には国有林があったが、ここは六〇町歩から一〇〇町歩ほどあり、ここまでクリの林が続いていた。つまり、村の一里四方はクリ林であった。

セドのクリ山を含めて一軒一町歩のクリ山

があった。これだけあればクリだけで何とか凌げたという。クリの木は何百年たっていたかわからないような大きな木があった。なる年とならない年が交互に来るが、これだけのクリ林があれば一定量だけは確保できた。

「クリのコクソウ（穀倉か？）と言われていた」

各家では二百十日が来るのを待って、クリの口開けと同時に山に入ってクリ拾いに精を出した。クルミ・クリ・トチと拾う山の実が変わっていくが、最も力を入れて拾ったのがクリである。一軒の家が何石も拾い、クリだけで冬を越した年もある。酒井の家では一石程度が毎年の拾う量だった。

クリは拾って来ると一〜二日間、桶に入れて水を張り虫殺しをする。この後、直射日光に当てないで陰干しをして乾かす。

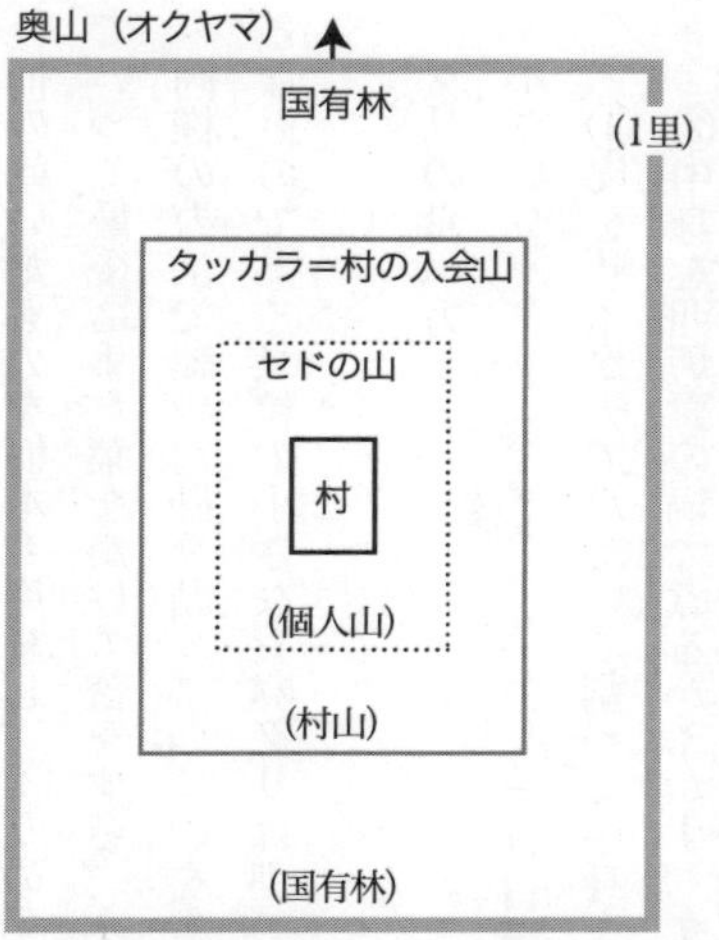

長浜の澱粉山（太枠の中は山神林）

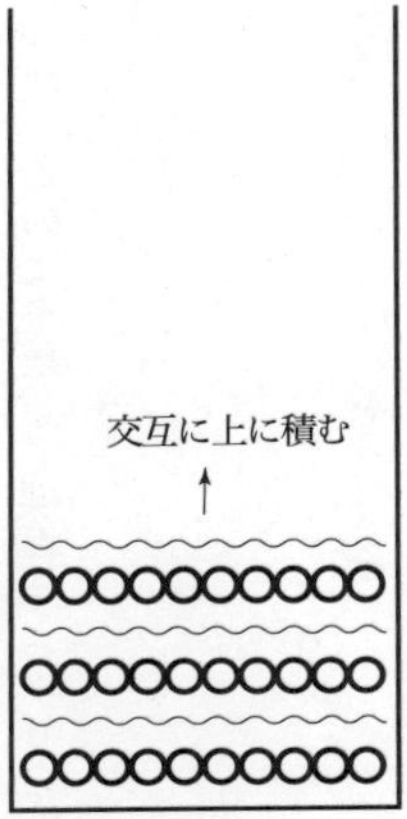

クリの保存法

桶の乾いたものを何本も用意し、クリの葉を敷き詰めてここに乾いたクリをいれる。何段にも積んでいって最後にまた葉をかけて蓋をする。木の葉に詰めるのをカコイグリと言った。同様の方法で乾いた砂を詰めていくのをスナグリと言った。このようにして保存するクリは粒の大きなものである。粒の小さなシバグリは別の方法で保存した。

## クリの食べ方

小さいシバグリ（マメックリという）は日蔭干しにした後、次のようにして食べる。

①皮をサイヅチでたたいて割って中身を出す。

②中身を囲炉裏の鍋で煮るかふかす。すると渋皮がとりやすくなる。渋皮を剝がす。

③この状態で干しておく。

④煎り鍋で煎る。

⑤臼に入れてついて粉にする。

⑥篩をふって粉を均一に整える。

⑦粉を餅の間に入れたりして食べる。これをクリッコモチといった。

カコイグリ（スナグリ）はそのつど必要分を桶から出しては次のようにして食べる。

①囲炉裏の鍋に湯を沸かし、ここに放りこむ。

②茹であがらないうちに皮が柔らかくなる頃取り出して、一つ一つ歯で皮を割って剝く。

③渋皮剝きには専用の水車があった。里芋の皮剝き器のようなものに入れて川にセットし回転さ

せる。擦れて渋皮がとれる仕掛けになっていた。一回分くらいであれば竹笊の細かい目のものに手で押し付けて擦り、渋皮を除いたり、擂鉢ですって除いたりした。

④渋皮がとれたクリは僅かなご飯粒をクリと混ぜて一緒に煮た。これが栗ご飯である。米粒がほとんどない状態のこともあった。

「クリを祭る日」がある。旧九月十日はクリ祭りとか十日祭りといい、オコワにクリを入れて食べた。

### 具体例3　秋田県打当のクリ

#### 打当の澱粉山

打当のまわりにはクリ林が広がっていた。集落のまわりはすべてクリ山であったが、木には一本ずつ所有者が決まっていた。各所有の山は自分の家の地先から割るというような分割方法はとっておらず、ここは誰々の林というようになっていた。

自分のクリ山を持っている人たちをヤマモチといい、打当三三軒のうち一三軒の家がヤマモチだった。クリの林は集落のまわりに一〇町歩あり、一三軒が領有していた。ヤマモチでない人は人の林でクリを拾うことはできなかった。クリはいい現金収入となっていたのである。

金作の家では四反歩の持ち山があった。クジャム・タデスケ・オヤカタ・マンヤマ・ハンスケなど一三軒のヤマモチの一人であった。

クリの木は大事にしてきたために皆大きかった。大木になったシバグリは実は小さかったが、たくさんなった。自宅を新築したとき、このうちの一本を挽いて大黒柱にしたが、三尺角になった。木が若いと実が大きいとの伝承はここにもある。しかし木を更新するというやり方はここにはなかったという。大木がボコボコ生えていてこれに所有権が絡んでくれば迂闊に切ることもなかったであろうし、山の所有自体に個人の権利が入り込んでいるために調節がつかないのが普通である。

朝日山麓の村々はその多くが所有権を村単位（入会）にしているのと対照をなす。村所有であれば木を切ることやクリの林を若く更新していくことは、比較的やりやすかったかもしれない。一方、森吉山麓で打当の北側にある小滝集落でもクリ林のある家は二〜三軒しかなかったという。子供たちのためにオヤゲ（重立ち）が一部を開放して拾わせたという。

クリの実の置かれた価値が高いのである。考えてみれば秋田県の山間部ではクリに依存できない部分をトチで補う傾向がみえる。トチはアク抜きが大変面倒なのであるが、秋田県のアク抜きには注目すべきものが多い。クリは拾ってくると樽に入れ一週間水に漬けておく。こうすると中から虫が出てくる。出てこなくなったら家の中で陰干しにする。これが保存用になる。乾かした状態で一一月末までに冬越しのクリをすべてまとめておく。ところがこのようになっても乾き始めるとまた虫がついてくるという。桶に二〇本以上も保存するために虫は大敵であった。

虫に食われないようにするために、今度は、クリをびっしり入れた桶をクズ屋根の上にあげて軒下の雨垂れの雫が垂れる所に並べて置く。二階部分のクズ屋根の雫の垂れる縁側に、この桶が雨垂れの受け口として並ぶのである。

クズ屋根の雫にこだわるのは、囲炉裏の煤を食ったクリには虫が付かないという伝承と同じものと考えられる。奥三面でもクズ屋根の雨垂れの下が拾って来たクリの保存場所であった。食べる時はこのクリを持って来て柔らかくなっている皮を爪で剝いた。

クリの保存では、水に漬けることが最初の仕事である。どこの集落へ行っても聞き取り調査に出てくる。これがクリの実の中にいる虫を出すためであることがはっきりした。

次に乾燥のさせ方が問題になる。虫がつかないように、乾燥させる時にワラビのホダをかけて日陰干しにする（飯豊山麓小玉川）という方法は、次の過程で俵に入れて保存する。つまり、実の内部まで乾燥させて保存する方法である（乾燥保存）。もう一つは乾いた砂に埋めたり、葉を間に詰め込んで乾燥を維持したり虫が入り込めないように封じてしまう方法である。水にいれっぱなしにするのもこの方法に近い（密閉保存）。

### 具体例4　朝日山麓大井沢のクリ

#### 澱粉山

大井沢の澱粉山は、海抜四三〇～六〇〇メートルの範囲にあるクリ山であった。自然植生としてこの高さより上にクリの木がなかったというのである。

里山と奥山の区別は特にはっきりしたものではなかったというが、サトの山はクリ林を意味した。このような広大なクリの林であったからか、ここには山のクチアケ（口開け）にあたるような伝承がない。

クリは二百十日少し前から拾い始める。拾いたい所は自分のものであることを表示するために、クリの木の下草を鎌できれいに刈っておいた。こうすれば落ちたイガが藪に隠れることもない。草が刈ってあるということは刈った人の木になったのである。各自、村山であるから原則的にはどこを拾ってもよいのであるが、各家の近くの木の下草を刈ることが多かった。シバグリばかりであったが、木が若いほど実が大きい。

下草が藪になったままの場所はだれがクリを拾ってもよかった。エガムキ（クリをイガから出す）の道具が当時はあった。竹のひごが箸のように二本になったものである。これで開けて、竹の反動を利用して開き、手が痛くないようにして実を拾った。

大井沢の各村は大朝日岳に近い一番奥の根子集落から川筋に串を刺すように村が並んでいる。各支流に村が展開する形とは違う。クリ山の地先を各集落が持てば、沢筋にきれいに権利を分割することができる。

クリを拾って来ると虫のついたものを撥ねて、虫の食わないいいクリを二〇日も水に浸けた。これを日陰で干す。保存にはキノハヅメとスナヅメがあった。

キノハヅメ――　石油箱（一八リットル入りの四角い缶が二つ入っていた箱）に杉の葉を敷いてこの中に入れ、また杉を敷いて重ねることを繰り返して、最後にまた杉の葉でしっかりふたをする。

スナヅメ　――　箱の下に木の葉を敷いて、この中にクリを入れ砂をかぶせる。何段もこの状態で詰めていき砂でぎっしりにする。

クリは何十俵拾ったか覚えていないというが、クリだけで食っていけるだけは取っていたし、三

～四年ごとにここのクリはならない年が出るために、これも計算に入れて集められるだけ集めた。一〇俵を下らないだけ各家がクリを保存した。クリの入った石油箱は家の中の庭にうずたかく積まれていたといい、一年間の食料として最も大切にされた。

「保存したクリは冬から食べ始める。皮を剝くのに次のような注目すべき方法があった。囲炉裏で大鍋に湯を沸かす。この湯がぼこぼこ沸騰しない温度に保ち、この中に箱から取り出したクリを入れて茹でる。茹でている途中で採ってためてある蕨のホダ（秋に枯れた蕨）をこの鍋にほうり込む。しばらくして上げると、クリの実の頭頂部が割れていくという。不思議なようだが蕨のホダが作用して固いクリの頭を割るというのである。この方法では湯を沸騰させてしまうと割れないという。沸騰する寸前がポイントである」

クリを主食としてきた村

この証言は私が久しく探していたものである。クリを食べていたどこの山村に行ってもクリの皮剝きだけは必ず聞くことにしている。多くは茹で上げて柔らかくなったものを自分の歯で割るというものであった。ところが大井沢の方法であれば手で剝ける。皮の一部が割れるわけだから、ここから金物を入れて剝くことができた。

蕨のホダの魔術とでもいうものがどうもあ

クリの料理

| 道府県 | クリの利用方法（料理） |
|---|---|
| 北海道アイヌ | ムシ(熊送りのごちそうで冷菓)，スクスクイペ(クリを入れたご飯) |
| 青森 | 色飯（栗飯），七草かえ（ふき・ワラビ・栗・にんじん・ごんぼ・小豆・黄粉を入れる）⇨太子講 |
| 秋田・岩手 | 栗めし，栗ご飯，干し栗，栗きんとん，けえばもち |
| 宮城・福島 | 栗めし，栗ご飯，糸でつないだ干し栗 |
| 山形 | 栗まま（うるち米1升・もち米2合・生栗3合），栗蒸し羊羹 |
| 新潟・富山 | 栗めし，栗おこわ |
| 山梨 | 五目・野菜飯として栗を混ぜた栗飯⇨節句，酒まんじゅうに栗餡⇨秋節句 |
| 長野 | 芝栗ごはん |
| 岐阜 | 栗めし，栗おこわ |
| 石川 | 《能登》炒り栗（海水に浸けた後，干して炒る）<br>《白山》栗煮こぼし（皮と渋をとり，煮こぼしてから塩煮にして食べる），栗の煮染め，こくしょ（お椀にかた豆腐・ナメコ・金時豆・栗を盛り合わせる）⇨報恩講，ちゃのこ（炒り大豆・干し栗・榧の実・一合餅の盛りつけ）⇨報恩講<br>《金沢》かち栗を入れた煮しめ⇨正月 |
| 栃木 | 栗だんご，栗じゃが |
| 茨城 | いもきんとん |
| 群馬 | 栗だんご，栗めし |
| 東京・神奈川 | 栗ご飯 |
| 愛知 | 栗めし |
| 滋賀・京都 | 栗めし |
| 兵庫 | 栗ご飯 |
| 大阪 | 栗ご飯，栗名月⇨旧9月9日栗を湯がいて月に供える |
| 奈良 | 栗ご飯，栗の炊あたの（栗拾いした日に家族で皮剝きをし，醬油味で一晩煮込む） |
| 和歌山・三重 | 栗おこわ，栗めし，9月9日栗節句 |
| 鳥取 | 炒り栗，蒸し栗，干し栗，栗飯，栗ぼたもち（栗餡をまぶす），かち栗 |
| 岡山・広島 | 栗めし，煮しめ，9月9日重陽の節句で栗を供える |
| 山口 | イギ（さるとりいばら）葉のだんごの餡に⇨端午の節句，かち栗と黒豆の煮物，焼き栗 |
| 愛媛 | 9月9日栗節句 |
| 徳島 | 9月9日の節句で栗ご飯 |
| 高知 | 栗のふかし |
| 福岡・佐賀・大分・熊本・鹿児島・宮崎 | 9月9日栗の節句で栗ご飯，栗ぜんざい |
| 長崎 | 9月9日クンチクリメシ（栗とむかごが入る栗めし） |

出典：農文協『日本の食生活全集』

列島のクリ

| | |
|---|---|
| 秋田（刺巻） | 個人山１戸平均１町歩．部落共有地45戸で90町歩あった．クリの木のいいものは１本から５貫目落ちるといった．ひと朝10貫目も拾ったものである．どこの家でも10〜15俵も拾っていて，干し栗・砂栗・水栗などにして保存し，冬の間煮たり栗かてにしたり焼いたり炒って食べた． |
| 山形（村山） | よく実ったクリは虫がつかないように水栗（水につけておく）・砂栗（砂に埋める）にして貯蔵し，冬のワラ仕事の合間ゆで栗にして食べる．渋皮は擂鉢で擦り取る． |
| 栃木（栗山） | 堅皮を剝いた栗の実を鍋に入れ一晩水に浸す．渋皮がふやけるのでこれを擂鉢に入れて揉み剝がす．川の底に沈めた笊の中にあけると軽い渋皮が流れて中身が残る．<br>《保存》　かち栗→囲炉裏にかけたホウロクで乾燥させたクリを炒って皮を焦がす．次に，臼の中で軽く搗き皮を割る．これを箕でふるい，さらに川で洗うと堅皮・渋皮がよくとれる．これを再び天日で干して保存．叩いて皮を剝ぐ方法は群馬県などのやり方と共通する． |
| 静岡（水窪） | クリを拾ってくると水に浸け，濡れたままで歯を使って毎晩１斗くらいずつ皮を剝く．次に渋皮をとるため桶に入れ，１時間半ほどかけて板でこじる．そして一日天日でほす．共有山は１軒１人だけクリ拾いに出た．<br>《保存》　かち栗→一晩水に浸け，茹でてカラカラに干して保存．<br>いけ栗→生のまま土の中にいれて保存． |
| 愛知（奥三河） | 「１升が１人１日分の食料」という．ご飯が足らないのでこれに足して食べた．<br>《保存》　クリは１日水に浸し，２日天日に干して保存． |
| 石川（能登） | 炒り栗：５合くらいのときは海水で茹でて食べたり栗飯にしたりするが，１升以上拾った時は海水に一晩浸して水きりをし筵で干して炒り栗にする．炒り栗は糸でつないで輪を作り，囲炉裏で干して報恩講の時，炒り菓子といっしょに寺にもって行く． |
| 鳥取（伯耆） | １〜２斗も拾った．芝栗は中に入っている虫を殺すために一晩水に浸した後，筵で乾かして炒り栗や蒸し栗にして冬の間食にする．干し栗は水車に掛けて外の皮と渋皮を除き，栗飯・栗おこわの材料として保存する． |

出典：農文協『日本の食生活全集』

ったらしい。飯豊山麓小玉川集落では水に浸けた栗を陰干しにする時に蕨のホダをかけている。こうすると虫が食わないといい、干したものを炭俵に入れて梁に吊るした。

大井沢には上記の魔術があった。実際にクリの皮剝きの方法を確認するために今後実験をしてみなければならない。

澱粉山を持っていた日本海側積雪地帯の山村では、畑に対する依存度が極端に低い。カノとして焼畑で作られてきたものの多くは、ソバ・粟・蕪である。この作物に依存する以前の姿はクリやブナの実やトチといった山からの採集物であった。

①金目を中心に検討したように、クリは半栽培で、絶えず更新しながらよい実をならせるような方法が行われていた。澱粉山の占有方法についての研究が未着手である。クリを村人であれば誰でも拾える所と、一部の有力者の持ち物となる所が出ているのはなぜか。研究課題である。

②クリの澱粉山としての必要面積は一軒で一町歩というのが金目や長浜の事例で出ている。一軒単位で計算することが多いのは、労働投下の面から、単位として設定できたからではなかろうか。——個人に関わる計算ではなく、家族単位での採集研究を進める必要がある。たとえば、子供たちは拾う、大人はタンパク質（動物）採集、母親は保存というように、役割分担についても研究が必要である。

③クリの保存法は縄文時代から乾燥保存と土中（砂詰め）などが検出されているが、民俗事例として小さなクリについては茹でて粉の状態にしたものが長沢で見つかった。乾燥して生で保存することが多い中で、粉にして保存していたことは、今後の調査をより細密にする必要に迫ら

れる。

④クリの皮むきは蒸して柔らかくする方法や、水クリにして柔らかい状態を保つ方法などを分類して、食べ方と保存の背景を検討する必要がある。

⑤クリはソバより摂取量が多くなる。食料としては、徐々にソバや栗といった少ない量で大量のエネルギーの出る食物に移行していったと考えられる。この過程の詳細な研究によって、稲作への段階が少しずつ明らかとなる可能性が高い。

## 二　ワラビ・オオウバユリによる澱粉山と生存

クリが重要な澱粉採取のヤマノモノであることを述べてきた。生存のミニマムとして一軒一町歩のクリの澱粉山があれば凌げることは山形県金目と福島県奥只見長沢二つの自給集落の事例を報告した。自給集落は各河川の最上流部に位置し、後背の広大な山を保持しながら、サトヤマ・タッカラとしてのクリの澱粉山を半栽培で育ててきた。

人間が最初に定住を始めたと私が考える、本流域最上流部集落に対し、支流域の最上流部は山のキャパシティーとしては二番目に豊かな地域（面積、採集食料・生活素材）である。越後荒川の飯豊山側源流域最上流の小玉川に対し、樽口は支流域の最上流部に位置する。クリはもちろん、クルミなどの澱粉採取が盛んであった。特筆すべきことは安定的に澱粉を取るものとしてワラビの根に対する依存度が高いことである。私の仮説であるが、ワラビの澱粉に対する依存度の高い集落は焼畑から出発している可能性が高い。畑はブナの原生の森を切り開いたものが多く、焼畑によってワラビの繁茂の条件が整ってくる。焼畑（カノやナギと呼ばれる）は繰り返して山が痩せてくると斜面にワラビが群生するようになる。このような痩せ地のワラビほど澱粉の入りが良好であった。

山形県の飯豊山麓樽口や河原角といった支流域最上流の村は、ワラビの澱粉採取が盛んであった。

## ワラビの澱粉採取

樽口はかつて三七軒あったとされている。それが病気で死に絶えて現在一〇軒になった。江戸時代の後半は一〇軒で推移していたという。

## 樽口の澱粉山

樽口では集落のまわりに広大なクルミ林があった。ここと競合しない外側にはクリの林もあり、この二つの林の木は村の所有であり絶対に切ってはならないことになっていた。村決めでそのことが確認されていたという。

「秋の取り入れが終わって二百十日を区切りにして山に入った」

二百十日が山のナリモノの一つの区切りである。クルミもぎが最初で、この日一戸から二人ずつ出て共同でクルミを採った。一人がもいで、一人は拾った。拾って来ると全員で同じ量ずつ分配した。各家からは大人を出すことに決まっていた。もいだクルミは茅などの草をかけ、外皮を温めて腐らせる。約二週間ほど庭で腐らせた。クルミ山は村の留め山であった。大木がうっそうと繁っていた。

クルミは菓子の素材として菓子屋が買いに来たもので、ほとんど出荷してしまったという。しかし各家ではクルミを保管していてヤマノモノを食べる時のクルミ和えに重用した。クルミはオニグルミとヒメグルミがあった。前者のほうが油が強く味はよかった。ただ先が尖っていて割るのにこの頭を金づちでたたくのに苦労した。

「彼岸過ぎを目安にクリを拾う」

クリは四斗俵で三〇俵も拾った。竹の先にわっかをつけてイガをもぐ。

「もげば次の年も必ずなるものだ」

一週間、各家からこれも二人ずつ出て拾って来たのを目方で平等に分けた。各家三〇俵のクリは、まず家の池で二週間水に漬ける。これを上げて皮が乾燥しないように草をかけた状態で日だまりに置く。クルミの外皮を腐らせるのと同じ要領で置くと、クリの皮がポヤポヤに柔らかい状態となる。これを剝いて保存した。皮を腐らせる要領で柔らかくさせて剝く方法は、この樽口で聞くのが最初であった。この方法はヨーロッパのマロングラッセを作る際の、洞窟で熱をかけて皮を腐らせる方法に近いようにも思われる。

「稲刈り、クルミが終わると根掘りが始まる（稲刈り後から雪で埋まるまで）」

正確にはクリを取ってしまって寒くなり始めるころがワラビッコホリ＝ネホリの最盛期であった。村のまわりの山はどこを掘ってもよい。村の山であるから村の働ける人たちは全員出て掘ったものであった。これも山の採り物と同じように、仕事に出る時は皆いっしょである。

初めは掘って来た根をバッタラという水力を使った杵臼でついていたが後に水車に変わってきた。

村には水車小屋があり四基の臼が稼働していた。一〇軒の集落に四基ということは二〜三軒で一つの臼を共同利用する割合になる。集落は樽口川のほとりにあるが、この山側に田が広がっている。山から引いてきた水路は田のまわりに二本と、田の部分を突っ切って一本が村の中央広場に入る。合計三本があった。このうち一番水量の多い中央の水路が村の中央広場に落ちる。ここに水車小屋があり、ここで臼をついていた。水車を回して得た動力は掘ってきたワラビの根を四基の臼でつく原動力となった。四基の臼は口径一尺二寸×深さ一尺五寸で口径より底の部分が広がっている断面フクデ型（フラスコ型）をしていた。材質はイタヤカエデかケヤキである。これらの木が最も堅くて粘りがあるといった。当然、内側はカンナをかけてツルツルにしてあった。内側の湾曲線に工夫がある。ワラビッコをついていると、根が底から自然に壁面に上がってくる。これが下から押されたベタベタになった根に上げられて自然に返るように計算されていたのである。

仕事は村中総出となる。村中で掘って村中で分配した。クルミやクリの分配と同じで平等にする。ただ、各家から出てくる人足にはその人たちに応じた仕事があった。

水車の親方——ネホリの責任者である。働いた人の労働量に応じて収穫を分配する役。水車小屋についていて、掘ってきたワラビの根をつき終わるまで立ち会う。ベタベタになったワラビッコを水に浸けて澱粉を取り出し、シロコを業者に売る仕事をしていた。

各家から出るホリコの若い者——掘り手となる。三本鍬で土を起こして、網状に広がっているワラビの根を掘り進める役。

ホリコで女の人——若い者が掘っていったワラビを拾って固めて運ぶ役。ワラビの根は三尺の長さにまとめて両端を縛り、束にしていく。これを何束も担いで水車小屋まで運ぶ。年寄り——体の利かない人でも手伝いに出ていた。座ったまま臼についていて、ワラビッコがベタベタになってくる時、ヘラで返す仕事をした。

ホリコが一番重労働となる。根掘りの最高は一人一日一五貫目くらいであった。掘っていく場所は村の人々がハゲと呼ぶ、急傾斜面の黒土が流れてしまって崖のように見える場所であった。このような所は痩せたワラビが短くでている。ホダ（ワラビの枯れ草）を目印に、これを目がけて下から土を掘り起こしていった。この方法が土を除くのに最も効果的であった。上から掘ると土は下に流れて、これから掘る場所の上に被る。下から上に向かって掘っていけば、掘った跡に土がいく。このようない場所に当たれば一人一五貫目も取れたものである。

「峰先の痩せた土地でナデ（雪崩）がよく起こるような場所で土の浅いところにいい根がある。一面網状に広がっている」

「細い根ほどよく澱粉を溜め込んでいる。黒土の場所に生える太った根は澱粉がありそうに見えるがかえってない」

三尺幅に束ねた根は水車小屋に持って来ると、束ねたまま池の水にウルカして泥をきれいに取る。これを上げて来て水車小屋の臼に縄を解いて入れる。一臼に五貫目をめどに入れた。ベタベタにこなれて体積が少なくなったら足していく。この状態でベタベタになるまで約三時間一臼でついている。ついた一臼のワラビの根は麻袋に入れ、大きな桶に水を張って荒漉しする。

①この段階でも澱粉が沈澱する（下を掬い取って澱粉を分けておく）。

ワラビッコブネ
（このフネでワラビの澱粉をとった）

②次に麻袋に入れたワラビの根を取り出してザルで漉す。この工程は、水車でついたために繊維が細かく砕けていて大量のごみが出るのをとり除いておくのである。ここから長さ六尺×幅一尺五寸×深さ一尺五寸のトチ材で作られた箱＝ワラビッコブネに入れる（写真）。

③ザルで取り除いた繊維の滓をはねて、今度は木綿の袋に入れて布漉しをする。水は八分目ほど張ってある。この中に棚を入れて木綿の袋の中にあるワラビッコを手で揉む。

④五貫目の根からワラビッコはワラビッコブネに三寸ほどの厚さで沈澱する。シロコの上にクロコと呼ばれる黒い澱粉がきれいに分かれてのる。

⑤澱粉が分離したら上澄みを流し、二つに分かれた澱粉を掻き混ぜて掬って取っておく。このワラビッコブネにまた水を足し、二回目を行う。二回目は当然一回目よりも少ない澱粉しか出ない。しかし一回目分にプラスされていくために少し増えている。同様に三回目を行う。これで完全に澱粉は出なくなる。

⑥たまった澱粉の部分のみ残して水を落とす。液体のままに層に分かれてたまった澱粉を上のクロコからすくい上げて天日に干す。下のシロコは別にして、これも天日に干してサラサラの粉

にする。

⑦ワラビッコとは普通このシロコを指したが、これは出荷に回し、売ってお金を根掘りの親方が分配してくれた。いい値段になったからである。各家ではクロコをもっぱら食べていた。シロコを食べさせるのは病人が出た時だけである。

ワラビッコ団子にしてご飯がわりにたべる。クロコを水でといて捏ねると団子状にキョトンと固まってくる。これをピンポン玉くらいに丸くしてストーブの上などに置いて焼く（囲炉裏の火の上でもよい）。そして、これに黄粉《きなこ》をかけたりあんこの中に入れて食べる。

ウバユリの澱粉採取

サツキが終わって一段落する頃、六月の末になるが、子供たちは皆でウバユリ（オオウバユリをこの地方ではウバユリと呼んだ）の生えている所に行き、根元を引っ張って取る。球根をよく洗い、桶に入れて三人くらいでこれをつく。形がなくなるまでベタベタにしたところで水を加えてよくかき混ぜる。この状態でしばらく放置しておくと桶の底に澱粉が沈澱していく。

滓と水を流して白い澱粉を取ったものであるという。これをするのは子供ばかりだったという。大人は冬に食べるワラビやミズの採取と漬け込みや、カノ焼きに忙しかったのである。

オオウバユリでの生存のミニマム

オオウバユリ（*Cardiocrinum Glehni Makino*）はアイヌの人々の貴重な食料であった。トゥレプ（オオウバユリ）は澱粉を採取するのに優れた植物である。西日本低山地のウバユリに対して、本州中部ブナ帯以上の高山から北海道・樺太にかけての森林中に自生する。新潟県から青森県にかけての山間地方ではヤマッカブ・ヤマカブという名前が広く行き渡る。

花をつける個体は八年目であるといい、夏一・五メートルほどに直立した茎の先に鉄砲百合状の花を大量につけ、放射状に一〇～二〇個咲く。株は一年に一枚ずつ葉が出て鱗片が増えていく。五～六年たったものは子供のこぶし大になる。広楕円状心臓形、長径一五～三〇センチの葉が鱗片の数だけまとまって生える。

ヤマカブは熊の大好物で、群生するところでは球根が太る頃に来て掘って食べているという。奥三面では「熊に教えてもらった」という判然とした伝承はないが、高橋源右衛門に言わせると「熊はヤマカブが大好物だ」という。人間が掘って来て食べる時期は葉が枯れて球根が最も大きくなる九月である。

アイヌの人々はオオウバユリを採るにも植物の特性をよくつかんで採集していた。五～六年たったもの（葉が五～六枚）の根元をつかんで引くとするっと抜けるように採れる時期がある。二風谷アイヌの人たちは六月、上川アイヌは七月一〇日前後、阿寒アイヌは八月に入ってから採ったという。

澱粉は次のようにして採る。河原に口径六〇センチ×高さ六〇センチの桶を二つ（A・B）用意し、Bには八分目ほど水を張っておく。

①採ってきたオオウバユリの鱗茎を剝がし、鱗片を一つ一つ洗って水を張っていない桶（A）に入れる。

②先に鉄のついたもの（鉈など）でベタベタになるまで搗く（Aの桶）。
③Aの桶に、八分目ほど水を入れる。白い澱粉（一番粉）が桶の底に沈澱し、澱粉滓（繊維質）が浮く。
④Aの桶の澱粉滓（繊維質）を分離させ、上に浮いた滓を笊に入れて、Bの桶の水の中で揉む。
⑤Aの一番粉、Bの二番粉を布袋に入れて水分を絞り出し日干しにする。粉の澱粉は上等な食料や薬となる。
⑥Bの桶の中に二番粉が沈澱していく。笊の中の滓を出して水を切り、繊維質の滓をフキの葉に包み、三～一〇日ほど寝かせて発酵させる。
⑦発酵した滓を臼に入れて搗く。ベタベタになったところでドーナッツ型にして中央に紐を通し、干して保存する。オントゥレㇷ゚といい、少しずつ刻んでおかゆにして食べる。

飯豊山麓小玉川集落の奥、内川沿いの沢から五～六年たった球根を採って来て、実際にどのくらいの澱粉採取が可能なのか実験してみた。

・球根七個（三五〇グラム）を洗う。
・おろし金で擦ってドロドロになったものを手ぬぐいに包む。
・バケツに水を張って中で揉む　↓　白い澱粉が吹き出して底に沈殿する（一番粉）。
・別のバケツに水を張って同様に揉む　↓　水が白く濁りながら手拭の中の繊維質のヌルヌルが取れてくると澱粉が下にたまっている（二番粉）。

作業を繰り返して問題となったのは、手拭の中の擦ったドロドロの繊維を水の中で揉んでも簡単にヌルヌルが取れなかったことである。アイヌの人々が笊の中で網目に沿って擦るように揉みほぐす作業はオオウバユリの粘着力の強い繊維の中から澱粉を出すのに適した方法であるとわかった。

次に、澱粉の一番粉はあっという間に吹き出してくるために特別な注意を払わなくても水の中では分離する。私の実験のように布袋に入れて滓が混じることを心配しなくても、繊維は浮いてくるから、アイヌの人々のやるようにドロドロの繊維の中に水を入れても困らない。一番粉はそれほどすばやく沈澱して底に張りつく。

問題は二番粉である。これはドロドロがとれていく時に出てくるため、しっかり水の中で揉むしかない。アイヌの人々が別の容器に水を張っておき、ここで澱粉を絞り出すのは理に適っている。

今回の私の方法では、繊維の粘りが完全にとれない状態で滓をフキの葉に包んだが、暖かかったこともあり、五日後には異臭を放って腐ってしまい、ショウジョウバエが卵を産卵して繁殖の場となってしまった。澱粉を絞り切らなかったのが原因であろう。

アイヌの人たちが完全に繊維になるまで笊の中で繰り返し擦るのは、澱粉を完全に抜いて腐らないようにしたものと考えられる。だからアイヌの人々が桶を三つも四つも用意して繰り返し揉むのは澱粉を完全に抜く方法なのである。フキの葉にくるんで発酵を待つには澱粉が多く残っていては困るからであろう。

最後に滓を臼で搗いてからベタベタにするのは、繊維を砕き、食べやすくするためである。

実験して改めてアイヌの人々のオオウバユリ澱粉採取の合理性に気がつく。長い時間をかけて最良の方法として定着するには試行錯誤があったものだろう。気温・湿度・残存する澱粉などの条件で発

①
②
④ ③

オオウバユリから澱粉を採取する
①オオウバユリ
②オオウバユリの球根（4～5年生）
③球根をおろし金で擦りおろす
④布袋に入れて水の中で揉む

酵も左右される。

実験で得た一番粉と二番粉は合計で七〇グラムであった。最後まで澱粉を絞り取り切れなかったが、五分の一は澱粉の結晶であった。澱粉採取には効率の良い植物である。

優れた澱粉蓄積の植物であるため、食べ方も多種類あった。澱粉の結晶は食べ物としても一級であるが、球根自体を焼いて食べる方法がある。球根を紐に通して乾燥させて保存する方法もある。保存を考えれば澱粉の粉にしてとっておく方法が一番適している。

オオウバユリの群生地が澱粉山として成立すれば、主たる食料としてアイヌの人々だけでなく、もっと利用されてきたものと考えられる。

オオウバユリを食料としての生存のミニマムを考えてみる。私が採取したオオウバユリの群生地では、沢の約二五〇平方メートルの範囲に一～六年経過した株が一〇×一〇メートルの範囲に二〇～二五株、花をつけたものが二株あった。花をつける個体を小玉川では雄株といい、澱粉をとることはない。株が小さく食べるところがない。花をつけない個体を雌株といい、こちらから澱粉をとる（雌雄異株の植物ではないがこのように分けている）。

仮に二五株から澱粉を採ったとすると

五〇グラム（一個平均）×二五個＝一二五〇グラム

一二五〇÷五＝二五〇グラム

二五〇グラムの澱粉しか手に入らない。これではエネルギーの一日必要摂取量にも届かない。二五〇平方メートルの面積にあるものを一日で採り尽くしてようやく一日のエネルギー量である。これではとても利用を継続することはできない。半日歩き回って見つけたオオウバユリの群生地は三カ所である。

飯豊山麓から朝日山麓にかけての植生がオオウバユリの繁茂に適した気候ばかりではないことから、北海道でのアイヌの人々のようには利用されなかった。ヤマカブが強い繁殖力を持たなかったことも原因の一つであろう。

飯豊・朝日山麓周辺では花の咲くオオウバユリを「雄のウバユリ」という。鱗片が膨らみ花をつける前の六年生までを「雌のウバユリ」という。雌雄同株の植物であるにもかかわらず、雄雌を分けて認識している。

アイヌの人々も同様である。マッネトゥレプ（雌のウバユリ）、オッカイトゥレプ（雄のウバユリ）といい、同じ分類認識である。ここにもアイヌの人々とのつながりを感ずるのは私だけだろうか。

## 稲作以前の生存のミニマム

稲作に伴って、この狭い島国に人口の爆発が起こった。平安時代中頃に一〇〇〇万人であった人口が一九九四年には一億二五〇三万人まで激増している。

澱粉山のみで計算した場合の最適な人口数に近い集落を、自給集落として現存する村の中から調べてみた。

おそらく、自給集落を主体としてきた東北地方から北海道にかけては、米の栽培が難しいぶん、最近まで自分たちの村のまわりに半栽培の澱粉山を置き、ここを生存の根拠に生きてきたと考えられる。

北陸地方日本海側から東北・北海道にかけての各河川最上流部の集落は採集から出発するだけの山のキャパシティーがあった。新潟県北部で日本海に注ぐ荒川は、最上流部として飯豊山麓の小玉川と朝日山麓の五味沢に、それぞれ自給集落が成立している。ここから枝分かれした支流域にも自給集落が分離していて、朝日山麓側に五味沢と金目が、飯豊山麓側に小玉川があった。

支流では小玉川と分岐する叶水の最上流部の樽口がワラビの澱粉採集の村であり、同様に河原角の集落も支流の最深部でワラビの澱粉を取って生きてきた。

栽培による食料生産の余剰は山間部の自給集落ほど出しやすい。澱粉山を控えていれば、プラスアルファの食料として焼畑の雑穀栽培に労働力を投下できる。

採集を主体とする生活は季節の変わり目に労働力を集中的に投下することになる。仮に米と焼畑がない場合、春は三〜六月、秋は十〜十二月で一年間の食料を確保することになる。この中の空いた期間一・二月、八・九月は食料採集が困難な時期にあたっていた。冬は狩猟に生き、夏は焼畑や川鱒捕りに精を出したのも、この時期の労働力投下が食料の余剰を生み出すかどうかの大切な時期であったという見方ができるからである。

一方、稲作が入って来てからは、六月と九月が最も忙しい時期となっていく。最も暇な時期は一月と八月になる。

正月と盆がここに入ってくるのは、稲作という新たに導入した栽培物を取り込んでもなお、行事をすることができるほど時間が空いていたのである。

採集のワラビ・オオウバユリは、栽培の稲作に取って代わられてゆくことになるが、その最も大きな要因は採集であっても大変な重労働であったことが関係しているのではなかろうか。ワラビの根を掘り上げる労働力は、田仕事の労働力の比ではない。労働力の水準を軽い順に分類すれば次のようになる。

一段階　クリ拾い・くるみ拾いなど木の実の採集——拾う
二段階　オオウバユリの球根など引っ張ってとる地下茎や茎——引き抜く
三段階　稲作
四段階　ワラビの根からの澱粉採集——掘ってつぶして水に浸ける

採集はそこにあるものから最大限集めることが基本であるのに対し、栽培は収穫量を増やしていくという一つの方向性に進む。したがって採集によって人を養う人数は縄文時代と大して変わりはなかったろうと考えている。

## 三　ワラビとクズの澱粉採集の労働力と生存

### 澱粉採集の効率

雪消えから野良仕事が始まる春先と野良仕事が終わって雪が来るまでの晩秋に行ったワラビの根に溜まる澱粉を取り出す仕事は、土を掘って根を集める厳しい労働だった。しかし、昭和三十年代までワラビの根掘りが山村の各地に残ったのは、澱粉をとる効率が他の植物より優れていたことが指摘できる。

オオウバユリは二〇パーセントの澱粉採取率であることは前述したが、植物の固体数がきわめて限られていることと、繁殖率が高くないことから、この植生の適地である北海道のアイヌの人々の利用が主体となったであろうことも既に述べた。

一方、西日本各地に産地が集中するクズ根は、漢方薬の葛根湯の原料である。明治時代の『諸国名産品』では有名な吉野葛など、関西地方に圧倒的に産地が多く分布する。

クズは植物の生態から、照葉樹林の二次林に多く、強い日ざしと長時間の日照を好むことから、西日本に産地が集中するのは成り行きであったろう。

ここで、問題としているのは、縄文文化が花開いた東日本の同一地点で澱粉採集が可能な植物を比較することである。気候は、前期の温暖化以降の、現代と同じ気候を想定している。

東北地方でのワラビの澱粉採集とクズの澱粉を比較していくことで、どのような条件（人口密度・気候など）であればクズ根に依存でき、また、ワラビの根に依存していくのか、資料として出したい。ここでの限定条件としてはブナ帯と温帯性落葉広葉樹林帯である。

ここで、ワラビの澱粉採集について、澱粉が得られる割合（採集の効率化）をまとめておく。

飯豊山麓（山形県小国町）樽口では、五貫目のワラビッコ（ワラビの根）から六尺×一尺五寸×一尺五寸のワラビッコブネの底に三寸溜まるのが一般的であったという。もちろんクロコとシロコを含めた数字であり、二回行ううちの一回分である。そこで二回で五寸としてクロコ・シロコを併せて計算する。この際、沈澱した澱粉を乾かすと一〇〇分の一の重さになると想定して次の計算式になる。

180×45×15÷100／5×3.75×1000＝6.48（％）

飯豊山麓の滝集落でも、ワラビの根掘りで暮らして来た。聞き取りでは、「シロコで五分（五パーセント）取れれば良い方だ」という言葉を、この仕事に従事してきた大滝から聞いた。シロコの方がクロコよりも取れる量が少ないことから、シロコの出荷に力を入れていた集落での事例として、最高度の効率と考えられる（幅はあるが、杉山是清は御嶽山麓で七・七パーセント、私は樽口で一二・五パーセントのデータを収集している）。

### クズの澱粉採集

クズ根を掘って澱粉を取る村の事例を意識的に調査してきたが、東北地方を中心に、管見では、二カ所しか発見できていない。一カ所は奥三面であるが、これは伝承の域にすぎず、具体的な話を聞くことはできなかった。

一方、生業としてクズ澱粉を取っていたところが見つかり、調査に入った。奥羽山脈の西に位置する山形県の高畠町二井宿である。この集落に隣接して縄文の押出遺跡がある。二井宿は現在ほぼ二〇〇軒。集落全体で昭和三十年代までクズ根掘りをしてきた。二井宿葛は白い粉が霜柱のように結晶になって立ってくるもので、一つの商標《ブランド》として取引きされた。話者は中川文弥（大正二年生まれ）である。

### クズ根の採集

秋の紅葉が始まる頃から山に入る。五〇貫目（一八七・五キログラム）が一つの単位となっていて、掘るのに三日かかった。五〇貫目をヒトモミと称して仕事の単位として使われた。一日に二〇貫目を目当てに、トウグワで掘る。雪が積もってしまうと掘れないが、春はクズが芽を吹くまで掘った。山は入会地でどこを掘ってもよかった。

「ヒトモミ（一揉み）掘るのに三日かかり、これをオナゴと向き合ってツチボウで潰すのに昼夜叩いて三日かかった。これをコガという桶に（七〜八本）水を張って揉む」

仕事の工程は、根掘り・葛打ち・水モミの順にやって、一冬一〇モミしかできなかった。

根は年数がたったものほどよく澱粉を溜めているが、三〜四年を超えると木が弱ってきて澱粉を溜めなくなってしまう。元気な木ほどよい。掘る前に木に大量の澱粉が溜まっているかどうかは外見からだけではわからない。結局掘るしかない。一本全部掘り出してしまってから、鎌で根本の方を切ってみる。切り口が白く滲んでくるものには澱粉も多い。なかには澱粉がまったくないものがある。

「クズの木が痛んでいるものは、澱粉が入っていない」

「クズが溜まらないだめな山があった。土の質によるのだと話し合っていた」

「クズはワラビと違って土が肥えていないと澱粉が溜まっていかない」

「ヒエクズ（細根）の方が澱粉は入っているが、三〜四年のものの方が掘りやすいために、こちらを一生懸命集めた」

「斜面の下から掘っていくと取り出しやすかった。どこも繰り返し掘り返してきているために畑の畝のようになっていた」

「クズは葉の付け根からいつでも芽が出るため、掘ったままほおっておいても次の年にはここから芽が出てヒエネができるため、栽培管理することはなかった」

クズの根は掘ってくると水に浸けて洗うが、このとき浮いてしまうクズの根がある。澱粉が入っていないのである。このような根は仕方がないので捨てた。水に浸けると切り口から澱粉が流れてしまうので、掘る時に根はなるべく傷をつけないように大事に掘った。

三日続けて掘ることになるが、洗う三日目までは掘ってくると根が乾燥しないように草を掛けて乾燥を防いだ。冬の積雪期には掘って洗ったクズ根を乾燥しないように小屋に入れておいて打った。

**クズ打ちからクズ揉み**

クズ打ち台

二井宿では近くから凝灰岩の石が採れる。〇・八×一メートルの台にして、この上で男と若い女が向き合って両側で木の槌を振り下ろしてクズの根を潰した。昼・夜と二人で向き合って打ち続け、根を潰していくが、五〇貫目の根を潰すのに三日かかった。

クズ揉みは次のように実施する。

①潰した根は晒し木綿の袋に入れて七〜八本のコガ（口径三尺×高さ四尺）に水を張って、この中で揉んで澱粉を出した。これに一日かかった。

②コガの底にはクズ粉が沈殿してくる。揉んだ後、二日おいてから水を捨てる。桶の底にある沈澱物はクロコも混

じっていて下に固まっている。

③これを集めて袋に入れ、一本のコガに集め、袋から出してもう一度水を張って沈澱させる。この時コガを揺すらないように注意してゆっくり澱粉を沈ませる。ここでも二日かけて沈澱させる。ここで初めてシロとクロが分離して、下にはシロ、上にクロが分離して溜まる。

④上の水を捨てて、クロコとシロコを分離し、クロコは取り除いてシロコだけをまた集めて一本のコガに水を張って沈澱させる。ここでも二日かかる。最低でも合計六日間必要であった。

五〇貫目のクズ根から一貫六〇〇目にしかならない。効率の悪いものであった。

コガから上げたら弱火で水分を取って乾燥させ、強い火で乾かしてシモバシラが出るように乾燥させていった。この方法は二井宿葛に独特のもので、これによっていい値段がついた。

**クズ澱粉の採集効率と持続的採集効率**

中川の話から、採集の効率は次の計算式となる。

$$1.6 \div 50 \times 100 = 3.2(\%)$$

ワラビの澱粉採集効率の約半分である。ワラビのシロコのみの採集効率が四パーセントであるから、商品としてのクズ澱粉とワラビ澱粉はそれほど大きな差異はない。

ところが、クズ澱粉の場合、澱粉を取るまでの労働力投下が桁違いに大きいという難題がある。五〇貫目の根を潰すのに三日かかり、澱粉を沈澱させるのに六日かかっている。掘るのはワラビの根を掘る労働力と大して変わらない。したがって、根を潰す工程から澱粉が沈澱するまでの工程を比較し

ワラビとクズの澱粉採集効率

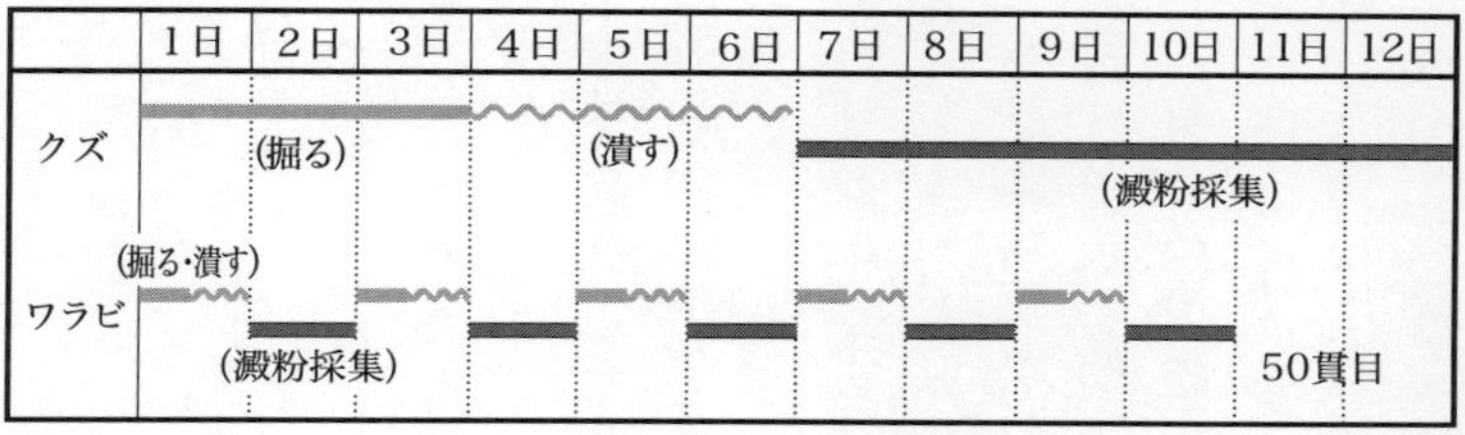


て、効率に積算してやる必要がある。

ワラビ根は五貫目が水車で潰す一臼となる。掘ってきた根を水洗いして夕方から潰しにかかり、ワラビッコブネで沈澱させるのは次の日一日かけている。二人で二臼やれば、一〇貫目の根を二日で潰して澱粉を沈澱させるまでの工程を完了することができる。

ワラビの澱粉採集は動力水車で搗くという工程が入るから、掘ることに労働力を割くことができるようになっている。

クズ根を人力でなくワラビのように搗くことができれば、五〇貫目（一八七・五キログラム）という膨大な量の根を集めてから叩き潰すということをしなくても、ワラビのように適度な量になってから少しずつやることができる。

九日間の労働集約によって取れたクズの澱粉は、乾燥工程を家の中でやることになる。一方、新たなクズ根を掘りに出かけることになるが、この労働力がワラビの澱粉採集より余分に必要となってくる。最低でも、五〇貫目一モミ一二日のサイクルは基本となる。同じ量の根をワラビであれば一〇日で終了する。一〇対一二（五対六）の比率となる。ワラビの澱粉採集を基準にするとクズの澱粉採集にかかる労力は五分の六倍となる計算である。

ところが、労力では格段にクズの澱粉採取の方が大変であったという話を聞くのである。根が硬くてなかなか潰れなかったという。

## 葛打ち機

クズ打ちの仕事がどれほど重労働であったか説明するのは、中川の「みんな早く死んだぜ」という言葉に集約される。なかなか愚痴らないこの時代の人が自分から「重労働であった」ということを何度も話している。

中川は終戦後、近所七軒の人たちに話して、共同で葛打ち機を作る提案をした。お金がかかるのを嫌った人たちはなかなかうんと言わなかったが、中川さん自身が研究して機械の実用化のめどをたたせたという。

中川は戦時中、木更津・霞ヶ浦と航空隊にいた。応召になって三沢・名古屋にも配属になった。整備兵としてエンジンを扱っていたので機械は好きだった。復員してから鍛冶屋に電気ハンマーを見にいったりして研究した。

問題は回転数が高くて早く打ち過ぎることだった。回転を落として力を出させるためにいろいろ工夫した結果、中川は昭和三十年、葛打ち機を考案製作した。クズの根を機械で打って砕き、澱粉を採る工程をやりやすくするものであった。現在も小屋に機械が置いてある。

葛打ち機械は大変な能力を発揮した。三日間二人がかりでやっていた葛打ちが三時間で終わってしまうのである。機械を使い始めて、その効率のよさに気づくと、共同出資した七軒の人たちはだれも文句を言わなくなった。

隣どうし皆でクズ打ちをしたが、葛打ち機械ができて能率が良くなると同時に生産が上がり、クズの根が不足して近隣の村にまで行って掘ったが、これも掘り尽くし、昭和四十五年にこの仕事をやめた。クズがなくなったもう一つの原因に、植林が進みクズの生える山が激減したことがあげられる。二井宿でも植林には杉を植えた。

澱粉採集の労働力投下について記録してきたが、以上のように、ワラビの澱粉採集以上の重労働を強いるクズ根の澱粉採集が、特別な理由でもない限り、少しでも効率のよい別の澱粉採集の植物に移行したのは成り行きであったろう。

二井宿でクズ打ちが最後まで残ったのは、商品としてのクズ粉として内外にその存在が認知されていたからであろう。

# 第六章　雪国の山菜をめぐって

## 一　ミズという山菜

### ミズの伝承

児童文学『花さき山』（斎藤隆介・作）では、里で子供がよいことをすると山に一つ花が咲く。主人公のあやは、着物を欲しがる妹のために耐え、山に一つの花を咲かせる。山に入ったあやがヤマンバに花の咲く場所に案内されるが、そこは見事な山菜の宝庫であった(1)。

この物語は児童劇としても有名で、最終場面の山菜はミズに設定されている。

ミズは島根県から北陸を経て、東北・北海道地方に至る、日本海側積雪地帯の山村で食べられてきた。ブナ・ナラを極相とする植生の中に占める重要な山菜の一つである。イラクサ科で根茎が赤くなるミズナ（ウワバミソウ）をアカミズ、茎が緑色のままのアオミズがある。前者は各地でミズ・ヨシナ・タニフサギ・カタハなどと呼ばれ、後者はヤマトキホコリでアオミズと呼ばれる。

葉をとり、茎の部分を冷し汁の具としたり、漬物、ミズタタキ（ミズトロロ）として食べられる。しかも、春から秋の終わり近くまで採集できる山菜として用いられる。

越後の上越地方ではクチナワジョウゴともいい、飽食したウワバミ（大蛇）がこの草を消化剤に使うという。「食べ切れないほどの餌を口にいれた大蛇が苦しがっていたが、ミズを嘗めたらたちまちのうちに飲み込んだ」という伝承が新潟県の山間部には広く伝わっている。この話がもとになったのかどうかはっきりしないが、落語に『蛇含草』あるいは『蕎麦清』という話がある。

「山でウワバミが人間を呑んで苦しがっていたが、そばにある草をペロリと嘗めたらすーと呑み込んだ。これをみた男が、この草の効用を知り、大量に食べればただになる蕎麦を食べようと店に行く。食べながらこの草をペロペロしているうちに、自分が溶けてしまい、蕎麦が羽織を着ていた」という粗筋である。蛇含草とはミズのことであった。

ウワバミソウの語源として、蛇の出そうなところに生えているからだとする説もあるが、この植物は水源地や沢、谷筋の水のかかる、ブナ林などの大木の陰になるところに群生する。[2] 蛇を水の象徴としたものであろう。

このミズをめぐって「サツキ（田植え）前にミズ採るな」という伝承がある。三面川支流、門前川最深部にある大栗田では、「サツキ前にミズを採ると水不足になるから採ってはいけない」と、田植え前の水確保を理由に禁じた。三面川支流小揚川の奥、小揚・瑞雲でも「水普請（用水掘り）の前にミズ採るな」といい、水田耕作の始まる前段階で、「水源が涸れないように」として、ミズの採取を禁じた。

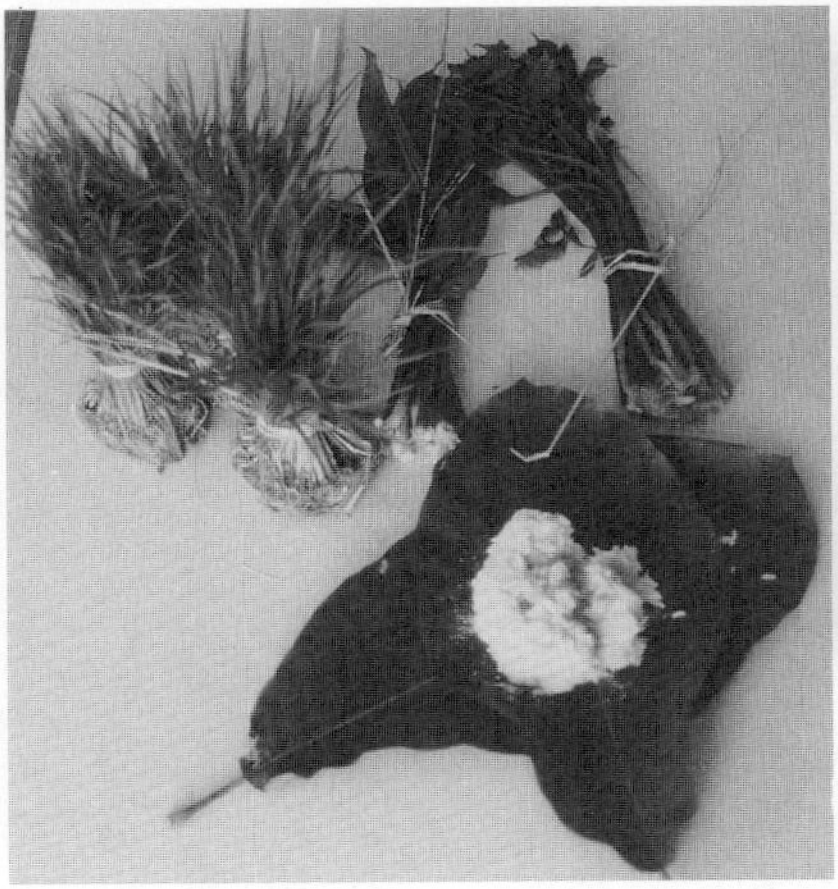

ミズ

ノダテのミズ（新潟県朝日村）

山北町勝木川、葡萄川流域でも同様の伝承を伝え、「サツキが終わってから食べるものだ」としている。浜新保では魚に相性のいいヤマノモノとして料理に使われた。春先の鰯漁は葡萄の山に駒の雪形が出ると始まった。しかしこの頃はサツキ前でミズが採れない。夏の鯖漁近くなって、ようやく鰯やウマヅラの味噌汁にミズが入った。鯖とミズの煮付けは日本海側の漁師が口にするうまいものの一つである。

三面川最上流部の奥三面では、サツキ前にミズを採ることを村の伝えとして禁じてきた。「サツキ終わったはあで（から）ミズ採ってきた」というのが挨拶の一つとなっていた。この点が春から夏への転換点であったことは後に述べる。

「田植えの間は水口が掘れるといって風呂はたてないし、ワセウエ（田植え）前はミズを採ることはできないものとしている[3]」。この事例は新発田市川東地区二王子山麓のものである。このようにミズ採取がサツキを一つの区切りにしている伝承を持つ地域は、二王子山麓から朝日山麓の日本海側。ごく狭い北越後の山間部である。朝日山麓中山形県置賜地方ではこの伝承が採集できなかった。何より特徴的なのは、奥三面を山形県側に越えた五味沢にはこの伝承がない。白鷹町、長井市にもみられない。一方、西は飯豊山麓、阿賀野川支流常滑川上流の室谷、柴倉にもこんな伝承がまったく残されていない。この地方ではミズナといい、漬物には山菜中一番多く採取されているのだが。

サツキ前の採取を禁じた、このごく狭い地域の人々の、ミズに対する強烈とも思える心理的要因の背景となっているものは何か。

ひとつは水の象徴としてのミズであり、(4) 一つは主要な食料としての扱いであったろう。そして岩船郡の水神信仰の強さと無縁ではなかろう。(5)

この地域にも家例がある。朝日村岩沢集落の佐藤家ではゴマを作らない。猿沢集落の鬼原家では大豆を作れない。自分の家が鬼でオニワソトの豆まきをしないからである。関川村では竹を作れない集落もある。家例は栽培植物だから成立したといわれる。栽培しないヤマノモノ・サンサイ・ヤマヤサイと呼ばれるものは自然物の採集であるから、禁忌が成立することは毒でもないかぎりまずない。したがって、ミズの採集時期を区切る事例は、その深いところに大きな人間の思い入れがある。

三面川上流の布部では、「ミズは糧にした価値の高いヤマノモノであるから、ノダテが終わってから採ったものだ」という。ノダテは布部の二大マキ、佐藤家と丹田家でやり方が相違する。四月下旬のスズ撒きの日から三三日目をノダテの日と決める。サツキ衣装の前掛け、デタチ（コバカマ）を新しくし、田をエブリでならし枠付けをする。準備がすべて完了し、明日は田植えという前の晩が「ノダテの祝い」である。佐藤家では家に小さな田があり、この日あらかじめ家人のみで田植えをしておく。この時がノダテの祝いのできる状態となる。丹田家はサツキの準備ができた時点である。ここが異なる。

ノダテの祝いはどちらも次のように行った。朴の葉二枚、ミズ一つかみ、ミョウガダケ（まだ小さく筍のようなもの）三本を準備する。これにセリを加える家もある。朴の葉を交互に重ね、この上に飯を盛り黄粉《きなこ》をかける。ミズとミョウガはそれぞれ藁で束ねて前に置き、すべて家のエビス棚に供え、灯明をあげた。

これが終了すると、次の日からサツキとなる。このノダテの祝いを境に、ミズの採取が許された。サツキはイイ（労働力をお互いに融通しあう共同作業）として行うため、一カ月近くもやっている。ノダテは大きく伸びてくるミズの一番おいしい時期でもあった。

サツキが終了した時は小豆マンマに黄粉をかけて神棚に上げた。ノダテの頃、岩船から鰯を売りにくる。鰯膾《なます》が食べられた。柳田國男のいうへぼい魚としての鰯をタツクリというのは、布部ではノダテであった。[6]

菅江真澄の『男鹿の秋風』文化元（一八〇四）年に南秋田郡八郎潟町で、やまたの大蛇《おろち》を退治する神事が六月七日に行われた記録がある。神前の広場に持ち運んできたものは「白蒸飯、かしわ二枚を重ねて結んだもの七把、みず七把、そばのもやし七把、味噌七桶、まめもやし七把、杉箸七双」である。[7]これらの菜の供物の特徴は、生命力に溢れた象徴である。

神前にミズを供えるのは奥三面でも同様であった。サツキ終了後、「初めて採ったミズは、神棚

（えびす棚）にあげてからいただいた」という。

植物のみずみずしさを生命力のシンボルとし、ミズと呼んだ例がやはり菅江真澄の『伊那の中路』天明三（一七八三）年や『えぞのてぶり』寛政三（一七九一）年にある。[8][9]「桑の木の林に入って、《みづ》とよぶ桑の芽ぐんだ若葉が花のようになったのをとり、蚕を養い育てる」。孵化間もない芥子種ほどの子を、《みづ》という若芽に付け、初めて食べさせるのである。

後者は北海道の浜で昆布の少ないことを憂えて述べた漁師の「来年はよかろう、この《みづ》の多いこと」という箇所である。昆布の若芽に希望をつないでいる。

「サツキ終わるまでミズ採るな」という伝承の裏に、みずみずしい生命のシンボルを摘むことの畏れが読み取れる。奥三面ではミズを採って食べ始めるのはサナブリ以後であった。ゼンマイ採りの山小屋生活を終え、村近くの田で、六月いっぱいかけて田植えが終わる頃、山からは夏をつげる蝉の音が響き始める。「サツキ終われば夏せ」という言葉は、「ミズ採ってくれれば夏だ」ということである。季節の区切りをヤマノモノが示す。

夏は山野からいただくヤマノモノが極端に減り、主要なヤマノモノはミズ一色になった。この時期がカノ（焼畑）の時である。人間の営みは正直なものである。山からいただくものがなくなる時に、作るという行為に及ぶのである。ブナ林帯の山々では、夏は植物の繁茂する季節にあたり、大量の山菜が採れると考えがちであるが、そうではない。まわりの植物の繁茂で食べられるものがなくなる時期なのである。

ヤマノモノがほとんど期待できない夏期にカノが行われているのは飯豊・朝日山麓に共通のことで

家のまわりにある雪消し堀に移植された半栽培のウルイ（中央部広い葉の植物）とミズ（右側）

ある。夏のカノの作業でのごちそうは沢から採ってきたミズを浮かべた味噌の冷やし汁であった。

## 二　ミズを食べる

秋田太平山麓馬目川上流の村では、各家の庭に設けた水場のまわりにミズが植えられている。北越後に隣接する朝日山麓の庄内地方・置賜地方でも同様に雪消しの水場のまわりにはミズ・ウルイが植えられている。

山から家のまわりに移した山菜には、アサヅキ、ミズ、ウルイ、フキなどがある。採集から栽培に移していく過程として、家のまわりの環境に半栽培で持ち込んだものである。ゼンマイ採取の盛んな山北町山熊田では、採ってきたゼンマイから菌が飛ぶため、集落のあちこちにゼンマイの株が芽を出している。同様に田の畦には春は山菜、秋は繊維取りをするアイコが植えられている所が多い。人の役にたつヤマノモノが山から少しずつ里に降りてきた様子がうかがえる。

ミズをたべる地域と食べ方

| | 呼称 | 料理法（食べ方） |
|---|---|---|
| 青森 | ミズ | 油炒め，漬け菜 |
| 岩手 | ミズ | ミズトロロ，汁の具，和え物，漬物，乾燥粉 |
| 秋田 | ミズ | 味噌貝焼き，汁の具，ミズタタキ，漬物，ミズ和え，ミズの酒粕漬 |
| 宮城 | ミズ | ミズトロロ，おひたし，浅漬 |
| 山形 | ミズ | ミズタタキ(トロロ)，塩漬け，酢漬け，鰊の煮物，汁の具，胡麻和え，くるみ和え，おひたし |
| 福島 | ミズナ | 油炒め，おひたし，よごし |
| 新潟 | ミズ・ミズナ | ミズトロロ，汁の具，おひたし，和え物，鯖の煮付け |
| 富山 | ミズナ・ヨシナ | 塩漬け，汁の具，鯖の煮付け |
| 石川 | カタハ・ミズブキ | 煮物，鰊（鯖）の煮付け，煮しめ，和え物，塩漬け |
| 福井 | タニフサギ・タニブキ・ミズブキ | おひたし，茎漬け |
| 岐阜（奥揖斐） | ミズナ | 煮付け |
| 滋賀（湖北） | ミズ | 塩漬け，油炒め |
| 京都（丹後） | タニミズナ | 乾燥粉 |
| 鳥取（伯耆） | タニミズナ・タキナ | 煮物，油炒め，塩漬け |
| 島根 | タキナ | 塩漬け |

山形県金目では、アザミとウルイをわざわざ自分たちで作った畑に植えている。栽培はこのようにして選択された植物が里に降りてくることであった。

大栗田や三面川流域ではミズを採るとき、「鎌を使うな」という。「山のものは手でちぎれ」とも伝える。群生地では、必ず手でひねって太いものから一本ずつ持ってくる。根は残し、細いもの、小さいものは必ず残した。秋田では残したものを「山の神様の取り分」としているところがあるが、来年も採集できるように残している。ミズを毎年採っているところでは、このように採集していくと必ず年とともに太くて粘りのあるものが増してくるという。特にミズタタキに使うアカミズは、この傾向が強いという。太くて粘りのありそうなアカミズを採ると、根に近い部分を鉈の背などでよく叩く。ねばってトロロ状になったものに、家から持ってきた味噌を混ぜて味付けし、わっぱ飯にかけて食べる。夏山で仕事をするものの楽しみだった。暑い盛りのカノ焼きの仕事には、ワッパの裏ぶたで冷やし汁を作った。冷やし汁は味噌を冷たい清水で溶いて汁にし、ここにミズをちぎって入れる。アオミズの方が柔らかくておいしかった。

ミズは多めに採ってくると茎を塩漬けにしてとっておく。一日でも漬かる。ミズは夏のヤマノモノである。サツキが終わって、八月に家のまわりの畑でナス・キュウリが食べられるようになるまで食膳をつなぐ大切なものであった。

飯豊山麓の柴倉では「ミズナは鎌で刈れ」といった。ミズナ刈りの鎌は薄手の切れ味のよいものであった。根の部分を長めに一寸くらい残して薙ぐ。細いものはやはり採らなかった。海辺の村では若狭から男鹿にかけて、山を背後にかついでいる所ではミズをよく食べている。青森県鰺ケ沢や十三湊の近くで菅江真澄『外浜奇勝』にも記述がある。[10]

特殊な食べ方として、越後にはないが、岩手県の山間で、ミズの茎を乾燥させ、これを石臼で挽いて粉とし、保存する食べ方がある。食べる時は熱湯を注いでドロドロの汁にした。

## 三　朝日・飯豊山中ヤマノモノの四季

### 雪の下から萌える春

「春になった」と感ずる時を、雪国の場合、特に強烈な区切りとして持っていることがある。

飯豊山麓柴倉では四メートルの雪の中でも、日ざしの強くなる二月頃、山仕事にいくと渡ってきた山鳩が鳴く。これが春の合図である。この時、「よいこと聞くように」と右の耳を向ける。その年初めて聞くポッポーが春の告知であり、一年のよいことの予兆であった。左耳で聞くと「良いことがない」といい、鳴き始めると左耳を塞いで右を向けた。また、一羽が鳴き始めると同時にあちこちでも告げるため、右から左へ抜けるように意識して聞いたという。

山鳩の次は鶯であるが、ホーホケキョは「よいこと」の知らせではなかった。越後三島郡の海辺では、「鶯が鳴くと大雨になる」といって忌む。飯豊山麓小玉川では鶯が鳴くと春の訪れといい、「右の耳で聞くものだ」といい耳を向けた。春の「よいことを聞く」伝承は東北地方にも広く残っている。行事で春を区別したのは、旧暦正月七日のセンタラタタキというものがあった。一五日の鳥追いの行事とも類似する。

奥三面では四メートルの雪の中から最初に採集してくるのはセリである。いつも水がかかる水苗代だけは、雪が水で下から消されるためポッカリ穴が空いて、水辺に土が出ている。このような所をタンポといい、水辺には唯一ここだけセリが顔を出している。これを摘むのは女性の仕事であった。セリはセンタラタタキになくてはならない青菜で、ジンベ（深沓）を履いて雪の壁を転げ落ちるように採りにいった。正月七日の朝、松・昆布・小豆・クリ・串柿・餅そして苦労して探してきたセリを枡に入れ、まな板の上に置く。メイボウ（擂粉木）で「センタラタタキ、センタラタタキ、唐土の鳥がいなかに渡らぬうちに、早くセンタラタタキ、センタラタタキ」と三回唱えながら、まな板をメイボウで叩く。終了後、正月の御供え餅とセリを入れて七草粥を作り、神仏に供えて家族で食べた。

三面川下流域の下渡や羽下ガ淵では、まな板の上に金火箸と魚包丁を並べ、この二つで「センタラタタキのタラタタキ、京の鳥も田舎の鳥も渡らぬ先にタラタタキ」と三回唱え、早朝採ってきたセリを叩いた。三面川支流門前川流域では正月の六日の夜にセンタラタタキを行った。唱えごとはほぼ同じである。センタラタタキは「セリ・タラ叩き」のことであろう。

セリは春の訪れの象徴である。タラは木を割って軒先に立て掛けて魔よけとするものである。春の訪れに「よいことがある」ように祈ったものであったのだろう。

この行事が正月一五日の鳥追いと相関する。奥三面では子供たちが夜明前に「夜鳥もホーホー、朝鳥もホーホー、稲食う鳥は、頭割って塩つけて、ほだわらいえへし込んで、佐渡島に追いやれ追いやれ、佐渡島にせぎながら、鬼が島に追いやれ追いやれヨーホホホイ」と唱えて集落をまわった。

大栗田では、塞の神で火を焚いた帰りに、「夜鳥やホイホイ、早稲食う鳥ちゃ雀より憎い、頭割って塩つけてほだわらへ割り込んで佐渡島へホーイホーイ、佐渡島からもどったら鬼が島へホオーイホオーイ」と唱えて子供たちが村中を歩きまわった。

柴倉での鳥追いは子供たちが川を挟んで二つに分かれ、鳥追い歌を唱え合った。

鳥がまだ彼岸にいる時にセンタラタタキで叩く。この鳥は春に来るよき訪れを象徴した鳥と、悪いことを象徴したものであったのかもしれない。

「よいこと聞くように」という山鳩の告知が節分の行事や五月節句の行事とも相関する。朝日山麓の村では節分の豆まきの際、枡に入れた豆をジャラジャラさせながら主人が「いいこと聞くように」と二回唱えた。

東北地方に広く分布している春のまじないに、山菜のショオデ（山のアスパラといわれ、秋田でショデコ、シデコ、ヒデコと呼ぶアスパラガス状の山菜）を採り、耳をかく真似をしながら「いいこと聞くように、悪いこと聞かないように」と唱える。

菅江真澄の『おがらの滝』で秋田八森、[11]『すみかのやま』で青森市、[12]『奥の浦うら』で下北半島の例をあげている。[13]

「折敷に盛った長薯・牛尾菜（しほで）をとって「吉い事聞くように」と耳をさしあてる」

「三宝に、まつ・しおで・山いもなどを並べて耳かくためしをしてから盃をとり……」

ショオデ

「笹の粽に、ほどの根を食い、家でしほでぐさの茎で耳をかくこと……」

角館では五月五日、今も頭に皿を載せ、ショデコで耳をかく真似をして、この言葉を唱える。ショデコはちょうど五月節句の頃、地面からくっきりと立ち上がる。ブナ林帯積雪地帯の山菜では、最も有名なものの一つである。秋田民謡ヒデコ節の主人公である。

柴倉では五月五日の節句に、耳をかいてこの文言を述べることはないが、必ずこの日にショオデを食べるものとしていた。ショオデを食べると一年よいことがあるといった。山鳩の告知と鳥追い、そしてショオデで春のまじないを完了した。

三面川支流門前川最上流の大栗田にも六月一日＝キンヌギの朔日にショオデを食べると一年よいこ

とがあるとして、食べている。「いいこと聞くように、悪いこと聞かないように」というまじないは、三面川・荒川流域の地方でミミフタギと呼ばれ、同集落で同齢の者が死んだ場合に行っている。一過性の不幸に対する防止策となっている。

### 黒土が出る頃

山の姿が霞むように薄緑に変わってくる頃はブナの芽吹きである。この頃、地山が出始める。奥三面では春先最初の山菜はセリであるが、飯豊山麓の村ではアザミである。この次は雪消えの地山から出るものを順に採っていくことになる。地面からアサヅキが出始める。芽が五センチほどに出たものを小粒の根とともに掘ってきて洗い、味噌ツユの具とする。大栗田ではヒロコといい、ピリッとした辛味を春の味として喜んだ。オヤマボクチはホゴッパとかゴボッパと呼ばれ、葉を干して保存し、冬猟に持っていく餅につきこむ。この植物も芽吹きの頃、味噌ツユの具とした。

フキノトウは塩漬けにもして取っておく。塩に漬けると苦味がとれるのである。塩漬けすると山菜のアク抜きをしなくてもいい。バッキャ・バンケなど袋状態のものは刻んで酢味噌和えにしたり、味噌汁に入れた。

セリ・アサヅキ・フキノトウ・ゴボッパはかなりアクの強いものであったが、人々が競って食べたのは、長い冬を越してきた人々に春を吹き込むものであったからだろう。センタラタタキといい、五月節句のショウブタタキといい、大地やそこに芽生えたものを叩くという行為は、長く閉ざされていた大地のミタマを呼び起こすものであったのだろう。

大地が黒々としてくる頃、ヨモギが出、沢にカタクリ（カタカゴ・カタハ）が出る。葉を干して保存し、食べるときは水に戻して料理した。

コゴメ（クサソテツ）・カクマ（イッポンコゴメ）は川端で大量に採れる。茹でてゴマ和えとすることが多い。ヤマニンジンはやはりセリ科の植物で、春先のヤマノモノとしてはおいしいと言われる。ウルイはおひたしとしてもうまいもので、葉に苦味のある、緑色の強いムルイと、薄緑色のウルイがあった。

朝日山地でブナナと呼ばれる、芽の出方がブナの葉に似た山菜を、柴倉では別名ムゴナガセという。この草は株から一斉にかたまって芽生えるため、山仕事で多忙な嫁さんが仕事の合間に採ってきて毎日婿さんにたべさせるため、婿が泣くほどであったことからついたといわれる。ショウマのことである。ショウマにはトリアシショウマが有名だが、ワラビ状に三本に分かれて鳥の足のような形状になることからついた名前である。

トングリとは虎杖（イタドリ）のことである。朝日・飯豊山中どこでも食べている。アイヌのクッタルは虎杖を意味し重要な山菜である。茎が緑色のものと赤いのがあるが、塩漬けにして保存するのは緑色の方である。赤いのは囲炉裏で茎を葉にくるんで灰の中で焼き、食べるものであった。

秋田でアイとかアエコと呼ばれるヤマノモノはエラとかエラコと呼んでいる。ミヤマイラクサのことである。山菜の王者と言われる。植物全体にトゲがあり、エラエラ（痛くてイライラすること）するからついた名と思われる。

ウドはゼンマイ採りの頃、ちょうどいい大きさになってくる。ウドの芽はアクが強いが、油でいためるとうまいため、年中塩漬けにしておかれた。ウドのきんぴらは、冬のもてなし料理に、茎の白い部分は採るとすぐ味噌をつけて生でたべた。捨てる所はない。

「キノメを食べる」というとサンショの若芽を指すのが群馬・栃木などである。新潟ではキノメとはアケビの芽をいう。朝日山麓ではアケビヅルともいい、針金状のものを一本ずつ摘み、茹でて食べる。ほろ苦さが酒とよく合うため、季節料理として料理屋に出る。

「キノメがホゲル（わっと出る）とゼンマイの季節」

といい、ヤマノモノがお互いに季節を知らせあう。

ゼンマイは雪が谷の底に残る頃、一斉に芽生えてくる。二年くらい休ませた株は太くてよかった。休ませているとアオシシ（カモシカ）の餌となってしまうことが多い。毎年採る株は茎の下の白い部分を極力折らないようにした。ここを折ると株が痩せる。採る時はオトコゼンマイ（真ん中の太いもの）とハリガネゼンマイ（細いもの）の二本は必ず残した。太くてよいものをエリゼンマイといった。

ゼンマイは採ってくると頭についている綿を取る。綿は固めて毬にして子供のおもちゃとした。よく弾むものであった。この綿を使って女の子の毬としたのが越後東蒲原や福島県の山間部であった。大栗田ではゼンマイ綿をうってもらって布団に入れた。山北町山熊田では、この綿から糸を取り、和服帯の横糸としてゼンマイ紬を織っている。糸にしても引っ張り強度が足りないために縦糸には使えない。

綿を取ったゼンマイは野外に大きな釜を設置して、ここで塩を入れないお湯で茹でる。茹で上がったものを天日に干し、一日四回揉み干す。この時、頭をもぐ。二日目は揉む回数が五〜六回となる。

大きなおにぎり状にして力を入れて粘土を揉むようにする。三日目も二日目と同じように行う。天気が三日続けば干し上がる。ゼンマイはよく揉まないと水に戻して食べる時に硬い。よく揉まないものをワラビ干しといった。ワラビは干し上がるのが早く、茹で揉み干すを二日で終わらせることができた。

東蒲原郡柴倉の隣谷、室谷には青干しゼンマイがある。これは煙でいぶして水分を落とす方法で乾燥させるものである。この方法は大正時代に奥三面にも導入され、昭和の始めには盛んに行われていた。澁澤敬三が昭和八年に訪れた時に、八ミリフィルムに写している。小屋の中で燻製状にしている様子が記録されていた。

「山のウツギの花が盛んになるとワラビの季節」

ワラビは奥山では盆過ぎまで採ることができるため、よく食された重要な山菜である。干すのが昔の保存法で、塩が貴重な時代は塩漬けにするより干していた。ヌイゴ（藁の芯）で編んで軒先に吊るし、必要に応じて水に戻す。

正月に山菜やキノコなどヤマノモノを食べる真意は何か、ということを今まで言及する人がいなかったが、山菜・キノコを正月料理に使う事例はかなりある。

二王子山麓石喜村本間家年中行事にも、

小皿　数の子雑煮大根牛蒡蒟蒻焼豆腐蕨夫より御飯

とあり、正月料理に欠かすことのできないものであった(14)。

フキはありふれたヤマノモノであるが、採る時期が春から夏までであった。夏になると硬くて食べづらいため、春先の柔らかいものを大量に採取して塩漬けにした。乾燥保存の方法が昔はあったが、塩が手に入るようになってからは、塩漬けでいくことが多い。皮さえ剝いておけばアク抜きの必要がないからである。

コシアブラは米沢の一刀彫に使われる木である。この芽をてんぷらとして食べるのは高級料理とされているが、山間の村ではかつては食べたことはあまりないという。蒲原地方ではアメンボウといい、山村の人々より早く里の人が採ってしまった。てんぷらという食べ方が自給自足に近い採集を主とする山間の村で行われるようになったのは、たかだか三〇年前のことである。油はイクサ（エゴマ）の実を絞って取った。油はきわめて貴重なもので、熊の脂、カモシカの脂、と用途に応じて保存していた。エゴマの実から油を取るには、蒸籠で蒸した後、キリンと呼ばれる万力の原理で圧縮して種から絞った。

だから油を使うてんぷらやきんぴらという食べ方は大変な御馳走であったのだ。

## 春から夏へ

夏がミズの採取とともに始まる三面川流域では、キンヌギ（衣ぬぎとかキンをぬぐという）の朔日が春から夏へと区切りの行事になっている。六月一日である。この日は雪国の各所で小正月に上げたダンゴで保管してあったものを神棚に上げたり、氏神様にダンゴを作って供えるということが多かった。また、新ジャガを掘ってきて食べる日にあたっていた。

北越後の海府地方では、正月に作ったマユダマやねじり餅を、この日神棚に上げて拝む。七月十日はテングサの口開けで、海へ行くとき、この餅を持っていく。「これをいただくとオコゼや虫にさされないものだ」といった。

大栗田ではこの日、ショオデと新ジャガ芋、それに取っておいた山芋を食べるとよいといわれ、家によってはショオデと取り合わせて食べた。

夏を迎え、季節を区切るヤマノモノは、大栗田でショオデ・山芋、奥三面ではミズ・山芋。下流域のジャガ芋ももとは山芋であったろう。大栗田のショオデは五月五日、秋田などで行われるまじないと同系であろう。

本間家年中行事、五月五日の項に

　五日節句朝飯千巻飯汁大根切芋也、山芋蒟蒻焼豆腐椎茸蕗右の類也、山芋多少に不限可食也

とあり、五月五日と六月一日はスライドしやすい日であった。

小正月のダンゴをこの日食べたり、供えたりすることは、大正月の供え餅を正月七日の七草粥で食べるのと似ている。

小正月の繭玉がキンヌギの朔日に食べられたり供えられたのは、やはりここが春の終わりを意味し、ここから夏になったからだろう。菅江真澄『えみしのさえき』に、北海道桧山で「六月一日歯がための餅だと主人がすすめ、のなというものにしおでぐさ（ショオデ）のおかずをつくって朝食に出した」とある。(15)

冬から春を区切ったのがセリであり、春から夏を区画したのが山芋・ミズである。大地で育まれたミタマを体内に入れたのであろう。大地はミタマを貯え、殖やす場所なのである。春夏はその光によ

って、大地で育まれたミタマが放たれる。地上の創造物を栄えさせ、実らせていく。秋はミタマにより地上に豊かな実りをもたらす。冬に貯えられたミタマが秋に地上で実を結び、再び枯れて大地に戻る。このサイクルを予感する。

春はそれゆえに、告知する鳥から「よいこと」のみ残すようにし、来るべき栄えを、大地のミタマが育んだショオデでまじなう。五月節句は春のまじないとして、一年をまじなう中心に位置づけられる。ショオデという、くっきり立ち上がり五月節句の頃に盛りを迎えるヤマノモノがまじないの道具となるのは自然の成り行きであった。山芋もまた大地の中に深く根を下ろしたものとして、掘って食べることは大地を体に取り入れることであったのだ。

奥三面では六月一日をムシケの朔日といい、虫送り、サナブリ（田植え後の祝い）を一緒にやり、いよいよミズを採食した。しかもこの日の朝仕事は、山のカノバタへ通う道を薙ぎ、トロロ飯を食べてから虫送りの行事に及んだ。春の鳥追いに対し夏の虫送りがセットされる。

荒川流域ではキンヌギの朔日から二週間ほどしてヌスット送りをする例が朴坂などにある。人間と同じくらいの大きさの藁人形を作り、部落中を練り歩いた後、各家から持っていってもらいたい「悪いこと」を身に担い、村外れに放逐する。

夏は食べられるヤマノモノが底をつくことは前に述べた。だからこそ、人間の営みとしての植物、栽培のカノでは、悪いものの象徴の虫を避けたかったのである。

大栗田では焼畑をカンノウと呼ぶ。七月二十日頃焼く。その年は大根。二年目、畑地のよいところは粟、悪いところは小豆を撒くのを大根カンノウという。ソバ・粟・小豆と作るのをただカンノウといった。

カンノウ焼きは山の斜面を縦に割り、上下左右六尺の幅を開けて火を入れる。火入れは上から。火種を分けて下へ動く。火を漏らして山火事になることがあったが、こんな所は次の年、見事なワラビが出た。焼いた後、表面がさめてから鍬で起こし平撒きした。

飯豊・朝日山中では、古くからカノでカブ（蕪）を作ることが多く、柴倉カブ・温海カブなど、すべてカノのカブであった。カノにする前、山の地味をみるのに、クルミやクズが生えている所はとてもよかった。ブナ・ナラの生えている所は土地が痩せていた。

カノ焼きの頃、ヤマカブ（オオウバユリ）が花をつける。熊が大好物のこの植物の根茎は、大きな玉になっている。熊は盆過ぎがうまいことを知っていてみずから掘って食うという。人間も食べた。囲炉裏の木灰の中に球根を突っ込み、蒸し焼きになったものを食べる。

## トリソメの秋

九月一五日にトリソメ餅をついて食べ、秋の取り入れの区切りとしたのが三面川下流域の村である。各家ではこの日を境に夜なべを始めた。秋神楽が秋の区切りであったかともおもわれる。雪国では秋を画然と区別できる行事が少ない。

## チシゴオロシの冬

秋から冬にかけて、山麓の村では春から貯えてきたヤマノモノの量を点検し、冬の猟をにらんで、

ありし日の奥三面集落（秋）

家族が冬を越すのに十分かどうか再考する時期である。庭にはカノ大根を保存するニオができ、漬物樽は十数個も小屋に並ぶ。薪・衣類・冬仕事の藁や苧の材料確保で忙しい。

こんな時、突然のように冬が到来する。天がにわかにかき曇り雷が鳴る。霰が落ち、雪が舞う。このことを雪国ではユキオロシと総称している。柴倉ではユキオロシ雷、奥三面ではチシゴオロシという。

チシゴというのは住居の囲炉裏の上にある、鉤を吊るす太い梁の上の空間を指す。屋根の作る空間で、煙のこもる場所である。ここには、板を渡して、藁や、よほどのことがない限り焚くことをしない薪を積み上げておいた。この空間には、よく猫が入り込むため、ここから出てくる猫をチシゴ猫といった。

突然のユキオロシには、このチシゴの薪をおろして、火で暖をとったことからチシゴオロシの名前がついたという。梯子をかけて上り下りするこの空間は、不思議な場所である。

三面川・荒川流域の村では同齢の人が亡くなるとミミフタギを行うが、この空間が大きな役割を果たした。ミミフタギをやってもらう人を炉端に座らせる。手伝うのは配偶者である。この人は背後にいて、座っている人の背に箕を立て掛け、拳大の握り飯を両手で持ち、座っている人の耳元で「いいこと聞くように、悪いこと聞かぬよう」と唱える。この後、握り飯を投げ上げ、梁を跨がせチシゴの空間を通過させる。落ちてきた握り飯を箕ですばやく受け取り、川に流すのである。

チシゴの空間とは異界なのであろうか。

三面川の河口瀬波では、チシゴとは潮の干満から計算した魚の騒ぐ時期（漁期）を指す。北海道でも鰊の群来（クキ）をチシゴで計算したという。菅江真澄も『男鹿の秋風』でイワツメという言葉を採録している。[16]「毎年十月の頃、沖で雷が鳴ると、これを魚集（いわつめ）と称し、きょうから魚待（とりまつ）といってはたはたが寄ってくるのを待ちかまえ……」ている。このように冬は突然やって来るものであった。知死期と書く人もいるように、今まで漲っていた生命の突然の死を指すものと解釈している。

（1）斎藤隆介『花さき山』岩崎書店、一九七五年、所収
（2）講談社『日本語大辞典』など
（3）佐久間淳一『二王子山麓民俗誌』学生書房、一九六四年、一一二頁
（4）庄内地方ではブナの巨木に「水」と描かれたものがある。
（5）くせがないことからカテに重宝がられた。

(6) 柳田國男「食物と心臓」、『定本柳田國男集一四』筑摩書房、一九六九年、三四九頁
(7) 菅江真澄「男鹿の秋風」、『菅江真澄遊覧記五』平凡社東洋文庫、一九六八年、九頁
(8) 菅江真澄『菅江真澄遊覧記一』一九六五年、六頁
(9) 菅江真澄『菅江真澄遊覧記二』一九六六年、二〇七頁
(10) 菅江真澄『菅江真澄遊覧記三』一九六七年、二八七頁
(11) 菅江真澄『菅江真澄遊覧記四』一九六七年、一九四頁
(12) 菅江真澄『菅江真澄遊覧記三』一九六七年、一七〇頁
(13) 前掲書、四八頁
(14) 幕末庄屋の年中行事記録（小林存『高志路』第一巻一号）
(15) 菅江真澄『菅江真澄遊覧記二』一九六六年、一七七頁
(16) 菅江真澄『菅江真澄遊覧記五』一九六八年、一九頁

# 第七章　採集の形態

## 一　採集の多様性

ブナ林帯の採集生活を記録してきて、稲作以前の姿がおぼろげながら見えている。特徴の一つは膨大な知識に裏付けられた自然界からの取り出しであった。

生存に最小限必要な食物を得るため、澱粉の取れる植物を集落のまわりに置いた。クリ・トチ・ブナ・ナラ・ワラビ・オオウバユリ・クズが利用されてきた。採集生活の村では一つの種類の植物に特化して依存する形態は、澱粉採集と山菜で顕著に見られるようになる。採集の形態によって多くのタイプに分かれる。

・クリを澱粉山にしている集落は各河川最上流部に位置して、背後に広大な山を占有している、山からの採集から出発した村である。クリは半栽培で老木になると実が小さくなることから定期的に更新している。

・ワラビの澱粉採取に依存する集落は、各河川支流域に分布する。焼畑から出発した村である。澱粉以外の採集物は山菜で七〇～八〇種類に達している。山菜の中で選抜され特化されてきた植物は、その集落によって特色をもっている。

たとえば、朝日山麓金目では春一番の食べ物がアザミである。奥三面ではセリである。大井沢ではアイヌ名プイ＝エゾノリュウキンカである。植物の植生にもよって変わるのであろうが、自然界からこの植物を選び出したこと自体に、村の特色が見える。金目と大井沢そして秋田打当で比較してみる。

## 朝日山麓金目

春、一番最初に採って食べるのはゴボウアザミであった。四月に入ると、三メートルの雪の中でも沢に沿ったところは雪が融けて、祠のように空洞になった所ができている。ドウモンという。このような所に二〇センチほどに芽を出した茎は緑になれず黄色いままであったが、柔らかい茎は咬むとゴボウの味がして、春の味覚を口いっぱいに広げる。

ゴボウアザミは味覚からついた名称で、サワアザミ（*Cirsium yezoense*（*Maxim.*）*Makino*）である。山の渓流や河原に生える。朝日山系はこのアザミが主流で、荒川を境に南側、飯豊山系ではナンブアザミ（*Cirsium nipponicum Makino*）をヤチアザミといい、同じく重要なヤマノモノとしていた。金目ではこのアザミしか食べないという。この地域の人は四～五種を判別している。

サワアザミ　やわらかい大型の多年草。根は短くて肉質。茎は直立して高さ一～二メートル位となり、花時にも根生葉がある。葉はやわらかくて浅緑色を呈し、広楕円形で羽状に浅く裂ける。

刺針は短小で触れてもあまり痛くない。九・十月ころ、枝端に美しい淡紅紫色の大型の頭花を横向きに開く。滋賀県の伊吹山を南限とし、これより北側の北陸・中部・奥羽地方と北海道南部に分布(1)。

山から採ってきて植えてもあまりふえないが、家の近くにウルイといっしょに移植している家が多い。春先は柔らかい茎の先を刻んで、味噌つゆに入れてほのかなゴボウの味を大切にして食べる。大量に採れるようになってくると塩漬けとした。

食べ方は生のまま、湯がいて、油炒めとある。どれもそれぞれの味わいがあった。

金目では、最も多く漬け込む塩漬けがワラビとゴボウアザミである。ワラビの二〇貫（約八〇キログラム）に対しゴボウアザミは約一〇キログラムであった。

| 漬け込む量 | | |
|---|---|---|
| ワラビ | 八〇キログラム | |
| ゴボウアザミ | 一〇キログラム | |
| アイコ | 一〇キログラム | |
| アツミカブ | 一〇キログラム | （ショオデはあまりないところである） |

フキノトウは小さい袋を被ったものをフクロウジといい、薹が立ってきたものはフキノトウといった。ブナはブナの若芽のようにかたまって円弧を描くように出てくるためにつけられた名称であるという。

ゴボッパはやはりここでも餅に搗き込む重要な葉であった。オヤマボクチのことである。これもゴボウの香りがする。金目では春採らないで盆のころに採る。ただ、奥三面のように春一番のアザミを

畑に移植されたウルイとアザミ（金目）

食べないところはゴボッパの芽吹きをつゆに入れて春の味を楽しむ。金目にはゴボウアザミがあるからゴボッパを春から採集する必要がなかったのであろう。

オヤマボクチもサワアザミと同じキク科に属し、その花はどちらもアザミの花である。葉を干してとっておき十一月十五日の水神様の日に餅に搗き込んで食べた。

アザミはカノ（焼畑）でも重要な指標の植物となっている。奥三面ではカノで蕪を作ったが、ここでは「アザミの生えている所が最も蕪栽培に適した場所である」とされている。山の斜面を焼いて作るカノ畑は下ほどいい土が流れているため、家のまわりに定畑のない人はこのような場所で大根も栽培していた。土のよしあしはやはりアザミがあるかどうかであったという。

「ワラビは四〇日採れる。採れば採るほどいいワラビが出てくる」という。五月十五日頃から六月の末まで採ることができた。ユキアンバイ（雪が降ったり残ったりするあんばい）によっては早めることもある。ゴボウアザミは漬け込むものを五月二十日を基準にして採る。

フキは春のフキノトウが終わって地下茎から出てくるものが柔らかくていいが、いつでも採れるため夏過ぎまで必要に応じて採集した。

土から出てくる幹が緑色のイタドリはこの地方でもドングリという。ドングリ・ドングイの呼称は荒川流域上流部から北側、山形県庄内にかけての朝日山塊の地区で昔から言われてきた。下流部左岸ではスカナというようになる。三〇センチほどに伸びたものを採ってくると皮を剝いて塩漬けにした。ミソツユ（味噌汁）にしてもうまいものであった。

エゴマをここではイクサアブラといい畑で作った。ゴマが来るまで日本海側積雪地帯ではほとんどの山間部でエゴマを栽培しており、油はこの植物の細かい実を蒸してキリンで絞って取っていた。形態はシソによく似ていて素人では見分けがつきにくい。シソと同じような大きさと葉柄である。

この地区には家例で、ゴマの栽培のできない家がある。清一郎家がゴマを禁忌とし、キュウリを栽培禁止とした家も三軒あった。

アイコは長じてアカソである。春先出てくる一〇センチほどの茎はヤマノモノとしては価値のあるおいしさである。秋になると糸とりである。二百十日に採り方をはじめる。山に入って採る場合、山道のところに棒を立てておくと中で人が採っていることを意味し、別の人は入ることがなかった。五〇センチほどに伸びた茎は、採って来ると家のまわりの池に漬け、一週間ほどおいて上げる。直径一〇センチの束になった茎は刈ってきた草をかけて放置しておくと、内部が腐って外皮がとりやすくなる。外皮の下の内皮がアカソの繊維であった。箱の上に金具のついた道具を専門に使い繊維をとる。これをアイコハギといった（二九ページ写真参照）。

糸をオボケ（苧を入れた桶）に入れてウム（紡ぐ）ことをオウミという。繊維を糸にし機織りで一反織れれば、女としてはイッチョウマエ（一人前）であるといった。チョマの糸は水きりが良いため、投網の材料とした。

また、アカソでヤマバカマを織ることがあったが、これは手間がかかる分、着心地のよい立派なものができたという。ところがこの繊維は山から戴いたものである。

「山から採ってきて作ったものは、山で着たりはいたりするものではない」といい、けっして山での仕事の際に着用することはなかった。

家のまわりの畑ではカラムシ（青麻）を栽培していて、ほとんどのヤマギモノはこれで作った。

**朝日山麓大井沢**

大井沢では春一番最初に採ってきて食べるヤマノモノはリュウキンカだった。リュウキンカはリュウキンカ属（*Caltha L.*）に分類される。

キンポウゲ科の多年草。沼地や湿地に生え、高さ約六〇センチ。根元から長い柄のある腎臓形の葉が出る。四～七月、直立する茎の先に黄色い花びら状の萼をもつ花を開く。(2)

このように辞書にも載っている植物は、北村四郎・村田源『原色日本植物図鑑』（保育社、一九六一年、中、二一六頁）によれば、エンコウソウ（*Caltha palustris L.*）の中で茎の直立または斜上するものをリュウキンカという。

……各地にいろいろな変異があるが明らかに区別することは困難である。

とある。

エゾノリュウキンカは、

多年草。茎は高さ五〇～八〇センチ、葉は腎形で大きく根出し葉は幅一五～三〇センチ。

である。

水辺に黄色い花を咲かせて群生する。雪は四メートル積もるが、最初に土を出すのが水辺の一角である。採集活動が始まるのはやはりこの場所であった。

三月頃、湿地の土の中から芽吹いている。ここだけは雪の消えた状態になっているため、まわりに四メートルの積雪があっても土を出している。五月の初めまで採ることができた。ここではリュウキンカのことをセキナという。堰（水たまり）に生えている菜という意味であろう。フユナともいい、雪の中でも食べられる春一番の山菜として重宝がられる。このような場所に飯豊山麓などではサワアザミやナンブアザミが芽を出して、春一番の食べられるヤマノモノとなっているが、ここではアザミをあまり食べなかったという。事実、漬物の中にアザミ類がない。リュウキンカはここ大井沢でオタカラソウともいう。根も食べる。

《食べ方》　根を抜かないよう（根を食べる家もある）に根元から採ってくる。熱湯にくぐらせて茹で上げる。これにマヨネーズや醤油などをつけて食べる。

《保存》　採ってくると塩漬けとした。

二番目に採るのは沢筋の雪の消えた所に芽吹くコゴミ（クサソテツ）である。四月、日あたりのよい沢筋には流れる水のかからない土手の所に一斉に塊となって出ている。

《食べ方》採ってくると茹でて、これにクルミの実を擂鉢ですり、ゴマなどと一緒に和えて食べる。

《保存》採って来たものを一週間ほど陰干しにする。この状態で台所の乾燥した所に保存しておく。食べる時は熱湯を潜らせるが、こうすると緑色が出て真っ青になる。

三番目以降は順序をいわず、出てくるものを山の状態によって採りに行く。ウドは崖の下などで土がぼろぼろ落ちてくるような場所のものが、白い根の部分が長くて食べる茎が長くなってよかった。

《食べ方》生で食べる――根に近い部分で土をかぶっていた所は皮を剝いて生で食べる。味噌をつけて食べるのもおいしい。

きんぴらにする――枝や葉の部分は油で炒めて食べる。この方法は捨てるところがない。

《保存》塩漬けにする。採ってきたものを桶の底に並べ、塩を振る。この上にまた交互に並べて塩を振る。何段も重ねて漬けていく。食べるときは水に浸けて塩だしをしてから油で炒めて食べる。

《保存量》八貫目も桶に漬けた。

シドケはモミジガサ（*Cacalia delphiniifolia*）のことである。山地の木陰に生える多年草で茎の高さは六〇～八〇センチ。葉は有柄で長さ一五センチ×幅二〇センチ。この若葉の出始めを食料として採って食べる。

アイコはアカソの芽生えである。ここでも癖がなくておいしいヤマノモノとして採っていた。山菜の中で最も好まれるものの一つである。一〇センチくらいに伸びた芽を食べる。

《食べ方》湯がいてゴマ和えにする。おいしいので皆が採りたがるため、量はそれほどたくさんない。漬けてとっておくほどは採らないという。

アズキナはナンテンハギ（*Vicia unijuga Al. Br.*）である。多年草。根茎は堅い木質。茎は高さ三〇〜九〇センチ。一株からかたまって束生する。若い芽を食べる。香ばしいなかに脂っこさがある植物で昔から好まれてきた。味にくせがなくゴマやクルミなどと和えても良く合う。

フクベラはニリンソウ（*Anemone flaccida Fr. Schm.*）である。茎は高さ一五〜二〇センチ。若い葉や葉柄を採って食べる。群生するため、みつければ容易に採取できる。軽く茹でてひたしものにしたりゴマ和え・酢のものとしても食べる。塩びたしにする所もあった。この料理は採ってきたものに塩をまぶし手で揉んで固く絞る。これを適当に切って食べる。

ショオデは茹でて食べる。アスパラガスと同じである。マヨネーズをかけて食べる方法が最近入ってきたがこれもおいしい。

イヌドウマはヨブスマソウ（*Cacalia hastata L. subsp. orientalis*）のことである。大井沢でもイヌドウマ（イヌドウナ）とヨブスマソウははっきり分けていない。どちらもドホイナという。コウモリソウ属（*Cacalia L.*）の植物である。素人には見分けが困難な植物で春の芽生えはそっくりであった。

大型で高さ一〜二・五メートルに達し、葉は幅二五〜三五センチ。両面または下面に細毛があり、　葉柄は普通翼がある。

ワラビ・ミズ・フウキは採集期間が長いために深く山の人々の生活とかかわりを保ってきた。重要なヤマノモノである。

どこの集落でも、依存度の特に高い山菜というものがある。大井沢で八貫目も漬けたものは

フウキ　フキ（蕗）のことで茎を指す

ワラビ

ミズ　根茎部の赤いのがアカミズ（ウワバミソウ）。
　　　緑色のがアオミズ（ヤマトキホコリ）。

ウド

イヌドウマ　ドホイナともいう。ヨブスマソウであると地元の人はいう。

などがある。この他に干して保存するコゴミ・ウルイなどを加えると、青物の依存度は高く、畑の作物がなくても十分やっていけるだけのものであった。

フウキは山から一ショイ・二ショイと採ってきて漬ける。カゴに一ショイというのは約六〇キロある。春の若いころのフキは固くないため、五月頃に春から一斉に出ていたヤマノモノの採集が一段落すると奥山に入ってフキ採りをした。フキは採集期間が長く、五月から一〇月まで雪が消えてから雪がくるまで採ることができた。夏になると大きくなって茎も固いがそれでも煮込めば柔らかく食べることができた。フキは山菜の中では採集期間が一番長い。山村ではきわめて重要な食料である。当然のように依存度も高い。

採ってくると葉を取って茎だけにし、根元から皮を剝く。半日もやっていると指はアクで真っ黒になる。このようになった状態で剝いた皮や蔓などで径一〇センチほどの束にして桶の底に並べ入れて塩をふりかける。見えなくなるまでかけたら、この上に二段目の束を置いていく。このように三段四段と漬け込み一番上に蓋をして重しを乗せる。

漬かったフキを食べるときは一束ずつ流れ水に浸けて塩だしをする。清水に一日も浸けておいて料理に使った。

冬の食料としてフキはなくてはならないものであった。煮物・佃煮など利用範囲は広い。採ってきてすぐに食べる場合はアクが強いため、よく煮こぼしてから料理に使った。春先のヤマノモノの中で、煮付けに使う素材はフキが最も利用頻度が高い。

ミズはフキの次に採集期間が長い植物として重宝がられた。この植物の採集場は沢筋である。生えている所さえ見つければ川筋でいくらでも採ることができる。日蔭に群生するために沢を下から少しずつ上がりながら採っていく。群生地では広範囲にわたって見つけることができるため、鎌で刈るという人もいる。根を残し、地上部を捻って採ることが鉄則である。採集を重ねるほどに粘りのあるいミズが生えてきたからである。この植物は六月の田植えが終わった頃から茎が伸び始め、初夏が最も大きくなる。フキ・ワラビの次にミズが採集される。

漬け方はフキと同じであるが皮を剝く必要もなく、塩で漬けてさえおけばいつ取り出して食べてもよかった。三〇センチほどになる茎は若いほど柔らかくて歯ごたえもシャキシャキしている。根に近い部分が赤いアカミズと緑のままのアオミズは種類が違うが、アオミズの方が柔らかいため、そのま

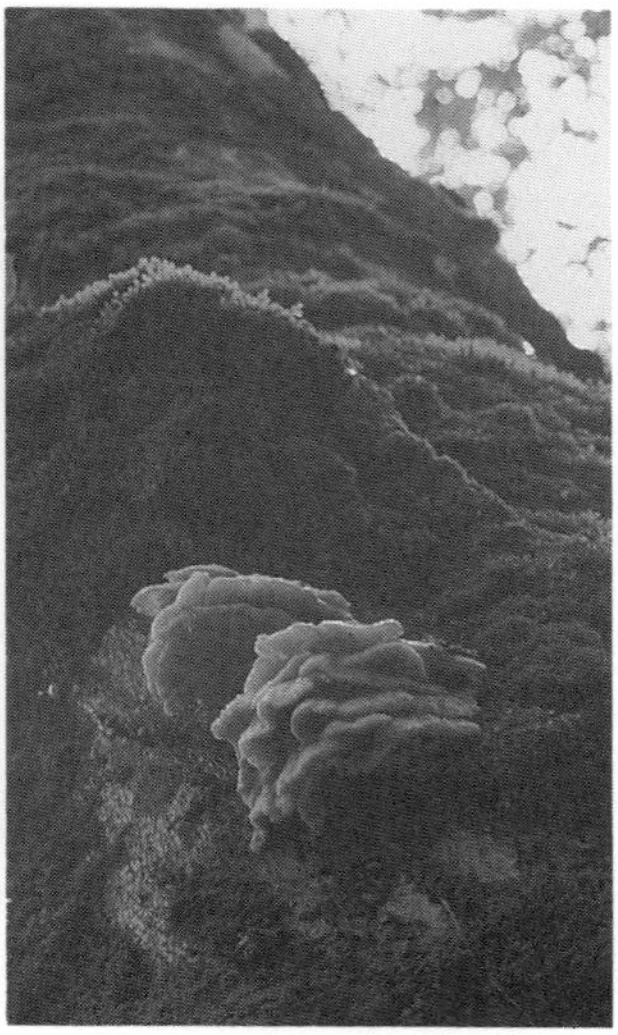

ブナハリタケ

キノコの保存（オリミキ）

ま生で食べる時には特に好まれた。この植物は簡単に漬かるため、浅漬けなどには特に好まれ、山菜が底をつく夏にはなくてはならないヤマノモノとして利用された。面白いことにミズはこの状態のまま日蔭で実をつける秋までじっとしている植物である。初夏に大きくなってしまうとそのままで谷を塞ぐように川辺にある。採集期間は秋の雪が来るまで採って食べることができる。大井沢でもカテにはこの植物を使ったというが、くせがなく、腹が一杯になる優れた特性をもった植物である。

ワラビは採集期間が五月から七月下旬まで。奥山に行けば八月の盆前まで採ることができた。葉が三つに開いてしまえばおしまいである。いいワラビは茎が小指ほどの太さになり、高さ三〇センチくらいある。固い部分を取り除いて、桶の底にフキと同じように漬ける。このように塩漬けにすると二〜三年はもつ。しかも漬けたものはアク抜きの必要がない。

採って来たまま食べる時は入れ物に食べる分だけ入れて、これに灰汁を白くなるまで振りかける。この上から熱湯をかけて一晩放置すればアク抜きができた。灰はナラの木やブナの木のものが良いという伝承は広い。

ウドはやはり大量に漬け込むが、採れる時期が限定されているためにフキ・ミズ・ワラビほどには利用されていない。しかし独特の風味が好まれているのも事実である。この植物はウドの大木の言葉どおりすぐに大きくなってしまうため、採集の時期を逃すと食べられない。四月上旬に大量に群生している所でこれを採り、漬物用に集めておく。これも三〇センチくらいの大きさに揃えたものを桶に漬け込む。フキと同じやり方である。茎だけを漬けるということはしないで葉まで漬け込む。面白いのはこの植物は漬けると味が変わってくることである。食べる時は塩だしをして細かく切り、油炒めにする。キンピラという方法が最も好まれる。煮物にしてもおいしい。

イヌドウマ（ヨブスマソウ）とかドホイナと呼ばれる植物も漬け込んで冬の食料にした。五月、この植物が群生する所から採ってくると一旦湯がいてから塩漬けにする。このように茹でてから漬けるのはドホイナだけである。独特の味があり、この谷の人たちには昔から親しまれてきたものである。

大井沢で食べているキノコは二五種類を上回る。ナメコやマイタケは一般的な名称で通る。よく採集されてきた証拠である。大井沢の地区でのキノコの呼び方が多ければ、それだけ利用度が高いというふうに考えられるが、一般名（広い地域での）のままであるというのも同じ意味になるものである。地方名オリミキがナラタケとナラタケモドキのどちらにも使われる。幹に襞がつくナラタケに対し、ほとんど同じ形で生える所もそっくりだからである。しかもこのキノコは味がよくて最も大量に採れる優れた食菌である。

《一般名》

ムラサキフウセンタケ

セイタカイグチ

ナメコ

ナギナタタケ

ホコリタケ

ナラタケモドキ

サクラシメジ

コムラサキシメジ

ムキタケ

ヌメリツバタケモドキ

スギヒラタケ

クリタケ

スッポンタケ

ナラタケ

センボンイチメガサ

キクラゲ

ホウキタケ、サキアカ

《地域名》

ズンコボ

キツネのチャブクロ

オリミキ、サワモタシ、クリモタシ

アカボ、アカモタシ、アカキノコ

ムラサキシメジ

キシメジ

スギカノカ、スギワカエ

ヤマドリモタス、アカモタシ、クリモタシ

オリミキ、ナラモタシ、ボリボリ

チチタケ　　　　　　　アワモタス、ラクヨウモダス
ハナイグチ
シャカシメジ
アシグロタケ　　　　　ダシキノコ
ブナハリタケ　　　　　カノカ、ブナカノカ
マイタケ
ムラサキシメジ　　　　コノハカブリ
エゾハリタケ　　　　　ヌキウチ、ヤマカラカイ、ヌケオチ
ツヤナシマンネンタケ（薬用）
チョレイマイタケ（薬用）

エゾハリタケはここでも「面白いキノコ」である。枯れかけたブナの木に生えていて、その木が完全に枯れて倒れるまでの四～五年の間、同じ木に毎年生えるという。山人に不思議がられているのは採った時は固くて食べられないくせに、放っておいたり雪に埋まっている間に柔らかくなって食べられるようなることである。一一月頃、雪が来ると、木の高いところからぬけおちる。これを拾ってきて味噌に入れておくと、ちょうど正月頃には漬かって食べられるようになっている。何かからかわれているような名称である。飯豊山麓小国町の樽口では正月二日にこの味噌漬けを神棚に上げて食べ始めるという。特定のキノコを正月の神棚に上げる例として珍しいものである。大井沢ではこのようなことはしなかったという。

## 秋田打当の採集

打当では山から採るものをサンサイと呼んでいる。

「サンサイにケカチなし」

どんなに天候の不順な年でクリやトチが満足にならなくても、山菜だけは必ず出てくるため、これに依存していればケカチ（食べ物のないこと＝飢饉）にならない、ということである。

家のまわりの定畑でとる大根や牛蒡・人参・胡瓜などと山菜とではどちらを多く食べていたか調べると、サンサイに対する依存度は畑の作物以上であった。事実、春先は山菜の採集で明け暮れていて畑はほとんどほったらかしであると述べている。夏のお盆過ぎに蒔く大根はちょうど山と田仕事の合間にあたる。畑仕事よりも山が優先したのである。

「ダイコンパよりもアザミ」

冬の味噌汁やおかず用に大根の葉を乾燥させて軒下に吊るしておいて食べるが、この葉を食べるよりもアザミの方がおいしいためにアザミをより多く食べたという。

打当では熊やカモシカが人間と一緒になってサンサイを食べていることに、温かい視線を向けている。

「熊はカッチキがどんなに大きくなっても、根っこの真ん中を齧って出て来る白い液を吸っている」

「アイコを採る時は熊と一緒になることがある。熊は柔らかい茎が好きで夏頃まで若芽を食べている。一尺くらいの大きさの時に手で折って食べているという」

「熊はバッキャ（フキノトウ）はよく食べる。フキもよく食べている」
「カモシカはキノコをよく食べている。ブナカノカ・ブナハリタケは彼らの大好物である」
「モタシ（ナラタケ）のことをボリという。カモシカはボリを食べてナメコも食う」
「カモシカはゼンマイが大好物で採りに行くと先を越されていることがある」

長い冬を越して春一番最初に食べる山菜は、ここではアズキナ（ナンテンハギ）であるという。水辺にアザミを採りに行かなかったか聞いたところ、それは二番目であるという。

①アズキナ――マメ科のナンテンハギ（*Vicia unijuga Al. Br.*）である。

多年草で根茎は固い木質。茎の高さは三〇〜九〇センチで一株から固まって束生する。葉は長楕円形二小葉で茎に互生する。若芽と花芽を食べるが癖のない味で栄養価が豊富である。

《食べ方》茹でておひたしにする。ゴマやクルミで和えてもうまい。

②アザミは全国に八〇種類を下らないという多種類の中で、二種類食べている。飯豊山麓のナンブアザミ、朝日山麓のサワアザミの二種類を重要な山菜として大量に漬けたりして食べてきた。

「茎が立つ方をドンガラという。ナンブアザミである。葉を茎から折って皮を剝き、食べる。また、この茎を大量に漬ける」

「葉が広がるだけで茎が立たないものをただアザミという。サワアザミのことである」

葉の葉脈が食べる所となる。朝日山麓金目では、このアザミが牛蒡の味がしてとてもおいしいのでこればかり食べているという話をしたのに対し、鈴木は「確かに味噌汁に入れるとこの方が香りがあるかも知れない」という。

《食べ方》どちらも生の場合は軽く湯がくとアクが抜けて真っ青になる。これを味噌汁に入れる。またきんぴらのような油で炒める料理にはよく合う。煮物もだしが出て好まれる。

《保存》採ってきたものを一斗樽に入れて塩をふり、何段も漬けて石で重しをする。塩漬けにしたものは食べるときアク抜きの必要はない。一晩塩だしして料理する。

③アイコ――イラクサ科のミヤマイラクサのことである。

④ボンナ――ヨブスマソウである。

これらが打当の鈴木家では主要山菜であるという。もちろんフキ・ヒデコ（ショオデ）・ワラビ・サク・ウドも漬け込んでいる。しかし一斗樽に毎年しっかり漬けているのが四つである。

ミズは六月から九月まで採って来て食べることができる採集期間の長い優れた山菜である。これを漬けることもあった。その年の状況で山のものが必要であればいつでも採りにいくことができる。シドケなども大量に採れれば漬けた。

山菜採取の種類はこんなものではない。多種類のものをその時々に組み合わせて食べてきた。食べられるものは多くても、それぞれの家で重要な山菜として保存するものはせいぜい一〇種類程度であることがわかる。

ミズのような採集期間が長くアクの強くない山菜はここでも喜ばれていた。ご飯のカテに使わなかったかどうか聞いたところ、ここでは粟・稗がとれたのでこれを入れていたという。大根・山菜をカテにするよりは澱粉のほうが当然力仕事に適している。

採集の相がそれぞれの地域、谷、川筋で異なる。ところが、共通して出てくる山菜は広い範囲で食べられ、同じように保存されている。長い時間の中で選抜されてきたものが各地で同じように出ているものと、特定の地域での利用方が広がったものがあろう。

## 二　多様性を支える採集・保存・再生

採集するヤマノモノの種類の多さを今まで指摘してきたが、これを保存して利用し、自然に戻していく（再生）筋道があった。

秋田根子の狩人の中には山菜の採集では薬を中心とする人がいる。この人たちの採集は未来永劫にわたるよう植物を移植することさえ行っている。

同様に、採集すればするほど株が太るように、必ず次の年や長い年月にわたるように、採集を繰返してきた。奥三面ではブナの巨木が台風などで倒れると、この空いた所にゼンマイなどの山菜が新たに族生することを利用して、光が地面にまで当たるように倒木を片付ける。その際、倒れた木にナメコやオリミキ（ナラタケ）の菌がつきやすいように片付けていく。

また、採取した山菜の食べ方も無駄のないよう長期間の保存に心を砕いている。秋田比立内の採集保存と根子の薬・奥三面の薬を記述する。

## 比立内の山菜保存

比立内の松橋が採って保存していく山菜の順序は次の通りである。

・大型山菜で大量に食べるもの＝重要山菜を保存する。

①ボナ（ボンナ）　キク科のヨブスマソウ（*Cacalia hastata L. var. glabra Ledeb.*）である。四月頃日だまりの中にすっくと立ってくる。若芽を食べる。大きくなると一〜二メートルにも達する。柔らかい芽の部分は食べられるため七月頃まで摘んで食べる。

《食べ方》湯がいておひたしにする。

《保存》塩漬けにできるが味が変わるため最近は湯がいたものを冷凍して保存している。

②ヤマウド　ウコギ科のウド（*Aralia cordata Thunb.*）である。残雪の間の黒土に芽を出し茎の下の部分は生で食べる。この植物は栽培種と同じである。三〇センチくらいに伸びた太ったものが最も利用価値が高い。

《食べ方》茎の下部は生で味噌をつけて食べる。先から葉にかけては揚げ物やきんぴらにすることが多い。この部分が最も味の良い所とされている。

《保存》最初に漬け込むのがこのウドである。四月中旬の最も山菜採りに忙しい時期に来年の採集まで見込んで保存をするのがこの植物である。塩漬けにする。こうしておくといつでも塩だしして食べることができること、料理の幅が広いことがこの素材の価値を高めている。

《保存したものの調理》味噌汁の具、煮物に入れる青物、油炒め（きんぴら）等

③シドキ　キク科のモミジガサ（*Cacalia delphiniifolia Sieb. et Zucc.*）である。六〇～九〇センチになる若芽を食べる。五、六月に採集する。葉が心臓型でもみじ状を呈することからこの名がある。今までの山菜に飽きた人たちが好んで食べるのは、若芽のちょうどおいしい時期が、うまくずれているからである。

《食べ方》　茹でてひたしもの、ゴマ和え、てんぷら、など。

《保存》　湯がいたものを冷凍保存。

④サク　熊が食べることから人間が食べるようになったのかどうかはわからないが、熊の好物の一つである。採る所は固くても根から生えている中央部の茎で、一メートル以上も可食部分がある。春先の若芽は湯がいてもすぐ食べられるが、五月末巨大になったものは漬物専用となる。茎は鎌で刈り取る。

《保存》　適当な大きさに切って桶の底にぎっしり並べ、見えなくなるまで塩を振る。この上に同じように重ねて漬けていき、蓋をして石の重しをする。

《保存したものの調理》　塩出しをしてから味噌汁の具、油炒め、煮付け、など

⑤ゼンマイ　採ってくると干して保存する。値段のよかった頃は必死にこれを採った。

《保存》　頭の綿を採ってかためておく。釜で茹でて筵の上で干す。この時、天日に当て、繊維がほぐれるように揉む。塊状にして日に五～六回も揉む。これを三日ほど繰り返し、カラカラになったものを保存する。約十分の一の重さになる。

《保存したものの調理》　一晩水に戻し、元の大きさになったものを煮物・油炒めなどのよう

な調理にでも使った。

⑥ワラビ　採って来ると、固くなった根元の部分を取り除き、一握りずつ藁で縛ってナベに入れる。囲炉裏の灰を白くなるまでまぶし、この上から熱湯を注いで一晩置く。これでアク抜きが完了して食べられる。

《食べ方》味噌汁の具、茹でておひたし、煮物、など。

《保存》一握りずつの塊を桶に並べて塩をかける。何段にも漬けていく。蓋をして石を載せる。これで一年以上もつ（ゼンマイ同様に干す方法がある。ワラビの方が揉む手間が少なくて、早く干し上がるという）。

《保存したものの調理》塩漬けにしたものはアク抜きの必要がない。一晩水で塩だしし、料理に使う。味噌汁の具、煮物、何にでも合う。

⑦フキ　北海道のコルコニは秋田蕗である。しかし秋田の山には大型のフキが自生するということを聞かない。山から採って来るのは、ちょうど六月に入る頃で、ほとんどの山菜が終わりを告げて一段落する時期にあたる。一年のうちで最も忙しい時期を乗り越えた頃である。フキは本格的な貯蔵食料としてウド・サク・ゼンマイ・ワラビの次に貯蔵されるものである。

《保存》塩漬け——採ってくると茎の皮を根元から剝く。この作業に時間がかかる。大量に漬ける場合も一つ一つ皮を剝かなければならない。茎を一つかみずつ藁で縛り、沸騰した湯をくぐらせてから桶にいれて漬ける。塩はワラビと同じくらいの分量である。

ゼンマイの採集と保存

乾燥保存――この方法は手間がかかる。まず繊維の固いものを取り除くために、根元の部分だけでなく葉のついた先の部分からも皮を剝ぐ。茹でるのは同じである。茹で上がったものはコヌカをまぶして揉みながら干す。天日に当ててもなかなか乾燥しないために時間がかかった。干しあげた状態で家の中に置く。松橋の家ではフキの貯蔵が最も多くて、塩漬け・乾燥両方合わせて加工したものは一〇〇キロは下らなかったという。

《保存したものの食べ方》一晩塩だし（乾燥したのは水に戻す）してから調理。佃煮・煮物・煮しめなど晴れの日の食事になくてはならない山菜であった。

⑧ミズナ　六月の末頃から採り始める。山菜の中では最後に属するが、九月まで食べられる長期の食料として重宝がられた。

・小型山菜でそのつど採集してくるもの

重要であると考える山菜とその時々に味わう、比較的重要度の低いものとに分けられる。保存するものは重要山菜と考えていいようである。

①バッキャ　フキノトウである。すって味噌をつけて食べたり、囲炉裏で焼いて食べたりする。雪の下からでも出ているため、これを採って春の味として楽しんでいる。

②コゴミ　クサソテツである。雪消えの水辺に円く輪になって株から出て来る。茹でてクルミ和えなどにして食べる。コゴミを保存する家もあったという。茹でたものを干してとっておく。真っ黒くなるが水に戻すと元の緑色に戻るという。

薬草から製薬をしていた秋田県根子

## 根子の薬商売

秋田県北秋田郡根子を世に出したのは戸川幸夫である。かれは戦後しばらく根子に泊まり込んで聞き書きをしていた。それが彼の作品になり秋田犬の話や狩りの話となってマタギの集落という名前が定着した。

ところがこの評価は根子の人々にしてみると一面的なものでしかないために戸惑う。もともと根子は売薬行商の根拠地として、これに生業のすべてをかけてきたところである。マタギのイメージばかりで外部の人が見るために、売薬と言えばすぐに「熊の胆」かといった反応で簡単に熊とりの村にしてしまう。これは一面本質を見失うものである。

根子はこの秋田の深山に生える薬草を採って、それを薬に加工して家庭薬を作り、全国に行商していた。八〇軒の村に七軒薬問屋があり、それぞれの問屋が売り子を抱え、売り子は各地農山村の定宿に泊まって薬を捌いた。売って歩いた範囲は北はカムチャツカから西は広島・四国に及んだ。狩猟は各地の山村を歩いている時に優れた技術を見ると、帰って来た売り子がマタギに技術を教えていたという。

戦後、薬事法が厳しく適用されるようになって薬剤師を抱えなければ薬を作ることができなくなった。そこで昭和三〇年秋田市に秋田製薬株式会社を設立し、工場は根子に置く。問屋六軒が合同して会社になった。支店は仙台においていた。

薬にはフリダシや女の血の道の薬ジョキョウトウ。そのほかに目薬・風邪薬・牛馬の薬や虫下し・気付け薬などがあった。

根子には四〇軒を越えると米の生産から考えて村が維持できなくなるとの見方があった。しかし炭鉱が戦後昭和三〇年閉山になつた時には八〇軒に達していた。一八〇年前に四〇軒という数字があったのが最大で、六〇軒が限度と村の人も見ていた。

一八〇年前には四〇軒を超えた家を、村田松兵衛に率いられて現在上小阿仁村になっている八木沢を開拓して分村した。戦争前には森吉山大野台を開墾して分村した。このほか村のすぐ上手の山のカギテに七〜八軒が出ている。

秋田マタギの出所とされている根子は実は奥山に生える薬草を採集していた人々の住む村でもあったのだ。

## 奥三面の薬

骨折や打撲は山人にとって大怪我であった。指を落としてしまうこともあり、傷口からばい菌が入れば死につながることがあった。かつての山村には医者がいないのが普通であった。各村には必ず病気や怪我について深い知識を持った者がいて、病気や怪我に適切に対処していた。村の中で医術に携わる人々は、一定の尊敬をもって扱われた。

奥三面の場合、「平家の落人」伝説の中心として武士の子孫とされる小池大炊ノ介家がアイスという秘薬を作っていた。この薬は、骨折・打撲・裂傷に重要な外科的医薬である。山仕事で足を骨折し、皮を飛び出した骨を中に入れて、折れた部分に柳（ユキヤナギ）の枝を差し込んで固め、この上からもユキヤナギの枝を並べて固定し、外部はご飯粒にアイスという薬を混ぜて湿布し、手当をした。

製造方法は秘伝とされ、当主が直接受け継いできた。

小池春江（昭和十三年生まれ）が飼葉を切る押切で指を落としてしまった時の治療は次のように行われた。

傷口の指先にアイスを直接つけないで、傷口のまわり、指の付け根から傷口より下まで和紙をちぎって貼った所にアイスを載せ、傷口の指先に漬物の葉っぱ（白菜）をつけた。葉っぱは漬物なので塩辛い。つけたアイスや漬物の葉っぱは毎朝取り替えた。奥三面には消毒液というものがなかったので、朝になれば塩水をぬるま湯に入れて白菜やアイスをつけた所を洗って塩水で消毒して、傷口には白菜漬け、傷のまわりにはアイスをつけるということを繰り返した。

アイスをつけると、ここから中に毒が入らない。実際に化膿しないで傷口からアクソ（毒の汚い水）が抜けた。アイスをつけた所がアイスに押されたような圧迫された感じになり、指の付け根の方から傷口の方へ押された感じになって、付け根の下から治っていった。

アイスを作っていたのは小池大炊ノ介の家で、河童が悪さをするので懲らしめたところ恩返しに教えてくれたという伝承を持つ。「金瘡療治秘書」という秘伝の書類が残されている。現在の当主が語ってくれた薬の成分は次の九種類である。しかし調剤については門外不出で現在も教えられないという。

オウバク（黄檗）――キハダを乾燥させて粉にしたもの
アカニシ（赤螺）――アッキガイという巻貝の殻の粉末
チョウジ（丁子）――南方産の薬
ウキョウ（干姜）――生姜の乾燥粉末
ボレイ（牡蠣）――牡蠣の殻の粉末
ダイオウ（大黄）――根の乾燥粉末
ロッカクソウ（鹿角霜）――鹿の角を蒸し焼きした粉末
スノモト（鮒の粉）――少々
ケイシン（桂辰）

飲み薬のアイスというものもあり、別名コウホネ散（川骨散）といった。植物のコウホネから作った。

フキの葉は血止めに使った。鎌などで怪我をした場合、近くにあるフキの葉を取って来てしっかり揉み、かなり柔らかくなったものを傷口につけた。

血を止めるのにはフキよりもヨモギを多く使った。フキと同じようによく揉み、しっかり柔らかくなったものを水分を絞って傷口に当てて血を止めた。

フキの葉とヨモギの葉をいっしょに使うことも多かった。冬の間でフキやヨモギの新鮮な葉がないときは白菜漬けを使った。

里では血止めのためにガエルッパ（オオバコ）も使った。ガエルッパの葉と葉の間に塩を入れ、火箸に挟んで囲炉裏の火にかざす。焼けた表皮を取って揉み、塩が出ていない部分を傷口につけた。漬物や味噌を火傷した所につけた。熱を冷ます。

フンドス（釘通し）というけがは、草鞋や草履を履いて仕事をしていた人が釘を足の裏からさしてしまうことである。こんな時は傷口に塩を塗って消毒し、味噌をつける。場合によっては灸を焚いた。これで大体治った。これでもまだ痛い時はハンマーで傷口を叩いたり、強く踏んで歩いて治した。

風邪・熱さましには、大きくて小指ほどもある鉢巻きをしたメメズ（ミミズのこと）を取って来て腹を割き、よく洗ってカラカラになるまで乾燥させておいた。土用干しといい、土用にしっかり乾かして保存しておく。

家族が風邪をひいて熱を出した時などに、お茶のようにヤカンで沸騰するまで煮だし、茶碗に移して飲んだ。飲む量は一回に茶碗一杯。飲んでからは寝るようにいわれた。生臭いものであった。

クリの花も風邪薬として使った。六月に咲いたクリの花を取って乾燥させて保存しておく。風邪をひくとヤカンで沸かして煎じ、一杯飲んだ。色は醤油色で味は苦い。

熱が高く喉の痛みがひどいときは、雪の中からニラの芽を掘ってきて、そのままクリの花と一緒に煮出して飲んだ。

熱が下がらない場合、お酒（各家で造っていた濁酒）を熱くしてタオルで湿布した。

馬の傷の手当にも心を砕いた。脚などに傷を負った時は、ニラを塩と一緒に揉んで、傷口につけてやった。ニラはいつも畑に作っていて、同じ場所に生えているので、冬でも必要であれば掘って取ることができた。貴重な薬用の植物であった。

奥三面では風邪がはやったりすると、子供の着物の衿に真綿でくるんだニンニク一かけらをはさんで、首に巻いた状態で学校へ行った。

風邪でなくても、世間に出て行くときには子供の着物の衿に入れてやった。

ひび・あかぎれ・しもやけの治療にはササホコリ（コケイラン）の根につく偽球茎を取って乾燥させておき、晩秋から冬にかけて用いた。

カラカラの球茎を鮫の皮ですりおろし、ぬるま湯の中に入れてあかぎれの口の空いた所に塗って布を貼り、治していった。昔の人から聞いていたやり方である。

あまりにもひどくあかぎれの口が開いたときは、ご飯粒をつめて縫ったこともある。

ひびやしもやけ、ゆきやけの治療には熊の脂を塗った。熊の脂は固まらないで取っておける。最も効果のある部分は熊の尻の脂であった。熊の脂は、鍋で溶かして保存するが、この場合は尻の脂肉をそのまま罐に入れておき、必要なときに取り出して患部に塗った。

肩凝りにはホオズキの赤い実を割って肩につけてやる。肩の凝る場所に貼っていく。ホオズキは、子供たちが秋に気候の関係か、口の端が切れて痛がるときに、つけて治していた。今はステロイド系のよい薬があるためにあっという間に治るが、昔はホオズキの実を使った。

水虫は、オニグルミが固い殻を中につけるまで外側にオニカワという青い外皮がついているが、これを取って来てよく叩き潰し、布袋に入れてバケツの中に入れて水で薄めた液が薬となる。この中に足を入れる。また液を患部に塗る。飛び上がるほど猛烈にしみる。これでかゆみも止まる。クルミのオニカワは毒流しの材料でもあり、夏、川に流して魚を取った。クルミの中にある可食部は料理に使うが、あまりにもおいしいせいか「目の毒歯の薬」といった。ウルイのクルミ和えなどはとてもおいしいものである。食べ過ぎないようにということであったのだろう。

蓄膿の特効薬はドクダミである。昔の子供たちは青鼻汁を垂らしていたものである。中に鼻汁の出が悪くて頭がボーとする子供もいた。ドクダミの生の葉を取って来て、フキの葉にくるんで囲炉裏の火で蒸し焼きにする。ドクダミはベタベタになる。この状態のものを鼻の中に入れるとここに鼻汁が集まってきて鼻が通るようになる。鼻炎などでもこれを繰り返していくと鼻汁が出て治ってくる。

筆者は慢性鼻炎で悩まされていたが、この方法を実践して鼻の通りをよくした。蒸し焼きになってベタベタになったドクダミの葉を鼻に入れておくと、ここにどんどん鼻汁が集中してくる。不思議なものであった。

オデキのことをネッパリという。体が毒っぽくて出来物ができることがある。特に子供はオデキができて痛がるが、この膿を吸い出すのにドクダミを使った。フキの葉にくるんだ生のドクダミを蒸し焼きにして、ネッパリの膿が出て来る口に貼りつけておく。何回か繰り返していると芯まで吸い取られて出て来る。吸い出しの薬であった。

腹痛にはいろいろな症状がある。下痢や腹痛で困った時は、夏土用に取って干しておいたゲンノショウコを一つまみヤカンに入れて煎じて飲む。これでほとんどの下痢は止まる。

ドクダミの干したものを煎じて飲むこともした。ドクダミは「十薬」という字を当てるように、十の薬の成分が入っていると言われたものである。

皮膚病にはオトギリソウを焼酎漬けにし、液に滲み出してきた薬効成分を皮膚病の箇所に塗った。筆者の娘が五歳の頃、アトピー性皮膚炎で苦しんでいた。オトギリソウのことを聞き、焼酎に乾かしたオトギリソウを刻んで入れ、ひと月そのままおいて、使用したところ、見事に効き目を発揮した。

この植物については、薬効が顕著なことから次のような伝説が伝わっている。

鷹匠の兄弟がいた。鷹が傷を受けるとある植物を使って治していた。この植物はけっして門外に出してはならないものであった。ところがある時、弟が傷を負った人のためにこの植物を使って治すように喋ってしまった。これを知った兄は、泣く泣く弟を切った。弟を切ったことからオトギリ草という名が付いた。

胃潰瘍にも顕著な効用があるという。

神経痛・リュウマチには奥三面のトチ酒というものがあった。三五度の焼酎一升に干したトチの実三〇粒、ホオズキ五〜六個を入れて、二カ月寝かす。これで出来上がる。この薬は患部につけたり風呂に入れて使う。不思議と痛みが収まる。

疲労回復にはマタタビの実を塩漬けにしておき、必要なときに取り出して食べる。また、漬けた実を焼酎に漬けて保存し、この液を飲むこともした。

イカリソウを取って干しておき、煎じて飲む。精力剤としても使用した。

自給自足だから薬も自分たちの近くにあるものの採集ですませたと考えるのは早計である。奥三面のアイスは植物の中に奥三面では採れないものも含まれている。薬の組み合わせも多い。オトギリソウのように同じ伝承を伝えている地域が東北地方に多い。鷹匠が伝えたという人もいるが、少なくとも地域・時代を超えた薬用植物であることは間違いない。オトギリソウはよく繁殖する植物であるが、採ることを禁じること自体に人との深い関係が見え隠れするのである。

## 三　採集と狩猟

採集生活を営んできた飯豊山麓小玉川と朝日山麓金目の狩猟事例を細かく記述してきたが、男の狩猟を支えたのは女の採集である。着物にする麻の採取を秋に行い、これを織る仕事は冬に行われた。麻布は奥三面では次のように伝承している。

「一冬に一反織れれば一人前」

女性は、麻糸をアイコから採って、繊維を取り出し、これをオボケに入れて紡ぎ、機で織るまでの仕事が一反できて一人前ということであった。大変な労働である。

木綿から布にする同様の過程の三倍の労働力がかかったという。木綿以前の労働力の量は現在のそれとは比べものにならないものであった。

科布《シナ》ができるまでの流れも、六月の皮剝ぎから冬の機織りまで、延々と労働が続く。皮剝ぎは男の仕事、木灰の中で煮込んで繊維を取り出す仕事から機織りまでは女性の仕事であった。

男と女の仕事の分担が労働の質で見事に分かれていたのである。春先の山菜採集でも、ゼンマイなど大量に採って加工・保存するのは男性の仕事であり、裏山に出てその日の山菜を採ってくるのは女性の仕事であった。ゼンマイ干しは女性が何日もかけて家の前で行い、男は最も遠い場所まで半日行程をでかけていった。

採集社会では集落のまわりで仕事をしているのが女性で、遠くスノヤマ（泊まり山）に出かけるのは男であるという傾向がみてとれる。

狩猟は単純に男の仕事とされてきたが、集落をしっかり守る女性の存在なくしては成り立たなかったきわめて効率の悪い生業である。毛皮や肉が余剰を生み出すほど取れることはめったになかった。冬の活動にどうしても必要なカモシカの毛皮などは、それゆえ、採集集落が他の集落と交易したり、冬でも活動する際の必需品という意味あいをもつ。狩猟はただ単に食（肉）を得るという視点だけでは論じられない広がりを持つのである。

残雪の残る雪山での狩猟は山の道先案内であり、山菜採集のガイドであった。獣の食料は人間にとっても質的に大きな影響を与えてくれる。

食べられる山菜やキノコを教えてくれた熊やカモシカ。狩りの範囲が採集の範囲に解放されていく。採集の研究は関係論としての研究になる。
①人と動物
②動物と植物

③植物と人

このサイクルの中で、研究が深まっていく。

（1）清水大典『山菜全科』家の光協会、一九六八年、二七四頁
北村四郎『原色日本植物図鑑（上）』保育社、一九五七年、三七頁

（2）小学館『大辞泉』

# あとがき

旧石器時代から縄文時代を経て現代まで延々と生き抜いた奥三面が西暦二〇〇〇年に水没した。私はダム建設に伴う発掘調査担当として奥三面に二年間通った。

縄文時代中期中葉の前田遺跡を発掘していた時である。集落前に広がる前山のクリ林、南側の三面川対岸にあるアチヤ平のストーンサークル、上流部にある広大な元屋敷遺跡の平に囲まれ、自分が今、生きている年代を飛び越し、かつて存在したであろうと考えられる感性に包まれたものである。不思議な感情が湧いてくる。私たちの生きている現代社会の浪費癖、飽くなき欲望の追求などへの懐疑である。

圧倒される自然の中にあって、人間は謙虚になれるものである。奥三面の住人、小池善茂や高橋源右衛門が口癖のように語る「俺らは山に生かされてきたのだ」という言葉が抵抗なく受け入れられる。発掘作業を繰り返しながら感嘆したり呆然としたのは、縄文人たちの巧みな自然利用であり、出土品の利用目的・方法が説明できない、現代に生きる私たちのふがいなさであった。自然の中で生きる私たちは、すでに自然から見放されているのではないか。

自然との共生など心地よい言葉は躍るが、人間が本来持っている自然の中で研ぎ澄まされてくる能力は退化し始めているのではなかろうか。

前田遺跡から下クボ遺跡に移り住んだと考えられる奥三面の縄文人は、突然集落の規模を巨大化させる。縄文時代中期後葉のことである。原因を探るために私が目を付けたのが奥三面の植生と山のキャパシティーであった。

山が彼らを養っていたのであれば、それを説明しなければならない。採集の研究は、民俗学のフィールドワーカーが奥三面遺跡群に立ち向かう一つの方法であった。

奥三面は豊かであった。山菜利用で八〇種類を越え、遡る大量の鱒は貴重なタンパク源として川にあり、山にはカモシカや熊が多かった。この生活記録は、そのまま学問体系につながる可能性がある。現存の姿は民俗学から、かつての遺物との比較は考古学で。

一方、考古学で説明できない出土遺物の利用法などは、民俗事例で突き合わせたい。ところが民俗事例を考古学の時間軸を考慮に入れて研究したものがほとんどないという事実に接し愕然とした。

奥三面の問題は奥三面の事例で説明できればこれにこしたことはない。定点主義で奥三面をモノグラフ的に徹底的に調べ尽くす方法もある。ところが、定点主義はその範囲をどこに設定するかによって問題追究の深度に大きな違いがでてくる。奥三面という一点を相対化できる近隣の場所がないかどうか探していたところ、飯豊山麓に何点か見つかってきた。単純な比較のためでなく、狩りの技術・植生・職業形態などが似ている場所で、文化的領域として定立できる場所が好ましい。

飯豊山麓小玉川・朝日山麓金目は以前から調査に入っていたが、奥三面との類似と相違という面から、一つの文化的領域として定立できそうであった。

1　生業の形態で狩り・焼畑・採集・川での鱒漁などでの共通性が際だっていること。
2　生業の技術が一つのまとまりを持った範囲であること。
・狩りの技術で熊・カモシカなどのとりかたに大きな相違のないこと。
・狩りの系統性が似通っていること
・焼畑で収穫目的とするものが似ていること。
3　各河川の最も上流に集落があり、後背の山からの採集活動が盛んなところ。
・集落の周りに澱粉採取の植物を備えていること。
・米に対する依存度が低く、食料の半分以上を採集や焼畑で賄なっていたところ。
4　歴史的に似たような生産活動をしていた地域。
5　山に対する信仰形態が似ていること。

このようにして定立した文化的領域は、奥三面から金目・小玉川と辿るラインで三面川・荒川の流域面積の源流部であった（五ページ地図参照）。定立した場所が朝日連峰を北に越えた大井沢などを含めれば、最上川水系となり利用してきた植物も微妙に違ってくる。また、飯豊山を一つの塊と考えると、会津地方の信仰形態と越後側のそれではかなりの相違がみられる。

そこで、設定した定点を一つの基準として記録することに力を注いだ。この範囲で特徴的なことは集落の周りに食べていけるだけの澱粉山をクリの半栽培で育てていることであった。クリに対する依存度が極めて高い。クリの林が里山となっていて、奥山はクリ林の外側を意味していた。

現在この風景は一様に壊されている。大正時代の末に開通した鉄道の枕木とするためにクリの木が切られたのである。クリが切られた歴史まで似ているのであるが、ここに植林したのが杉の苗であったことまで共通している。この地方の植生はブナに遷移していく植生であるにもかかわらず、外来の杉が建築材として植えられた。だから、山の上から里をのぞくと不思議な濃い緑色が集落の周りに張り付いている。かつてはクリの巨木がそそり立っていたところであるのに。

一方、クリの澱粉山を中心にして文化的領域を考えれば、只見、打当と、私が設定した文化的領域を飛び越えて東北地方に広く類似の事例を求めることができる。ところが熊と山菜で検討したように、大きな相違点も明らかとなってくる。

生業の最初は採集・狩猟であったことは考古学の定説となっているが、採集と狩猟に関連性を認めて一体として研究したものがない。これは不思議な現象である。縄文時代は狩猟・採集が生業であったというのであれば、一年間の狩猟・採集の姿をはっきり示さなければ一体どのような姿であったのか分かるものではない。

幸い、小玉川で舟山仲次・金目で斎藤熊雄というすばらしい語り部と巡り会うことができた。狩人の生業は山から物を頂くことである。動物であれば狩猟となり、植物であれば採集となる。しかし、狩りの対象である動物は植物を食べて大きくなっているのである。採集研究の分野に「動物と植物」の項目が必要であった。生態学の食物連鎖に類似する概念の導入も必要であった。狩りの対象となる動物はその一生を、人間たちが集落の占有領域とした山で一生を終える。この生態系の中で食物連鎖を繰り返しているのである。

だからこそ、源流部各集落の動物がどのように生活しているかについての調査記録が大切である。調査記録で最も詳しいのは動物の習性行動を知り尽くしている伝説の狩人であった。

定点の記録を基準として取り扱うと、これに類似するテーマの追究がより幅のあるものとなってくる。熊の食べる山菜についてはテーマを追う形を取ったが、これによって別の文化的領域が浮かび上がってきた。一つは秋田県の阿仁地方であり、また一つは富山県立山地方である。

そして、私の定立した定点のモノグラフから出発すると、アイヌの文化とのつながりは以外と近いことが分かってきた。従来、アイヌの文化を日本民俗学で扱うことは極めて慎重であった。考古学も同様である。

定点を定めて、ここから研究を広げる調査に取り組む必要を感じている。定点のモノグラフの中から出てくるディテイルな要素は他の地域と比較する前に、定立した文化的領域でいったん検討してみる必要がある。その後、特に価値があるとして取り出した要素を比較する。定点の中でいったん検討されていれば、比較段階で類似と相違が整理しやすく、すぐに文化的領域間の比較が可能となる。

採集の研究のみで検討したこの方法は、昔話・芸能・言語などでの研究にも利用したい。

「採集」を本にまとめようと考えたのは、今まで述べてきたような学術上の問題がある。同時に、聞き取り調査に応じてくれた語り部の記録をどうしても形にして残したかったのである。

槍を突いて熊をとった最後の狩人・舟山仲次

山からいただく恵みで生きてきた金目の斎藤熊雄

奥三面でカモシカ狩りのスノ山に参加した最後の世代、小池善茂・高橋源右衛門彼らのほかに数十名の方々の語りがこの書には詰まっている。深く感謝している。

海の民俗や船の研究で、二〇年以上も私がご指導いただいている小川博先生に書きためたものをまとめて出版したいという希望を話したところ、小川先生自らが法政大学出版局へ出向いてくださり、出版局の秋田公士さんと相談してくださった。深く恩寵を感じる出来事であり、感謝の気持ちで一杯である。私にとって『ものと人間の文化史』のシリーズに入れていただけたことは身に余ることである。秋田さんには大変お世話になった。

このようにして本書はできた。深く感謝申し上げる。

赤羽正春

著者略歴

赤羽正春（あかば　まさはる）

1952年長野県に生まれる．明治大学卒業，明治学院大学大学院修了．新潟県教育公務員，文化行政課在勤中に奥三面遺跡発掘調査担当として奥三面遺跡群の調査に携わる．
著書に『日本海漁業と漁船の系譜』（慶友社）
　　　『越後荒川をめぐる民俗誌』（アペックス）
編著に『ブナ林の民俗』（高志書院）がある．
　　専攻は民俗学・考古学．

ものと人間の文化史　103・採集　ブナ林の恵み

2001年11月1日　　初版第1刷発行

著　者 © 赤　羽　正　春

発行所 財団法人 法政大学出版局
〒102-0073 東京都千代田区九段北3-2-7
電話03(5214)5540／振替00160-6-95814
印刷／平文社　製本／鈴木製本所

ISBN4-588-21031-9

Printed in Japan

# ものと人間の文化史

★第9回梓会出版文化賞受賞

文化の基礎をなすと同時に人間のつくり上げたもっとも具体的な「かたち」である個々の「もの」について、その根源から問い直し、「もの」とのかかわりにおいて営々と築かれてきたくらしの具体相を通じて歴史を捉え直す

1 船 須藤利一編

海国日本では古来、漁業・水運・交易はもとより、大陸文化も船によって運ばれた。本書は造船技術、航海の模様の推移を中心に、漂流、船霊信仰、伝説の数々を語る。 四六判368頁・ '68

2 狩猟 直良信夫

人類の歴史は狩猟から始まった。本書は、わが国の遺跡に出土する獣骨、猟具の実証的考察をおこないながら、狩猟をつうじて発展した人間の知恵と生活の軌跡を辿る。 四六判272頁・ '68

3 からくり 立川昭二

〈からくり〉は自動機械であり、驚嘆すべき庶民の技術的創意がこめられている。本書は、日本と西洋のからくりを発掘・復元・遍歴し、埋もれた技術の水脈をさぐる。 四六判410頁・ '69

4 化粧 久下司

美を求める人間の心が生みだした化粧—その手法と道具に語らせた人間の欲望と本性、そして社会関係。歴史を遡り、全国を踏査して書かれた比類ない美と醜の文化史。 四六判368頁・ '70

5 番匠 大河直躬

番匠はわが国中世の建築工匠。地方・在地を舞台に開花した彼らの造型・装飾・工法等の諸技術、さらに信仰と生活等、職人以前の独自で多彩な工匠的世界を描き出す。 四六判288頁・ '71

6 結び 額田巌

〈結び〉の発達は人間の叡知の結晶である。本書はその諸形態および技法を作業・装飾・象徴の三つの系譜に辿り、〈結び〉のすべてを民俗学的・人類学的に考察する。 四六判264頁・ '72

7 塩 平島裕正

人類史に貴重な役割を果たしてきた塩をめぐって、発見から伝承・製造技術の発展過程にいたる総体を歴史的に描き出すとともに、その多彩な効用と味覚の秘密を解く。 四六判272頁・ '73

8 はきもの 潮田鉄雄

田下駄・かんじき・わらじなど、日本人の生活の礎となってきた伝統的はきものの成り立ちと変遷を、二〇年余の実地調査と細密な観察・描写によって辿る庶民生活史 四六判280頁・ '73

9 城 井上宗和

古代城塞・城柵から近世代名の居城として集大成されるまでの日本の城の変遷を辿り、文化の各領野で果たしてきたその役割を再検討。あわせて世界城郭史に位置づける。 四六判310頁・ '73

10 室井綽
# 竹
食生活、建築、民芸、造園、信仰等々にわたって、竹と人間との交流史は驚くほど深く永い。その多岐にわたる発展の過程を個々に辿り、竹の特異な性格を浮彫にする。四六判324頁・'73

11 宮下章
# 海藻
古来日本人にとって生活必需品とされてきた海藻をめぐって、その採取・加工法の変遷、商品としての流通史および神事・祭事での役割に至るまでを歴史的に考証する。四六判330頁・'74

12 岩井宏實
# 絵馬
古くは祭礼における神への献馬にはじまり、民間信仰と絵画のみごとな結晶として民衆の手で描かれ祀り伝えられてきた各地の絵馬を豊富な写真と史料によってたどる。四六判302頁・'74

13 吉田光邦
# 機械
畜力・水力・風力などの自然のエネルギーを利用し、幾多の改良を経て形成された初期の機械の歩みを検証し、日本文化の形成における科学・技術の役割を再検討する。四六判242頁・'74

14 千葉徳爾
# 狩猟伝承
狩猟には古来、感謝と慰霊の祭祀がともない、人獣交渉の豊かで意味深い歴史があった。狩猟用具、巻物、儀式具、またけものたちの生態を通して語る狩猟文化の世界。四六判346頁・'75

15 田淵実夫
# 石垣
採石から運搬、加工、石積みに至るまで、石垣の造成をめぐって積み重ねられてきた石工たちの苦闘の足跡を掘り起こし、その独自な技術の形成過程と伝承を集成する。四六判224頁・'75

16 高嶋雄三郎
# 松
日本人の精神史に深く根をおろした松の伝承に光を当て、食用、薬用等の実用の松、祭祀・観賞用の松、さらに文学・芸能・美術に表現された松のシンボリズムを説く。四六判342頁・'75

17 直良信夫
# 釣針
人と魚との出会いから現在に至るまで、釣針がたどった一万有余年の変遷を、世界各地の遺跡出土物を通して実証しつつ、漁撈によって生きた人々の生活と文化を探る。四六判278頁・'76

18 吉川金次
# 鋸
鋸鍛冶の家に生まれ、鋸の研究を生涯の課題とする著者が、出土遺品や文献・絵画により各時代の鋸を復元・実験し、庶民の手仕事にみられる驚くべき合理性を実証する。四六判360頁・'76

19 飯沼二郎／堀尾尚志
# 農具
鍬と犂の交代・進化の歩みとして発達したわが国農耕文化の発展経過を世界史的視野において再検討しつつ、無名の農具たちによる驚くべき創意のかずかずを記録する。四六判220頁・'76

20 額田巌
## 包み
結びとともに文化の起源にかかわる〈包み〉の系譜を人類史的視野において捉え、衣・食・住をはじめ社会・経済史、信仰、祭事などにおけるその実際と役割とを描く。四六判354頁・'77

21 阪本祐二
## 蓮
仏教における蓮の象徴的位置の成立と深化、美術・文芸等に見る人間とのかかわりを歴史的に考察。また大賀蓮はじめ多様な品種とその来歴を紹介しつつその美を語る。四六判306頁・'77

22 小泉袈裟勝
## ものさし
ものをつくる人間にとって最も基本的な道具であり、数千年にわたって社会生活を律してきたその変遷を実証的に追求し、歴史の中で果たしてきた役割を浮彫りにする。四六判314頁・'77

23-I 増川宏一
## 将棋I
その起源を古代インドに、我国への伝播の道すじを海のシルクロードに探り、また伝来後一千年におよぶ日本将棋の変化と発展を盤、駒、ルール等にわたって跡づける。四六判280頁・'77

23-II 増川宏一
## 将棋II
わが国伝来後の普及と変遷を貴族や武家・豪商の日記等に博捜し、遊戯者の歴史をあとづけると共に、中国伝来説の誤りを正し、将棋宗家の位置と役割を明らかにする。四六判346頁・'85

24 金井典美
## 湿原祭祀　第2版
古代日本の自然環境に着目し、各地の湿原聖地を稲作社会との関連において捉え直して古代国家成立の背景を浮彫にしつつ、水と植物にまつわる日本人の宇宙観を探る。四六判410頁・'77

25 三輪茂雄
## 臼
臼が人類の生活文化の中で果たしてきた役割を、各地に遺る貴重な民俗資料・伝承と実地調査にもとづいて解明。失われゆく道具のなかに、未来の生活文化の姿を探る。四六判412頁・'78

26 盛田嘉徳
## 河原巻物
中世末期以来の被差別部落民が生きる権利を守るために偽作し護り伝えてきた河原巻物を全国にわたって踏査し、そこに秘められた最底辺の人びとの叫びに耳を傾ける。四六判226頁・'78

27 山田憲太郎
## 香料　日本のにおい
焼香供養の香から趣味としての薫物へ、さらに沈香木を焚く香道へと変遷した日本の「匂い」の歴史を豊富な史料に基づいて辿り、我国風俗史の知られざる側面を描く。四六判370頁・'78

28 景山春樹
## 神像　神々の心と形
神仏習合によって変貌しつつも、常にその原型＝自然を保持してきた日本の神々の造型を図像学的方法によって捉え直し、その多彩な形象に日本人の精神構造をさぐる。四六判342頁・'78

29 増川宏一
## 盤上遊戯
祭具・占具としての発生を『死者の書』をはじめとする古代の文献にさぐり、形状・遊戯法を分類しつつその〈進化〉の過程を考察。〈遊戯者たちの歴史〉をも跡づける。四六判326頁・'78

30 田淵実夫
## 筆
筆の里・熊野に筆づくりの現場を訪ねて、筆匠たちの境涯と製筆の由来を克明に記録しつつ、筆の発生と変遷、種類、製筆法、さらには筆塚、筆供養にまで説きおよぶ。四六判204頁・'78

31 橋本鉄男
## ろくろ
日本の山野を漂移しつづけ、高度の技術文化と幾多の伝説とをもたらした特異な旅職集団＝木地屋の生態を、その呼称、地名、伝承、文書等をもとに生き生きと描く。四六判460頁・'79

32 吉野裕子
## 蛇
日本古代信仰の根幹をなす蛇巫をめぐって、祭事におけるさまざまな蛇の「もどき」や各種の蛇の造型・伝承に鋭い考証を加え、忘れられたその呪性を大胆に暴き出す。四六判250頁・'79

33 岡本誠之
## 鋏（はさみ）
梃子の原理の発見から鋏の誕生に至る過程を推理し、日本鋏の特異な歴史的位置を明らかにするとともに、刀鍛冶等から転進した鋏職人たちの創意と苦闘の跡をたどる。四六判396頁・'79

34 廣瀬鎮
## 猿
嫌悪と愛玩、軽蔑と畏敬の交錯する日本人とサルとの関わりあいの歴史を、狩猟伝承や祭祀・風習、美術・工芸や芸能のなかに探り、日本人の動物観を浮彫りにする。四六判292頁・'79

35 矢野憲一
## 鮫
神話の時代から今日まで、津々浦々につたわるサメの伝承とサメをめぐる海の民俗を集成し、神饌、食用、薬用等に活用されてきたサメと人間のかかわりの変遷を描く。四六判292頁・'79

36 小泉袈裟勝
## 枡
米の経済の枢要をなす器として千年余にわたり日本人の生活の中に生きてきた枡の変遷をたどり、記録・伝承をもとにこの独特な計量器が果たした役割を再検討する。四六判322頁・'80

37 田中信清
## 経木
食品の包装材料として近年まで身近に存在した経木の起源を、こけら経や塔婆、木簡、屋根板等に遡って明らかにし、その製造・流通に携った人々の労苦の足跡を辿る。四六判288頁・'80

38 前田雨城
## 色　染と色彩
わが国古代の染色技術の復元と文献解読をもとに日本色彩史を体系づけ、赤・白・青・黒等におけるわが国独自の色彩感覚を探りつつ日本文化における色の構造を解明。四六判320頁・'80

39 吉野裕子
# 狐 陰陽五行と稲荷信仰
その伝承と文献を渉猟しつつ、中国古代哲学＝陰陽五行の原理の応用という独自の視点から、謎とされてきた稲荷信仰と狐との密接な結びつきを明快に解き明かす。 四六判232頁・'80

40-I 増川宏一
# 賭博I
時代、地域、階層を超えて連綿と行なわれてきた賭博。――その起源を古代の神判、スポーツ、遊戯等の中に探り、抑圧と許容の歴史を物語る。全III分冊の〈総説篇〉。 四六判298頁・'80

40-II 増川宏一
# 賭博II
古代インド文学の世界からラスベガスまで、賭博の形態・用具・方法の時代的特質を明らかにし、夥しい禁令に賭博の不滅のエネルギーを見る。全III分冊の〈外国篇〉。 四六判456頁・'82

40-III 増川宏一
# 賭博III
聞香、闘茶、笠附等、わが国独特の賭博を中心にその具体例を網羅し、方法の変遷に賭博の時代性を探りつつ禁令の改廃に時代の賭博観を追う。全III分冊の〈日本篇〉。 四六判388頁・'83

41-I むしゃこうじ・みのる
# 地方仏I
古代から中世にかけて全国各地で作られた無銘の仏像を訪ね、素朴で多様なノミの跡に民衆の祈りと地域の願望を探る。宗教の伝播、文化の創造を考える異色の紀行。 四六判256頁・'80

41-II むしゃこうじ・みのる
# 地方仏II
紀州や飛騨を中心に草の根の仏たちを訪ねて、その相好と像容の魅力を探り、技法を比較考証して仏像彫刻史に位置づけつつ、中世地域社会の形成と信仰の実態に迫る。 四六判260頁・'97

42 岡田芳朗
# 南部絵暦
田山・盛岡地方で「盲暦」として古くから親しまれてきた独得の絵解き暦を詳しく紹介しつつその全体像を復元する。その無類の生活暦は、南部農民の哀歓をつたえる。 四六判288頁・'80

43 青葉高
# 野菜 在来品種の系譜
蕪、大根、茄子等の日本在来野菜をめぐって、その渡来・伝播経路、品種分布と栽培のいきさつを各地の伝承や古記録をもとに辿り、畑作文化の源流とその風土を描く。 四六判368頁・'81

44 中沢厚
# つぶて
弥生投弾、古代・中世の石戦と印地の様相、投石具の発達を展望しつつ、願かけの小石、正月つぶて、石こづみ等の習俗を辿り、石塊に託した民衆の願いや怒りを探る。 四六判338頁・'81

45 山田幸一
# 壁
弥生時代から明治期に至るわが国の壁の変遷を壁塗＝左官工事の側面から辿り直し、その技術的復元・考証を通じて建築史・文化史における壁の役割を浮き彫りにする。 四六判296頁・'81

46 小泉和子
## 箪笥（たんす）
★第II回江馬賞受賞
近世における箪笥の出現＝箱から抽斗への転換に着目し、以降近現代に至るその変遷を社会・経済・技術の側面からあとづける。著者自身による箪笥製作の記録を付す。四六判378頁・'82

47 松山利夫
## 木の実
山村の重要な食糧資源であった木の実をめぐる各地の記録・伝承を集成し、その採集・加工における幾多の試みを実地に検証しつつ、稲作農耕以前の食生活文化を復元。四六判384頁・'82

48 小泉袈裟勝
## 秤（はかり）
秤の起源を東西に探るとともに、わが国律令制下における中国制度の導入、近世商品経済の発展に伴う秤座の出現、明治期近代化政策による洋式秤受容等の経緯を描く。四六判326頁・'82

49 山口健児
## 鶏（にわとり）
神話・伝説をはじめ遠い歴史の中の鶏を古今東西の伝承・文献に探り、特に我国の信仰・絵画・文学等に遺された鶏の足跡を追って、鶏をめぐる民俗の記憶を蘇らせる。四六判346頁・'83

50 深津正
## 燈用植物
人類が燈火を得るために用いてきた多種多様な植物との出会いと個々の植物の来歴、特性及びはたらきを詳しく検証しつつ「あかり」の原点を問いなおす異色の植物誌。四六判442頁・'83

51 吉川金次
## 斧・鑿・鉋（おの・のみ・かんな）
古墳出土品や文献・絵画をもとに、古代から現代までの斧・鑿・鉋を復元・実験し、労働体験によって生まれた民衆の知恵と道具の変遷を蘇らせる異色の日本木工具史。四六判304頁・'84

52 額田巌
## 垣根
大和・山辺の道に神々と垣との関わりを探り、各地に垣の伝承を訪ねて、寺院の垣、民家の垣、露地の垣など、風土と生活に培われた生垣の独特のはたらきと美を描く。四六判234頁・'84

53-I 四手井綱英
## 森林I
森林生態学の立場から、森林のなりたちとその生活史を辿りつつ、産業の発展と消費社会の拡大により刻々と変貌する森林の現状を語り、未来への再生のみちをさぐる。四六判306頁・'85

53-II 四手井綱英
## 森林II
森林と人間との多様なかかわりを包括的に語り、人と自然が共生するための森や里山をいかにして創出するか、森林再生への具体的な方策を提示する21世紀への提言。四六判308頁・'98

53-III 四手井綱英
## 森林III
地球規模で進行しつつある森林破壊の現状を実地に踏査し、森と人が共存する日本人の伝統的自然観を未来へ伝えるために、いま何が必要なのかを具体的に提言する。四六判304頁・'00

54　酒向昇
海老（えび）
人類との出会いからエビの科学、漁法、さらには調理法を語り、めでたい姿態と色彩にまつわる多彩なエビの民俗を、地名や人名、詩歌・文学、絵画や芸能の中に探る。四六判428頁・'85

55-Ⅰ　宮崎清
藁（わら）Ⅰ
稲作農耕とともに二千年余の歴史をもち、日本人の全生活領域に生きてきた藁の文化を日本文化の原型として捉え、風土に根ざしたそのゆたかな遺産を詳細に検討する。四六判400頁・'85

55-Ⅱ　宮崎清
藁（わら）Ⅱ
床・畳から壁・屋根にいたる住居における藁の製作・使用のメカニズムを明らかにし、日本人の生活空間における藁の役割を見なおすとともに、藁の文化の復権を説く。四六判400頁・'85

56　松井魁
鮎
清楚な姿態と独特な味覚によって、日本人の目と舌を魅了しつづけてきたアユ——その形態と分布、生態、漁法等を詳述し、古今のアユ料理や文芸にみるアユにおよぶ。四六判296頁・'86

57　額田巌
ひも
物と物、人と物とを結びつける不思議な力を秘めた「ひも」の謎を追って、民俗学的視点から多角的なアプローチを試みる。『結び』、『包み』につづく三部作の完結篇。四六判250頁・'86

58　北垣聰一郎
石垣普請
近世石垣の技術者集団「穴太」の足跡を辿り、各地城郭の石垣遺構の実地調査と資料・文献をもとに石垣普請の歴史的系譜を復元しつつ石工たちの技術伝承を集成する。四六判438頁・'87

59　増川宏一
碁
その起源を古代の盤上遊戯に探ると共に、定着以来二千年の歴史を時代の状況や遊び手の社会環境との関わりにおいて跡づける。逸話や伝説を排して綴る初の囲碁全史。四六判366頁・'87

60　南波松太郎
日和山（ひよりやま）
千石船の時代、航海の安全のために観天望気した日和山——多くは忘れられ、あるいは失われた船舶・航海史の貴重な遺跡を追って、全国津々浦々におよんだ調査紀行。四六判382頁・'88

61　三輪茂雄
篩（ふるい）
臼とともに人類の生産活動に不可欠な道具であった篩、箕（み）、笊（ざる）の多彩な変遷を豊富な図解入りでたどり、現代技術の先端に再生するまでの歩みをえがく。四六判334頁・'89

62　矢野憲一
鮑（あわび）
縄文時代以来、貝肉の美味と貝殻の美しさによって日本人を魅了し続けてきたアワビ——その生態と養殖、神饌としての歴史、漁法、螺鈿の技法からアワビ料理に及ぶ。四六判344頁・'89

63 むしゃこうじ・みのる
# 絵師
日本古代の渡来画工から江戸前期の菱川師宣まで、時代の代表的絵師の列伝で辿る絵画制作の文化史。前近代社会における絵画の意味や芸術創造の社会的条件を考える。四六判230頁・'90

64 碓井益雄
# 蛙（かえる）
動物学の立場からその特異な生態を描き出すとともに、和漢洋の文献資料を駆使して故事・習俗・神事・民話・文芸・美術工芸にわたる蛙の多彩な活躍ぶりを活写する。四六判382頁・'89

65-I 竹内淳子
# 藍（あい）I 風土が生んだ色
全国各地の〈藍の里〉を訪ねて、藍栽培から染色・加工のすべてにわたり、藍とともに生きた人々の伝承を克明に描き、風土と人間が生んだ〈日本の色〉の秘密を探る。四六判416頁・'91

65-II 竹内淳子
# 藍（あい）II 暮らしが育てた色
日本の風土に生まれ、伝統に育てられた藍が、今なお暮らしの中で生き生きと活躍しているさまを、手わざに生きる人々との出会いを通じて描く。藍の里紀行の続篇。四六判406頁・'99

66 小山田了三
# 橋
丸木橋・舟橋・吊橋から板橋・アーチ型石橋まで、人々に親しまれてきた各地の橋を訪ねて、その来歴と築橋の技術伝承を辿り、土木文化の伝播・交流の足跡をえがく。四六判312頁・'91

67 宮内悊 ★平成三年度日本技術史学会賞受賞
# 箱
日本の伝統的な箱（櫃）と西欧のチェストを比較文化史の視点から考察し、居住・収納・運搬・装飾の各分野における箱の重要な役割とその多彩な文化を浮彫りにする。四六判390頁・'91

68-I 伊藤智夫
# 絹 I
養蚕の起源を神話や説話に探り、伝来の時期とルートを跡づけ、記紀・万葉の時代から近世に至るまで、それぞれの時代・社会・階層が生み出した絹の文化を描き出す。四六判304頁・'92

68-II 伊藤智夫
# 絹 II
生糸と絹織物の生産と輸出が、わが国の近代化にはたした役割を描くと共に、養蚕の道具、信仰や庶民生活にわたる養蚕と絹の民俗、さらには蚕の種類と生態におよぶ。四六判294頁・'92

69 鈴木克美
# 鯛（たい）
古来「魚の王」とされてきた鯛をめぐって、その生態・味覚から漁法、祭り、工芸、文芸にわたる多彩な伝承文化を語りつつ、鯛と日本人とのかかわりの原点をさぐる。四六判418頁・'92

70 増川宏一
# さいころ
古代神話の世界から近現代の博徒の動向まで、さいころの役割を各時代・社会に位置づけ、木の実や貝殻のさいころから投げ棒型や立方体のさいころへの変遷をたどる。四六判374頁・'92

78-II 竹内淳子
## 草木布《そうもくふ》II
アサ、クズ、シナ、コウゾ、カラムシ、フジなどの草木の繊維から、どのようにして糸を採り、布を織っていたのか——聞書きをもとに忘れられた技術と文化を発掘する。四六判282頁・'95

79-I 増川宏一
## すごろくI
古代エジプトのセネト、ヨーロッパのバクギャモン、中近東のナルド、中国の双陸などの系譜に日本の盤雙六を位置づけ、遊戯・賭博としてのその数奇なる運命を辿る。四六判312頁・'95

79-II 増川宏一
## すごろくII
ヨーロッパの鵞鳥のゲームから日本中世の浄土双六、近世の華麗な絵双六、さらには近現代の少年誌の附録まで、絵双六の変遷を追って時代の社会・文化を読みとる。四六判390頁・'95

80 安達巖
## パン
古代オリエントに起ったパン食文化が中国・朝鮮を経て弥生時代の日本に伝えられたことを史料と伝承をもとに解明し、わが国パン食文化二〇〇〇年の足跡を描き出す。四六判260頁・'96

81 矢野憲一
## 枕《まくら》
神さまの枕・大嘗祭の枕から枕絵の世界まで、人生の三分の一を共に過す枕をめぐって、その材質の変遷を辿り、伝説と怪談、俗信と民俗、エピソードを興味深く語る。四六判252頁・'96

82-I 石村真一
## 桶・樽《おけ・たる》I
日本、中国、朝鮮、ヨーロッパにわたる厖大な資料を集成してその豊かな文化の系譜を探り、東西の木工技術史を比較しつつ世界史的視野から桶・樽の文化を描き出す。四六判388頁・'97

82-II 石村真一
## 桶・樽《おけ・たる》II
多数の調査資料と絵画・民俗資料をもとにその製作技術を復元し、東西の木工技術を比較考証しつつ、技術文化史の視点から桶・樽製作の実態とその変遷を跡づける。四六判372頁・'97

82-III 石村真一
## 桶・樽《おけ・たる》III
樹木と人間とのかかわり、製作者と消費者とのかかわりを通じて桶樽と生活文化の変遷を考察し、木材資源の有効利用という視点から桶樽の文化史的役割を浮彫にする。四六判352頁・'97

83-I 白井祥平
## 貝I
世界各地の現地調査と文献資料を駆使して、古来至高の財宝とされてきた宝貝のルーツとその変遷を探り、貝と人間とのかかわりの歴史を「貝貨」の文化史として描く。四六判386頁・'97

83-II 白井祥平
## 貝II
サザエ、アワビ、イモガイなど古来人類とかかわりの深い貝をめぐって、その生態・分布・地方名、装身具や貝貨としての利用法などを豊富なエピソードを交えて語る。四六判328頁・'97

83-Ⅲ 白井祥平
# 貝Ⅲ
シンジュガイ、ハマグリ、アカガイ、シャコガイなどをめぐって世界各地の民族誌を渉猟し、それらが人類文化に残した足跡を辿る。参考文献一覧／総索引を付す。 四六判392頁 '97

84 有岡利幸
# 松茸（まつたけ）
秋の味覚として古来珍重されてきた松茸の由来を求めて、稲作文化と里山（松林）の生態系から説きおこし、日本人の伝統的生活文化の中に松茸流行の秘密をさぐる。 四六判296頁 '97

85 朝岡康二
# 野鍛冶（のかじ）
鉄製農具の製作・修理・再生を担ってきた農鍛冶の歴史的役割を探り、近代化の大波の中で変貌する職人技術の実態をアジア各地のフィールドワークを通して描き出す。 四六判280頁 '98

86 菅 洋
# 稲 品種改良の系譜
作物としての稲の誕生、稲の渡来と伝播の経緯から説きおこし、明治以降主として庄内地方の民間育種家の手によって飛躍的発展をとげたわが国品種改良の歩みを描く。 四六判332頁 '98

87 吉武利文
# 橘（たちばな）
永遠のかぐわしい果実として日本の神話・伝説に特別の位置を占めて語り継がれてきた橘をめぐって、その育まれた風土とかずかずの伝承の中に日本文化の特質を探る。 四六判286頁 '98

88 矢野憲一
# 杖（つえ）
神の依代としての杖や仏教の錫杖に杖と信仰とのかかわりを探り、人類が突きつつ歩んだその歴史と民俗を興味ぶかく語る。多彩な材質と用途を網羅した杖の博物誌。 四六判314頁 '98

89 渡部忠世／深澤小百合
# もち（糯・餅）
モチイネの栽培・育種から食品加工、民俗、儀礼にわたってそのルーツと伝承の足跡をたどり、アジア稲作文化という広範な視野からこの特異な食文化の謎を解明する。 四六判330頁 '98

90 坂井健吉
# さつまいも
その栽培の起源と伝播経路を跡づけるとともに、わが国伝来後四百年の経緯を詳細にたどり、世界に冠たる育種と栽培・利用法を築いた人々の知られざる足跡をえがく。 四六判328頁 '99

91 鈴木克美
# 珊瑚（さんご）
海岸の自然保護に重要な役割を果たす岩石サンゴから宝飾品として知られる宝石サンゴまで、人間生活と深くかかわってきたサンゴの多彩な姿を人類文化史として描く。 四六判370頁 '99

92-Ⅰ 有岡利幸
# 梅Ⅰ
万葉集、源氏物語、五山文学などの古典や天神信仰に表れた梅の足跡を克明に辿りつつ日本人の精神史に刻印された梅を浮彫にし、梅と日本人の二〇〇〇年史を描く。 四六判274頁 '99

92-II 有岡利幸
## 梅II
その植生と栽培、伝承、梅の名所や鑑賞法の変遷から戦前の国定教科書に表れた梅まで、梅と日本人との多彩なかかわりを探り、桜との対比において梅の文化史を描く。四六判338頁 '99

93 福井貞子
## 木綿口伝（もめんくでん）第2版
老女たちからの聞書を経糸とし、厖大な遺品・資料を緯糸として、母から娘へと幾代にも伝えられた手づくりの木綿文化を掘り起し、近代の木綿の盛衰を描く。増補版 四六判336頁 '00

94 増川宏一
## 合せもの
「合せる」には古来、一致させるの他に、競う、闘う、比べる等の意味があった。貝合せや絵合せ等の遊戯・賭博を中心に、広範な人間の営みを「合せる」行為に辿る。四六判300頁 '00

95 福井貞子
## 野良着（のらぎ）
明治初期から昭和四〇年までの野良着を収集・分類・整理し、それらの用途と年代、形態、材質、重量、呼称などを精査して、働く庶民の創意にみちた生活史を描く。四六判292頁 '00

96 山内昶
## 食具（しょくぐ）
東西の食文化に関する資料を渉猟し、食法の違いを人間の自然に対するかかわり方の違いとして捉えつつ、食具を人間と自然をつなぐ基本的な媒介物として位置づける。四六判290頁 '00

97 宮下章
## 鰹節（かつおぶし）
黒潮からの贈り物・カツオの漁法から鰹節の製法や食法、商品としての流通までを歴史的に展望するとともに、沖縄やモルジブ諸島の調査をもとにそのルーツを探る。四六判382頁 '00

98 出口晶子
## 丸木舟（まるきぶね）
先史時代から現代の高度文明社会まで、もっとも長期にわたり使われてきた刳り舟に焦点を当て、その技術伝承を辿りつつ、森や水辺の文化の広がりと動態をえがく。四六判324頁 '01

99 有岡利幸
## 梅干（うめぼし）
日本人の食生活に不可欠の自然食品・梅干をつくりだした先人たちの知恵に学ぶとともに、健康増進に驚くべき薬効を発揮する、その知られざるパワーの秘密を探る。四六判300頁 '01

100 森郁夫
## 瓦（かわら）
仏教文化と共に中国・朝鮮から伝来し、一四〇〇年にわたり日本の建築を飾ってきた瓦をめぐって、発掘資料をもとにその製造技術、形態、文様などの変遷をたどる。四六判320頁 '01

101 長澤武
## 植物民俗
衣食住から子供の遊びまで、幾世代にも伝承された植物をめぐる暮らしの知恵を克明に記録し、高度経済成長期以前の農山村の豊かな生活文化を愛惜をこめて描き出す。四六判348頁 '01

102 箸（はし）　向井由紀子／橋本慶子

103 採集　ブナ林の恵み　赤羽正春